诺贝尔文学奖得主——君特·格拉斯的百年思索

我的世纪

Mein Jahrhundert

（图文典藏版）

〔德〕君特·格拉斯　著/绘
蔡鸿君　译

人民文学出版社
PEOPLE'S LITERATURE PUBLISHING HOUSE

著作权合同登记　图字 01－2015－2554 号

图书在版编目(CIP)数据

我的世纪:彩图版／(德)格拉斯著;蔡鸿君译.—北京:人民文学出版社,2015
ISBN 978－7－02－010968－5

Ⅰ.①我… Ⅱ.①格…②蔡… Ⅲ.①历史事件－德国－1900～1999 Ⅳ.①I 516.43

中国版本图书馆 CIP 数据核字(2015)第 109128 号

责任编辑　全保民　陈　黎
特约策划　李江华
责任印制　苋　屹

出版发行　人民文学出版社
社　　址　北京市朝内大街 166 号
邮政编码　100705
网　　址　http://www.rw-cn.com

印　　刷　北京友谊印刷有限公司
经　　销　全国新华书店等

字　　数　320 千字
开　　本　710 毫米×1000 毫米　1/16
印　　张　27.25
印　　数　1—6000
版　　次　2015 年 6 月北京第 1 版
印　　次　2015 年 6 月第 1 次印刷

书　　号　978－7－02－010968－5
定　　价　78.00 元

纪念

雅各布·苏尔

译者序

作为译者，能够翻译诺贝尔文学奖获得者的作品，的确是一件值得高兴和自豪的事情，而有幸与作家本人相识，并且保持多年联系，更是一种令人珍惜和难以忘怀的经历。

最初读到格拉斯的作品，那还是在上世纪七十年代末八十年代初在上海外国语学院读书的时候，当代德语文学选读课本里有《铁皮鼓》的章节，也从文学史和作家词典里了解到格拉斯的生平和创作情况。一九七九年九月，格拉斯偕夫人访华，曾经在北京大学和上海外国语学院介绍了德国战后文学并且朗读了他的作品《比目鱼》部分章节。当时笔者正在上海外国语学院读书，有幸第一次见到这位留着胡子的德国大作家，可惜的是，当时笔者根本就听不明白这部原本就极难读懂的作品，可以说是作为一个"凑热闹"的听众去为一个前来访问的外国作家捧场。格拉斯回国以后写了长篇散文《头脑中诞生的人或德国人死绝了》。二十年后，笔者有机会亲耳听格拉斯和他的夫人回忆了这次访华中的一些有趣的事。

一九八七年，笔者在北京的《世界文学》杂志当德语文学编辑，当时编辑部决定当年重点介绍六位世界一流的作家，每一期杂志出一个作家专辑，他们是秘鲁作家巴尔加斯·略萨，苏联作家安·沃兹涅先斯基，意大利作家意·卡尔维诺，保加利亚作家安·古利亚什基，美国作家弗·纳博科夫和联邦德国的君特·格拉斯。格拉斯作为战后最著名的两位德国作家之一（另一位是一九七二年诺贝尔文学奖获得者海因里希·伯尔），当时在中国虽然已经名气很大，尤其是由德国著名导演福尔克·施隆多尔夫根据小说改编并且获得了奥斯卡最佳外语故事片奖的影片《铁皮鼓》在我国部分单位内部放映，引起知识界的较大反响，但是作为作家，格拉斯的作品除了一两个短篇小说和从五十万字的长篇小说《比目鱼》中选译刊登了几千字之外，几乎没有任何作品被译成中文。其原因是多种多样的，最重要的恐怕有以下两点：首先，格拉斯的作品素以艰深难懂著称，大量使用方言和俚语，历史背景比较复杂，因此理解和翻译的难度很大；其次，他的作品，尤其是早期的《铁皮鼓》和《猫与鼠》，内容较多涉及性。在很长时间里，在德国和西方的一些国家，格拉斯曾经因为书中过多的性描写而被烙上“色情作家”的印记，一九五九年德国不来梅市政府恰恰就是因此而阻挠《铁皮鼓》获得已经由一个独立的评委会决定授予的不来梅文学奖，当时一些人还公开焚烧了格拉斯的作品。《猫与鼠》出版之后被指责有“淫乱”和“色情”的描写，最后作家和批评者只好对簿公堂，法院作出裁决禁止批评者继续发表有损格拉斯名誉的言论，一九六五年当格拉斯获得德国最高文学奖——毕希纳奖时，也曾有人打出“将一万马克奖给艺术还是色情”的横幅，在颁奖的德国语言与文学科学院外面表示抗议。因此，格拉斯只有在我国改革开放进行了相当一段时间之后才可能被翻译成中文出版，也就不难理解了。

《世界文学》根据刊物的篇幅选定了格拉斯的大约十二万字的中篇小说《猫与鼠》，并在一九八七年初向外界发布了六个作家专辑的主要内容。编辑部先后约请了几位知名的德语翻译家，但却都因各种原因未能落实，一拖就到了年中，再确定不了译者，恐怕就连本年度最后一期都赶不上发稿了。《世界文学》当时的主编高莽和副主编李文俊等领导经过慎重考虑，大胆地选择我和友人石沿之这两个初出茅庐的翻译新手合作完成此任。我们俩临“危”受命，诚惶诚恐，经过三个多月的通力合作，终于按期完成了这项对我们来说很不容易的任务。“格拉斯专辑”终于在一九八七年第六期《世界文学》与读者见面，这是第一次用中文以较大篇幅对格拉斯作了较为全面的介绍。除了《猫与鼠》这篇小说之外，同时还发表了格拉斯论文学、格拉斯访问记、格拉斯小传、格拉斯的绘画艺术以及中国学者的评论文章。当时，笔者正巧接待了联邦德国赴北京参加毕希纳学术讨论会的代表团，其中德国《当代戏剧》主编利什比特先生与格拉斯很熟悉，听说笔者正在翻译《猫与鼠》之后，表示要把这个消息转告给作家。笔者借机请他向格拉斯转交了一封信，请格拉斯给中国读者写几句话作为《猫与鼠》中译本的前言。不久，笔者收到格拉斯的回信，他写道：“在完成了第一部叙事性长篇小说《铁皮鼓》之后，我想写一本较为短小的书，即一部中篇小说。我之所以有意识地选择一种受到严格限制的体裁，是为了在接下去的一本书即长篇小说《狗年月》中重新遵循一项详尽的史诗般的计划。我是在第二次世界大战期间长大的，根据自己的认识，我在《猫与鼠》里叙述了学校与军队之间的对立，意识形态和荒谬的英雄崇拜对学生的毒化。对我来说，重要的是反映出在集体的压力下一个孤独者的命运。我在撰写这部中篇小说时绝不可能料到，这个我自以为过于德国式的题材会在国外引起如此广泛的兴趣。早已改变了这种看法的我非常高兴，中国读者现在也有机会熟悉我的这个带来死神的猫与鼠的游戏了。”这封信以“格拉斯致本刊读者”为题发表在一九八七年第六期《世界文学》的最前面。值得一提的是“格拉斯专辑”的装帧设计，多才多艺的翻译家、作家、画家高莽先生将格拉斯的照片、格拉斯的一些绘画作品以及格拉斯的亲笔签名巧妙地拼剪叠印，组合成一张独特的黑白封面，封底选用了格拉斯本人设计的《猫与鼠》德文版的封面，封二和封三则是格拉斯的四幅与文学有关的绘画作品。当时高莽先生曾对格拉斯如何看待他的装帧设计有些担心，因为格拉斯本人也是一位很有造诣的画家、雕塑家、书籍装帧家。一九九五年四月二十五日，笔者第一次在德国法兰克福又见到了格拉斯，那是他首次公开朗读新作《辽阔的田野》。朗读结束后，笔者递上一本一九八七年第六期《世界文学》，请他在上面签名。格拉斯立刻从封面认出这本当年曾经收到过的样书，并且回忆了他接到《猫与鼠》中文样书时的愉快心情。当笔者询问他如何评价装帧设计尤其是封面时，他毫不犹豫地说“很满意”，并请笔者转达对高莽先生的致意。

笔者以后虽然又曾几次见到过格拉斯，但都是时间短暂、环境嘈杂。一九九九年三月底，笔者应出版格拉斯全部德文作品的STEIDL出版社之邀，来到哥廷根参加格拉斯的新作《我的世纪》一书的翻译研讨会。为了保证译者能够准确地将原著译成外文，格拉斯与他的出版社达成协议并且自《比目鱼》(1977)出版以来为每一本新著举办这种活动。在整整三个工作日里，格拉斯先生、格拉斯夫人乌特、《我的世纪》一书责任编辑弗里林豪斯、格拉斯的学术顾问和《格拉斯选集》(十六卷)的出版人诺伊豪斯、格拉斯全部著作出版事务负责人海尔梅斯、《我的世纪》一书历史顾问米舍尔，向来自丹麦、挪威、荷兰、芬兰、瑞典、西班牙、美国、伊朗、韩国、希腊、中国等十一个国家的十二位格拉斯作品的译者解答了翻译《我的世纪》可能会遇到的各种不同类型的疑问。在举办翻译研讨会的时候，《我的世纪》这本书尚未出版，当时已经有十几个国家的出版社签订了出版外文版的合同，好几家甚至计划和德文原版同步出版，绝大多数译者也是由各国的出版社资助赴会的。译者们大约在二月初得到了一份打印的长条清样，许多译者都是据此翻译初稿，然后再按照最后一稿的校样进行校对。翻译研讨会的第一天，参加者得到一份作者在此期间又作过许多修改的长条清样。在研讨会上，作家甚至还对个别地方字斟句酌，然后又作了一些改动，他的慎重和认真的态度感动了每一个与会者。看见译者们在个别词句上犯愁的样子，他幽默地感慨道:“幸好我自己不当译者”，同时也坦诚地说:“我在写作时从来不考虑译者，因为那样将会使作品失去色彩。这种作者和译者的聚会就像是一种补偿。”对于一些非常具有德国地方特色的词句，作家鼓励大家“比较自由地翻译，选择各国的可以产生联想的词汇”，但是他在一些自己特有的语词的用法上则显得非常固执，甚至要求译者们做出选择:是愿意相信他还是相信《杜登词典》，在短暂的犹豫之后，大家都更愿意信赖这位作家，而不是那位语言学家，因为我们知道，伟大的作家和传世的文学名著将会在很大程度上促进语言的发展，事实上，格拉斯早期作品中的一些独特用法已经被收入新版的德语词典或者成为人们约定俗成的用法。他结合书中涉及到的历史人物和事件，向我们介绍了许多他本人与这些人和事的鲜为人知的往事。他还多次朗读了部分章节，七十多岁的老人朗读起来声音洪亮，抑扬顿挫，赢得了与会者的阵阵掌声，那些用方言朗读的，给译者们增加了许多感性认识。早年学过石刻的格拉斯自称曾经当过“石匠”，用专业术语向大家讲解了书中提到的玄武岩和斑岩的区别，这个采了几十年蘑菇的“蘑菇专家”对蘑菇品种了如指掌，讲起各种各样蘑菇真是眉飞色舞，令人大开眼界。每天，七十二岁高龄的作家从早上九点一直到下午五点，除了午餐和短暂的休息之外，一直和我们这十多个比他年轻许多的译者在一起。作为一个名气很大的作家，格拉斯丝毫也没有名人的派头，对译者们表现出的尊重和理解，让大家尤其是几位初次认识作家的译者颇为感慨。晚上，他和夫人同我们一起晚餐，总是到午夜才散。席间，作家幽默、睿智的谈吐不仅深深地感染了我们这些译者，而且吸引了邻桌的客人，就连跑堂的几位小姐也忍不住驻足旁听，最后为我们每人免费送上一杯酒水以示感谢。参加过历次翻译研讨会的丹麦文译者佩尔·奥尔加德代表所有译者向作家和出版社表示感谢，现任哥本哈根大学德语语言文学系主任的奥尔加德先生本人也是作家，兼任国际笔会丹麦分会主席和嘉士伯基金会主席，他已经把格拉斯的几乎全部作品译成了丹麦文，并且曾经受到作者本人公开的感谢和赞扬（见《格拉斯选集·小品和讲演》第三卷，第 449 页）。他的讲话是一篇按照《我的世纪》的风格写成的优美的散文，短短千把字，交代了这次翻译研讨会的由来以及进行过程中发生的给每个参加者留下深刻印象的事情，巧妙地引用了书里的一些典故，含蓄地批评了德国文坛曾经出现过的将《辽阔的田野》一书“撕成两半”的往事，同时还很诙谐地把自己一家和格拉斯夫妇多年的交往拿来调侃了一番，引起在场者的阵阵掌声，也可能因为他是从一本像“中国的袖珍笔记本”似的薄薄的书讲起的，所以格拉斯当时就建议笔者将这篇“优美的散文”（格拉斯的原话）译成中文发表。

这次聚会自然也受到德国媒体的关注。一九九九年三月三十日的《哥廷根日报》在头版版面提示栏目中以衬底粗体字《格拉斯——中文》提示读者阅读文艺版对这次活动的专题报道：“关于义和团起义，来自中国的蔡鸿君可以提供重要的细节，但是当君特·格拉斯在他最新的长篇小说《我的世纪》里写到Mousse au chocolat（法式巧克力甜点）、Pflümli（李子酒）、Kalbsgeschnetzeltes（切成小块的小牛肉）时，这位中国人则需要得到欧洲同行们的帮助。…… 每一位译者都必须克服不同的难题，欧洲的背景给来自韩国的金亨起带来了最大的困难 …… 而正在将该书译成加泰隆语的皮拉尔·艾斯特里希则认为最困难的是各种不同的方言。”3-SAT 电视台以及全德性的报刊《时代》周报、《焦点》周刊、《明星》周刊等都作了报道，因为格拉斯正巧坐在笔者和韩国译者金亨起先生之间，因此我们两个译者也非常荣幸地多次登上了德国报刊。由高莽先生根据照片以传统中国画技法精心绘制的格拉斯肖像画挂在会议室的墙上，成为一道独特的风景线，吸引了不少译者留影。有位记者抓拍了一张作家站在这幅画像前回答提问的照片，后来被登在德国最大的时事周刊《明镜》上面。高莽先生已经为近百位中外著名作家绘制了肖像画，绝大部分还有作家本人的题词。受高莽先生之托，笔者请格拉斯先生在画上题词，他略微迟疑后表示需要考虑一下。在翻译研讨会的第三天，格拉斯将《我的世纪》的第一句话“我，替换了我的人”，题写在自己的肖像画上。告别的那一天，来自世界各地的译者同操一种语言同格拉斯夫妇话别祝福。短暂的相聚给我们每个人留下难以忘怀的记忆。

笔者作为格拉斯作品的中文版代理人，早在一九九六年六月，就将《铁皮鼓》《猫与鼠》《狗年月》的中文简体字版权安排在漓江出版社。当时漓江出版社的社长是聂震宁先生，是他亲笔签下了这份版权合同，并且在格拉斯获得诺贝尔文学奖之前在中国大陆出版，在当年曾经获得了媒体和读者的高度赞扬。

一九九八年下半年，笔者从 STEIDL 出版社得知格拉斯即将出版新作的计划，一九九九年二月五日收到出版社寄来的长条校样，有幸成为读到这部新作的第一个中国读者。在三月下旬的德国莱比锡国际图书博览会期间，格拉斯首次朗读了《我的世纪》的部分章节。《我的世纪》正式销售的日期定于一九九九年七月二十一日，同时推出两种版本：即三十二开本的文字版和大十六开本的插图版，插图版中的一百幅配合故事内容的彩色水彩画全部由作者本人绘制，格拉斯年轻时曾立志以绘画为终生职业，上过艺术学院，他的版画、水彩画、雕塑作品均属专业水准，举办过多次个人画展。文字版首版印了十万册，立刻成为德国文学类十大畅销书之一，在瑞典科学院宣布将一九九九年诺贝尔文学奖授予格拉斯之前就销售了近二十万册，这一消息发布之后，该书的销量飙升，曾经有好几周排名第一，以后徘徊在第三位或第四位，到年底为止销售量已经超过四十万册。《我的世纪》瑞典文本是在一九九九年十月出版的，在仅有八百多万人口的瑞典售出了一万六千册，这本书在意大利、西班牙、荷兰、英国、丹麦均曾排名文学类畅销书榜第一位或第二位。《我的世纪》的插图版也很受欢迎，并且因出版社印刷能力的限制一度脱销。

《我的世纪》这本书，从体裁上来说，很难将其准确归类，作者本人称之为“故事集”，从一九〇〇年到一九九九年每年一章，以“我”的口吻，或者通过当时的对话、书信、广播等形式，回顾或者记录了一百年来在德国发生过的或者与德国有关的重大历史事件以及似乎不太重要的事情，涉及政治、军事、科技、文化、体育各个领域，试图从不同的角度向读者展现一幅二十世纪德国的全景图。作者在翻译研讨会上对译者们说：“《我的世纪》这本书是否对读者要求过高？普通的德国人会有许多地方读不懂。这本书促使老年人回忆，也让年轻人从历史中有所得到。我自己认为，这本书的前半部分是历史，后半部分是后果。这本书里有我自己的经历，也有对德国政治、历史、文化、技术、体育的直接或间接的思考。”的确，书中涉及到德国的许多历史人物和真实事件，其背景之复杂大大超出普通读者的知识范围，尤其是因为作者有意在文中隐去了很多当事人的名字，德文原著里又没有任何注释，因此就连很多德国读者也很难完全读懂，对于外国读者，尤其是非欧洲国家的读者，困难之大，可想而知。但是，由于每章篇幅很短，文体各异，个别年份整章从头到尾几乎就是一句话，如果按习惯做法在正文中加注释，势必破坏叙述的连贯性，所以作者多次重申反对外文版在正文中加注释。因此，欧美的一些外文版本干脆放弃注释，亚洲的一些译者在征得作者的同意之后，借助各种资料，根据自己对作品的理解和各国的实际情况，选择了在正文之后增加注释的做法，这样，读者可以先读完正文，然后再通过参考注释增加对作品的理解。

在对历史事件的选取和安排上，可以说，作者是煞费苦心的。他根据历史顾问米舍尔提供的资料，选择了他认为合适的历史事件并且加以仔细研究，按照他自己的话来讲，“没有一页没有研究过出处”，许多细节均以事实为据，不少人物还是作者本人熟悉的，即使在书中没有引用历史人物的原话，也都是根据他们的作品剪辑组合的。每章涉及的历史事件虽然发生在该章标明的年份，但是作者并没有按照事件发生的时间顺序来叙述编排，而是根据历史事件之间的相互关系，或提前或推后，或在一年里叙述前后相隔长达数十年的相似的事件，通过在叙述中提到的其他事件和有关人物，向读者作出提示，时间跨度虽然很大，但是在内容上却前后呼应，相互映衬，让历史自己“证明自己是反刍动物”，或者将一个历史时期分成几段，比如，通过瑞士某研究所的女工作人员在六十年代中期安排反战作家雷马克和美化战争的作家容格尔之间的一次见面，让这两个对战争持截然不同观点的作家根据自己的亲身经历追述了从一九一四年到一九一八年的第一次世界大战，又让一个参加过第二次世界大战的前战地记者回忆一九六二年二月的一次战友聚会，转述了这些前战地记者在一九三九年到一九四五年的第二次世界大战期间在各自当年所在的战场上目睹的重要事件，六十年代后半期，大学生们从要求进行高校制度改革发展成为要求进行政治和社会变革，进而成为一次对联邦德国战后的文化思潮、政治制度、社会发展影响很大的政治运动，史称“大学生运动”，“六八年”成为这一运动的代名词，作者安排一个如今已经成为日耳曼语言文学教授的“激进的六八分子”，在时隔三十年后的一堂“风平浪静的讨论课”上，由讲课内容产生联想，反思了自己在一九六六年到一九六八年期间的迷惘和转折，这三组由好几章叙述一个历史时期的编排在书中显得十分独特。

格拉斯的作品，从语言上来说，即使是对于那些以德语作为母语的人也是很难读懂的，不仅遣词造句独具一格，而且往往是一个句子套着一个句子，在《我的世纪》里有些篇章甚至全章就是一个从头到尾的连环套句，为了区别不同人物的身份和突出不同的时期，作者刻意选择了许多有时代特征的词汇和符合人物特点的语言，有些篇章则全部使用方言，个别单词即使是在词汇最全的德语词典里也查不到，幸好有作者本人的权威解释，否则真不知道应该如何处理。读过格拉斯德文原著的人，可能都会注意到，他的许多作品的第一句话往往看似简单但却很难翻译，有几部作品甚至可以把这一句话当成是全书中提纲挈领的句子，据格拉斯的学术顾问诺伊豪斯教授介绍，格拉斯几乎总是在整个作品完成之后才决定这部作品的第一句话。《我的世纪》的第一句话的德文是“Ich, ausgetauscht gegen mich, bin Jahr für Jahr dabeigewesen”。在哥廷根的翻译研讨会上，译者们首先就问到这句话，在听了作者的详细解释之后，大家相互介绍了拟用各自的母语翻译表达的方式。笔者经过反复推敲，在多种表达方式中间选择了现在的译法，老实说，笔者对这样翻译并不满意，但在交稿之前又实在想不出更好的译法。笔者敬请读者提供更好的译法，以便将来再版时修订，在此预先表示感谢。

在埋头翻译期间，笔者很高兴地在一九九九年九月三十日十四点左右从曾经多年经管格拉斯作品外国版权的德国友人哈特博士打来的电话获悉，瑞典科学院在一个小时之前宣布将本年度的诺贝尔文学奖授予德国作家君特·格拉斯。颁奖的理由是，格拉斯“在语言和道德受到破坏的几十年”之后，为德国文学带来了新的开始，他在“清醒的黑暗的虚构故事中展示了历史遗忘的一面”，他的《铁皮鼓》是二战之后世界文学最重要的作品之一。瑞典科学院还称他的新作《我的世纪》是“按时间顺序伴随二十世纪的注释，并且对使人愚昧的狂热显示了一种独特的洞察力”。瑞典科学院每年通常都是在十月十日左右宣布诺贝尔文学奖获得者，这一年却提前到了九月底。对此，瑞典科学院常务秘书 Horace Engdahl 先生说：“我们这一次很容易就作出了决定。”瑞典的评论家们强调指出，经过调整的评委会恰恰十分赞赏格拉斯“在德国战后历史不同时期不屈不挠的、时而也不受欢迎的政治热情”。得知这一消息，笔者当然非常兴奋非常高兴，但是丝毫也不感到意外，格拉斯这位战后德语文学最重要的代表，二十多年来一直是诺贝尔文学奖评选名单上的热门人选，作为格拉斯部分中文译本的译者，笔者早就期待着这一天，并且确信肯定会有这一天。笔者立刻给 STEIDL 出版社发去了贺信，同时给海峡两岸出版或即将出版格拉斯中文译本的漓江出版社、上海译文出版社、春风文艺出版社以及台湾的时报文化出版企业股份有限公司发电或发函，当晚又给格拉斯本人写了一封信表示衷心的祝贺，并且吐露了我们几位来自不同国家的译者在哥廷根背着格拉斯私下押的一个宝：《我的世纪》的作者获得本世纪最后一个诺贝尔文学奖。在二十世纪即将结束的时候，这位在四十年前以《铁皮鼓》一举成名现在又以《我的世纪》引起轰动的德国作家，终于如愿以偿。他在得知获奖之后接受记者采访时说：“我感到高兴和自豪。我不禁问自己，海因里希（即一九七二年诺贝尔文学奖获得者海因里希·伯尔）会怎么说。我觉得他一定会表示同意。我一直在努力继承他的传统。”有趣的是，当年伯尔在得知获奖时曾经惊讶地问道：“为什么得奖的不是君特·格拉斯？”格拉斯还幽默地说：“这个奖对于我是一种很大的补偿。作为二十世纪最后一个诺贝尔文学奖获得者，我是文学的尾灯，我愿意做这盏尾灯，同时感到很荣幸。”格拉斯决定将大约折合一百万美元的奖金注入他的三个基金会，用于奖掖青年德语作家和帮助贫困的儿童。

在格拉斯获得诺贝尔文学奖之后，笔者又在一九九九年十月十六日格拉斯七十二岁的生日活动上见到了他。德国金属工业工会、胡滕贝格图书协会以及STEIDL出版社早在几个月之前就决定联合为格拉斯举办一个生日晚会，同时也为格拉斯《我的世纪》绘画展揭幕。其间，格拉斯获得了本年度的诺贝尔文学奖，因此这一生日晚会自然而然地成为一项颇为德国文学界关注的活动。笔者十分荣幸地受到了主办单位的邀请。这天晚上八点，在法兰克福的德国金属工业工会大楼入口处大厅回廊的四壁上，挂着格拉斯为《我的世纪》绘制的一百幅水彩画，大约三百多名客人参加了这一活动。在主办单位负责人讲话之后，格拉斯朗读了《我的世纪》的一九五九年这一章节，四十年前的十月，格拉斯的处女作《铁皮鼓》在法兰克福书展上大获成功，他与妻子欣喜若狂，翩翩起舞。作家对获得多年期盼的诺贝尔文学奖的欣喜之情尽在不言之中。年逾花甲的老作家表示，他将继续写作，八十岁才退休。按照格拉斯的意愿，这个生日晚会力求简单，成为一个“公共食堂式的庆典”，主办者向客人们提供了几种三明治和几种普通的酒水饮料，小乐队奏乐助兴。著名锣鼓演奏家索默尔根据《铁皮鼓》一书创作演出了充满激情和欢乐的锣鼓，格拉斯登台朗读了几段诗文，索默尔分别用锣鼓和口技伴奏，将庆祝活动推向了最高潮。在记者采访、友人祝贺的人群中，笔者终于找到机会亲口向格拉斯表示生日和获奖的双重祝贺，并且表达了许多中国的文化机构和台湾地区的出版社邀请格拉斯在适当的时候访问中国和台湾的意愿。格拉斯表示感谢并且很愿意在时隔二十多年后再度访华。生日晚会上，笔者和格拉斯夫人、格拉斯作品丹麦文译者奥尔加德教授夫妇以及德国几家出版格拉斯作品的出版社负责人坐在一起，大家都向格拉斯夫人敬酒表示祝贺，同时也纷纷互相碰杯分享喜悦。

一九九九年十二月十日下午四点半，在瑞典首都斯德哥尔摩的音乐厅举行诺贝尔奖发奖仪式，笔者从电视屏幕上目睹了整个仪式的实况转播。在莫扎特的优美的乐曲声中，七位诺贝尔奖获得者和为他们致颁奖词的学者分成两排在两位美丽少女的引导下登上舞台，并在左右两侧前排就座。瑞典国王古斯塔夫五世、王后西尔维亚和莉莲公主坐在右侧，正中是讲台。诺贝尔基金会主席Bengt Samuelsson先生首先致词，他对充满发明和发现的二十世纪作了简短的回顾，这个世纪产生了居里夫人、爱因斯坦等科学巨人，也出现了盘尼西林、晶体管收音机、基因技术、互联网等新的成果，这些科学家和发明创造都和诺贝尔奖联系在了一起。然后，依次颁发物理学奖、化学奖、医学奖、文学奖、经济学奖。在颁发每一项奖之前，乐队都要演奏一段乐曲。颁发诺贝尔文学奖在整个颁奖仪式中显得有些与众不同：在瑞典科学院常务秘书 Horace Engdahl 先生宣读颁奖词之前和瑞典国王颁奖之后，瑞典著名女高音 Marlena Ernman 女士演唱了《费加罗的婚礼》的咏叹调。Engdahl 先生在为格拉斯颁发诺贝尔文学奖的颁奖词中说："《铁皮鼓》的发表标志着二十世纪德语长篇小说的再生……君特·格拉斯的贡献不仅仅是创造了一个像《铁皮鼓》这样的会说话的狂欢节，而且还包括他不是沉浸在重复这种成就的生活之中这一事实。他总是一再地将那些公认的批评家们的标准抛在了身后，自己却在使人目瞪口呆的自由之中转向了新的计划……"在历数了格拉斯几乎全部重要作品之后，Engdahl 先生改用纯正流利的德语面对格拉斯（这时格拉斯起立）说道："尊敬的君特·格拉斯！您对比例的感受为人类作出了贡献。您最新的一本书名叫《我的世纪》。您获得二十世纪最后一个诺贝尔文学奖这一事实，证明了这样一个书名并不过分。在您的这支穿越过去的这个世纪的骑兵队伍里，您让您的恰恰是非常巨大的能力做了一些尝试，模仿了一些漫不经心的声音：所有这些声音都曾经被政治和技术的预言吸引并且迅速地变得愚昧无知，为那些伟大的对未来的设想所陶醉。漫不经心的核心是热情。我是把《我的世纪》作为对狂热的批评和对狂热的对立面的崇尚，即对回忆能力的崇尚，来阅读的。您的风格——各种不同声音的重复、准确表达和重叠——劝告我们，不要对过去和未来操之过急。您也证明了，文学仍然是一种力量，人们急于忘记的东西，文学却能够记住如此之久。我想表示瑞典科学院的最热烈的祝贺。现在请您从国王陛下的手上接受诺贝尔文学奖。"

经过四个多月的伏案工作，终于完成了《我的世纪》的翻译任务。掩卷沉思，笔者心中充满了欣慰和感激。如果当初没有参加《我的世纪》一书的翻译研讨会，没有格拉斯先生、格拉斯夫人、弗里林豪斯先生、诺伊豪斯先生等人对疑难问题的解答，如果没有海尔梅斯女士和米舍尔先生提供的德文注释和德文年表等资料，翻译这本书的难度是笔者不能胜任的。在翻译过程中，笔者还得到了德国朋友米夏埃尔先生和安娅女士的许多帮助，尤其是知识面很宽、热心助人的米夏埃尔为笔者解决了翻译中的许多疑难问题。在此谨向他们表示感谢。

能够按时完成《我的世纪》的翻译工作，笔者最要感谢的是我的妻子任庆莉，是她坚决支持笔者自费赴哥廷根参加翻译研讨会，当笔者从哥廷根打电话回家告知翻译决定的时候，她当即表示将在各方面给予最大的支持，其实当时中文版的版权转让还在洽谈之中，也还没有一家出版社委托笔者翻译，再说我们生活在德国，又有各种各样的工作和事务缠身。笔者下决心为国内的出版社翻译这样一本难度相当大的书并且得到了妻子的全力支持，在以后几个月的翻译中，她不仅是译文的第一个读者，而且也是很会挑毛病的读者，提出了不少修改意见，另外她还将笔者鬼画符似的有时连自己也认不出来的草稿，一个字一个字地输入了计算机。其实，岂止一本《我的世纪》，笔者迄今翻译出版的十余本书，全部都是由她誊写或输入计算机的。这本中文版的《我的世纪》也凝聚着她的很多心血。作为译者，我由衷地感激她。

因为本人德文水平有限，因此，虽然竭尽全力，但对原文的理解尤其是对作家故意采用的某些方言和古词的处理，仍然和原著存在一定差距。欢迎读过德文原著的读者不吝赐教。

此次人民文学出版社出版《我的世纪》(彩图版)，笔者对全书又做了一次校订。

中文版注释由译者添加，参考了由奥拉夫·米舍尔(Olaf Mischer)先生提供的《我的世纪》德文注释、达尼艾拉·赫梅斯(Daniela Hermes)女士提供的《我的世纪》德文年表、达尼艾拉·赫梅斯女士整理的“《我的世纪》作者-译者研讨会(1999.3.29-1999.3.31)纪要”。特此谨表谢意。

根据人民文学出版社编辑的建议，中文版在每个章节的前面添加了说明文字，交代了“叙述者”、“叙述事件”、“叙述时间”，特此说明。

蔡鸿君

二〇〇〇年四月十日　写于德国奥芬巴赫

二〇一五年四月十四日　修改于德国尼德多费尔登

目 录

contents

前言

“一百年，一百个故事。”一个简单的想法，我最初是这么想的，然后就开始工作。我不得不再一次地埋头在历史的进程、杀人的战争、思想的迫害的故纸堆里，把那些通常很快就会被遗忘的东西昭示于众。对我来说，重要的是按照巴洛克式年历故事的传统写一些短小的故事，在这里不让那些有人说是他们推动了历史的有权有势的人发言，而是让那些不可避免地与历史相遇的人出来说话：这是一个把他们变成牺牲品和作案人，变成随大流的人，变成猎人和被猎对象的历史过程。我的目的是要让这段由德国人在两次世界大战中决定的并且在德国继续产生影响的历史发出响声。男人和女人，年轻人和老年人，直接地或者与事件保持一段距离地，来倾吐自己的心声。

《我的世纪》在德国的读者中引起了巨大的反响，我自然也会问自己，中国的读者可能会对此有多大的兴趣。在同葡萄牙作家、诺贝尔文学奖获得者若泽·萨拉马戈的一次谈话时，我建议他也考虑考虑这个——如上所述——简单的想法，“一百年，一百个故事”，从各自不同的角度，从葡萄牙的，墨西哥的，俄罗斯的，南非的观点，同样也用文字来记录这个临近结束的世纪。

为什么不应该有一位中国的作家也来考虑考虑这个“一百年，一百个故事”的想法，根据中国的历史经验，把一百年的希望和悲伤，战争与和平，形诸笔墨呢？这个想法并不属于我，可以说，它就躺在大街上。至少是我，作为一个德语读者，将会怀着紧张的心情和好奇的兴趣阅读这样一本书。

1900年

叙述者：年轻士兵

叙述事件：德国派兵镇压中国的义和团起义

叙述时间：回国举行婚礼之后

我，替换了我的人[1]，每一年都要出现。但并不总是出现在最前排，因为经常发生战争，像我们这些人喜欢撤到后方。当年去打中国人的时候[2]，我们这个营在不来梅港列队受阅，我则站在中间方队的最前面。几乎所有的人都是志愿的，施特劳宾只有我一个人报了名，尽管不久前我和莱茜——我亲爱的特蕾泽刚订了婚。

我们列队待命上船，迎着太阳，背后是北德船运公司的远洋大楼。皇帝站在我们前面的一座高台上，慷慨激昂地讲话[3]，声音在我们的头顶上回荡。新式的宽边帽檐水手帽又称作西南帽，可以遮阳防晒。我们这些人看上去可漂亮啦。皇帝戴着一顶特制的蓝色头盔，上面有一只闪闪发亮的雄鹰。他讲到重大的任务和凶残的敌人。他的演说吸引了所有的人。他说："你们到了那里，要记住：不要宽恕，不要抓俘虏……"接着他又讲到埃策尔国王和他的匈奴大军。他赞扬匈奴人，尽管据说他们当年烧杀抢掠，无恶不作。因此，社民党人后来印刷了那些狂妄放肆的匈奴人信函[4]，对皇帝关于匈奴人的演讲竭尽诽谤中伤之能事。最后，他向我们发出进军中国的命令："为文化彻底打开一条通道！"我们三呼万岁。

对我这个来自下巴伐利亚的人来说，漫长的海上旅行如同炼狱。当我们终于到达天津的时候，所有其他国家的军队早就到了：不列颠人、美国人、俄罗斯人，甚至还有真正的日本人和其他几个小国家的小部队。所谓的不列颠人，其实是印度人。最初，我们的人数很少，但是幸亏我们有克虏伯生产的五厘米新式速射火炮。美国人则试用他们的马克西姆机关枪，这是一种真正的魔鬼武器。因而很快就攻克了北京。当我们这个连开进城里的时候，似乎一切都已经结束了，真是太遗憾了。然而，还有几个拳师不肯罢休。这是他们的叫法，这

是一个秘密组织，又名“大刀会”，或者用我们的话来说，就是“用拳头格斗的人”。英国人最早开始谈论拳师起义，后来所有的人都谈论拳师起义。拳师们仇恨外国人，因为外国人把各种各样的玩意儿卖给中国人，不列颠人尤其喜欢卖给他们鸦片。接着发生的事情，就像皇帝下达的命令那样：不抓俘虏。

按照命令把拳师们驱赶到前门广场，就在那堵将紫禁城与北京的普通城区隔开的高墙脚下。他们的辫子被捆在一起，看上去很滑稽。然后是集体枪决或是逐一砍头。关于这些恐怖可怕的事情，我在信中并未向未婚妻提过一个字，我写的只是百年皮蛋和中国式的馒头。不列颠人和我们德国人最喜欢用枪来快速解决，而日本人则更愿意采用他们历史悠久的斩首。拳师们宁愿被枪毙，因为他们害怕死后不得不用胳膊夹着脑袋在地狱里到处乱跑。除此之外，他们毫无所惧。我看见过一个人，他在被枪毙之前还贪婪地吃着一块用糖浆浸泡过的米糕。

前门广场狂风呼啸，这股来自沙漠的风，经常卷起一团团黄色的尘雾。一切都变成了黄色，我们也是如此。这些我都写信告诉了我的未婚妻，并且还在信里给她装了一点沙土。义和团的人都是和我们一样年轻的小伙子，日本的刽子手们为了一刀砍得漂亮，先把他们脖梗上的辫子割掉，因此，广场上经常会有一小堆一小堆被割下来的满是尘土的中国人的辫子。我拿了一根辫子，寄回家作为纪念品。回到家乡以后，我在狂欢节时把它绑在头上逗大伙开心取乐，直到有一天我的未婚妻把这件从中国带回来的小礼物烧掉为止。“这种东西会给家里带来鬼魂。”莱茜在我们举行婚礼的前两天这么说。

但，这已经是另一个故事了。

注释：

① 作者开宗明义地告诉读者，文中的“我”并非总是作者，有时是“替换了我的人”。

② 1898 年，德国占领中国的胶州半岛，并强行租借青岛等地区。1900 年，义和团起义，包围了北京的外国使馆区，杀死了包括德国驻华公使在内的部分外国人，德国遂派兵参加了八国联军。

③ 1900 年 7 月 27 日，德国皇帝威廉二世在不来梅港送别德国远征军团时讲话，要求士兵要像当年的匈奴人那样凶狠残暴。

④ 许多德国士兵在给亲友的信中提到他们在中国如何残酷地镇压义和团，当时的一些进步报纸曾经摘要发表，这些信件被称为“匈奴人信函”。

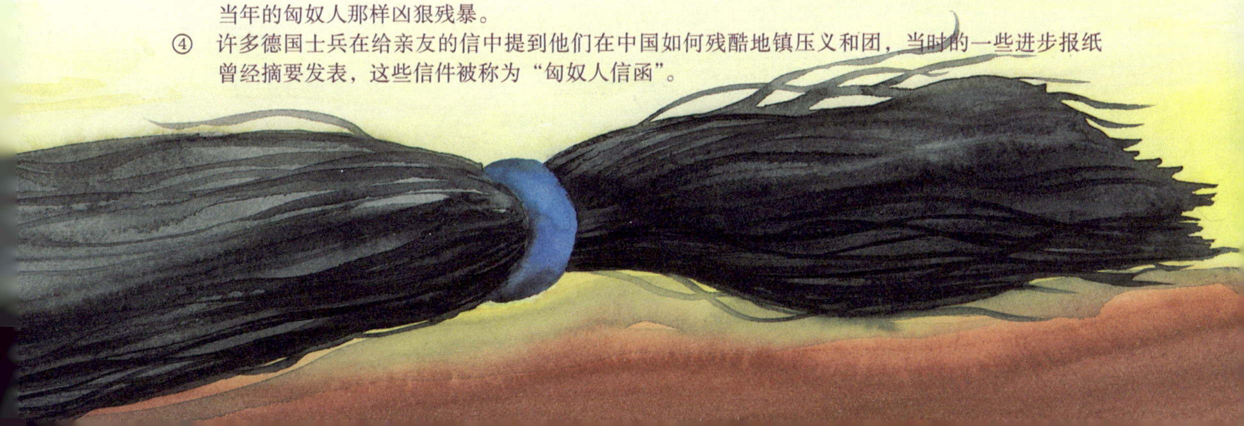

1901

1901年

叙述者：在旧货商店找到三张旧明信片的人
叙述事件：乌泊塔尔的悬空缆车通车
叙述时间：六十年代以后

谁要是寻找，就准会找到。我总是在旧货破烂里面东翻西找。在沙米索广场有一个商人，挂着一块黑白相间的招牌，他声称卖的是古董，在他的破烂废物里的确也深深隐藏着一些很有价值的东西，也许是几件稀奇古怪的东西引起了我的好奇心。在五十年代末，我在这里发现了三张明信片，是用一根细绳子捆在一起的，上面的主题分别是清真寺、墓碑教堂、哭墙[①]，已经失去了光泽。邮戳是1945年1月在耶路撒冷盖的，要寄给住在柏林的一位贝恩博士[②]，然而，在战争的最后几个月里，邮局未能在柏林的废墟中找到这个收信人——这一点可以通过上面的一枚印章得到证明。幸运的是，设在克劳伊茨贝格区的小库尔特·米伦豪普特的收藏中心[③]为它们提供了一个庇护所。

文字贯穿三张明信片[④]，中间用线条勾画了许多小人和彗星，字迹很难辨认，全文如下："时代是多么令人震惊啊！今天，在三月的第一天，当这个正在蓬勃发展的世纪迈着僵硬的腿跨出引人瞩目的第一步时，你，我的野蛮人，我的老虎[⑤]，正在远方的热带丛林里贪婪地盯着肉食，我的父亲许勒用他那只厄伦史皮格尔的手拉着我，为了带着我和我那颗脆弱的心，登上巴尔门至艾尔伯费德的悬空缆车[⑥]，开始它的首次运行。越过黑黢黢的乌珀河！这是一条钢铁铸成的巨龙，千万只龙爪在河上盘绕翻腾，信奉《圣经》的虔诚的印染工为了可怜的工资，用他们染色的污水染黑了这条河。悬空缆车不时地伴随着隆隆巨声从空中飞过，巨龙的一只只沉重的环形脚爪发出阵阵呼号。啊，我的吉塞海尔，在他的甜蜜的嘴上，我曾经体验过多少永恒的幸福，你能否和我，你的苏拉米特[⑦]，——也许我该是王子尤素福？——一起飘过冥河斯蒂克斯，它是另外一条乌珀河，直到我们在摔落的时候变得年轻，融为一体，烧成灰烬。不，我已经在圣地获得了拯救，并且把我的一生完全许诺给了救世主，而你则至今依旧迷失茫然，背叛了我，冷面无情的叛徒，野蛮人，这就是你。悲哀的哭号！你是否看见了游在黑黢黢的乌珀河上的那只黑天鹅？你是否听见了我在蓝色钢琴上弹奏的那首如泣如诉的曲子[8]？我们现在必须下车了，父亲许勒对他的埃尔泽说。在人间，我在他的眼里通常是一个听话的孩子……”

现在，虽然人们都知道，乌珀塔尔悬空缆车第一期长约四点五公里的路段，隆重交付公共交通使用的那一天，埃尔泽·许勒[9]已经不是孩子，而已年满三十，与贝尔特霍德·拉斯科结了婚，并且是一个两岁儿子的母亲。但是，年龄在任何时候总是服从于她的愿望，因此来自耶路撒冷的那三个生命的征象——寄给贝恩博士，贴足邮票，在她去世前不久寄出——肯定对一切都要知道得更多。

我没有怎么讨价还价，就为这三张重新用细绳子捆起来的明信片支付了一笔昂贵的价格，小库尔特·米伦豪普特朝我眨了眨眼睛，他的旧货总是格外特别。

注释：

① 清真寺、墓碑教堂、哭墙，均为耶路撒冷名胜。
② 戈特弗里德·贝恩（1886-1956），德国作家。
③ 柏林一个有名的旧货商店。
④ 这段文字系根据徐勒的书信、诗歌等作品改写。
⑤ 我的野蛮人，我的老虎，均是徐勒在和贝恩交往时对贝恩的称呼。
⑥ 巴尔门和艾尔伯费德原是两个独立的城市，1901 年 3 月 1 日，连接两地的悬空缆车投入运行。1930 年，两个城市合并，改名为乌珀塔尔，意思是乌珀河谷。
⑦ 苏拉米特和王子尤素福，均是徐勒在和贝恩交往时的自称。徐勒的一首诗名为《斯蒂克斯》（1902）。
⑧ 徐勒生前出版的最后一本诗集名为《我的蓝色钢琴》（1943）。
⑨ 埃尔泽·徐勒，德国女作家，1869 年 2 月 11 日出生在艾尔伯费德，纳粹时期流亡国外，1945 年 1 月 22 日在耶路撒冷去世。她和贝恩在第一次世界大战之前交往甚密。

1902

1902年

叙述者：吕贝克的中学生
叙述事件：购买一顶时髦的草帽
叙述时间：二十年代以后

这种事在吕贝克也会成为一个小小的事件：我这个中学生为了去磨坊门或沿着特拉维河岸边散步，特意买了我一生中的第一顶草帽。不是那种柔软的毡帽，也不是圆顶硬礼帽，而是

一种平顶的黄得像蒲公英一样闪亮的草帽，它刚刚流行起来，文雅的名称是直接用法语“Canotier”，通俗的叫法就是德语的“圆锯帽”。女士们戴上了有装饰花边的草帽，但是仍然束着腰，长时间地把自己箍在用鲸骨褡支撑的紧身胸衣里；只有少数几位女士大胆地穿着透气的新式宽松连衣裙，出现在卡塔林纳文理中学[1]前面，惹得我们这些高年级学生放肆地取笑她们。

当时出现了许多新的东西。例如：帝国邮局发行了全德统一的邮票[2]，上面印着身穿金属护胸的日耳曼女神侧面像。到处都在宣扬各式各样的进步，许多戴草帽的人也显得对未来充满好奇。我的草帽也经历了一些事。当我惊奇地观看第一艘齐柏林飞艇[3]时，把它推到了脑后。在尼德雷格尔咖啡馆[4]，我把它和刚刚印刷出来、强烈地刺激了市民思想的《布登勃洛克一家》[5]这本书放在一起。然后，我作为大学生戴着它穿过刚刚开园的哈根贝克动物园[6]，观看那些露天饲养的猴子和骆驼，那些骆驼和猴子也傲慢贪婪地看着头戴草帽的我。

在击剑场上互相拿错，压根儿就遗忘在阿尔斯特咖啡厅[7]。有几顶草帽多次领教过考试时大汗淋漓的滋味。一次又一次，最后终于到了该买一顶新草帽的时候。只有在女士们的面前，我才热情洋溢地或是漫不经心地脱下草帽。很快，我就把它斜戴在脑袋的一侧，就像布斯特·基顿[8]在无声电影里那样，只不过没有任何东西使我情绪悲伤，任何一点理由都让我开怀欢笑，以至于我在哥廷根的时候就很像哈罗德·劳埃德[9]，好几年以后，他在电影里戴着草帽活蹦乱跳地挂在钟楼的时钟指针上，样子滑稽可笑，在通过第二次国家考试之后，我戴着眼镜离开了那里的大学。

回到汉堡后，我是许多戴着草帽、你推我挤地观看易北河隧道通车典礼[10]的男人之一。我们戴着“圆锯帽”从商业区涌到仓库区，从法院涌到律师事务所，当世界上最大的轮船——北大西洋快速汽船“皇帝号”驶离港口，开始处女航的时候，我们挥帽示意。

经常都有挥帽示意的机会。我曾经挽着一位牧师的女儿，在易北河岸边的布朗克内泽[11]散步，她后来嫁给了一位兽医，我不记得那是春天还是秋天，当时突然刮来一阵风，卷走了我的这件轻盈的头饰。它翻了几个滚儿，像帆船似的滑行。我跟在后面追赶，却徒劳无功。看着它顺流而下，无论伊丽莎白怎么安慰，我还是非常难过，在那一段短暂的时间里，她是我爱情的归宿。

先是初级候补公务员，然后又是中级候补公务员，我有条件给自己买了几顶质量更好的草帽，在这些草帽的皮革防汗衬圈上面压印着制帽公司的名称。这些草帽一直很流行，直到夏末的一天为止，我当时就职于施末林的高级法院，那天，成千上万头戴草帽的男人，在大大小小的城市，聚集在一名宪兵的周围，宪兵站在大街上，以皇帝陛下的名义向我们照章宣读：即刻进入战争状态。许多人把他们的圆锯帽抛向空中，体验了从那种沉闷无聊的平民生活中得到解脱的兴奋，自愿地——不少人是永远地——把黄得像蒲公英一样闪亮的草帽换成了军灰色的头盔，又被称作尖顶头盔。

注释：

① 德国作家托马斯·曼的母校。
② 1902 年 2 月 1 日，巴伐利亚和符腾堡加入了德国帝国邮局，帝国邮局发行了第一枚全德统一的邮票。
③ 费迪南·齐柏林伯爵（1838-1917）是飞艇的发明者，1900 年 7 月 2 日，他设计的第一艘飞艇成功地飞上了天。参见 1924 年。
④ 吕贝克最著名的咖啡馆。
⑤ 托马斯·曼（1875-1955）在 1911 年出版的长篇小说，作家因此获得了 1929 年诺贝尔文学奖。
⑥ 哈根贝克动物园位于汉堡附近，由动物商卡尔·哈根贝克（1838-1917）于 1907 年建立。
⑦ 汉堡市中心的一家咖啡馆。
⑧ 布斯特·基顿（1896-1966），美国喜剧电影演员。
⑨ 哈罗德·劳埃德（1893-1971），美国喜剧电影演员，“挂在钟楼的时钟指针上”是无声影片《*Safety last*》（1923）中的一个著名镜头。
⑩ 1911 年 9 月 7 日，汉堡易北河隧道正式启用，隧道全长 448 米。
⑪ 易北河岸边的布朗克内泽曾经是汉堡的富人度假区。

1903年

叙述者：莱比锡足球队董事

叙述事件：第一届德国足球联赛决赛

叙述时间：四十年代以后

圣灵降临节那天，刚过四点半就开始决赛。我们莱比锡队乘的是夜间列车，十一名上场队员，三名替补队员，球队主教练，俱乐部董事会的两位先生。怎么可能是卧铺呢！当然啦，所有的人，也包括我，坐的都是三等车厢，我们好不容易才凑足了这次旅行的盘缠。我们的小伙子们毫无怨言地躺在硬邦邦的长椅上，直到快要到于尔岑的时候，我才听见真正由鼾声汇成的协奏曲。

当我们在阿尔托纳跑步上场[1]的时候，虽然相当疲惫，但也情绪高昂。和其他地方一样，这里迎接我们的也是一个普普通通的教练场，中间甚至还有一条撒上砾石的小路。任何抗议都是无济于事的。阿尔托纳 FC93 俱乐部的裁判员贝尔先生，已经用一根粗绳子把沙土的、但又平整得无可挑剔的比赛场地围了起来，并且亲自用锯木屑标出了禁区和中线。

我们的对手，那些布拉格的小伙子们，之所以能够前来比赛，完全要归功于卡尔斯鲁厄足球协会董事会那些办事马虎的先生们，他们中了一个卑鄙的诡计，相信了一封迷惑人的电报，所以没有率队赴萨克森参加预赛。因此，德国足球联合会随即决定派布拉格德意志足球俱乐部参加决赛。这是第一次德国足球决赛[2]，而且天气也很好，贝尔先生可以从大约两千名观众那里收取一笔数目可观的门票钱。这些钱都扔进了一只白铁罐，但是最后这笔不足五百马克的收入甚至还不够填补全部支出。

比赛刚开始就出现了一个故障：开哨之前竟然没有球。布拉格队立刻提出抗议。观众们则大多数哄笑，少数人骂娘。当皮球终于放在中线的时候，观众们同样也高声欢呼，我们的对手开球，他们顺风，背朝太阳，很快就到了我们的门前，从左侧边线踢来一个长传，我们的高个子守门员莱特勉强抱住，避免了我们莱比锡队这么早就比分落后。然后我们加强了防守，右侧的几次传球都很有威胁。接着，布拉格队成功地在我们禁区前的混战中攻进了一球，在对布拉格队展开了一系列猛攻之后，我们终于在中场休息之前把比分扳平，他们的皮克真是一个可以信赖的守门员。

交换场地之后，我们的进攻让对方防不胜防。弗里德里希射进了我们队的第二个球，斯坦尼在球运降临之前攻进了他的第一个球，此后，在不到五分钟里，斯坦尼和里索总共送进了三个球。虽然布拉格队在我们的一次传球失误之后又进了一个球，但是——如上所述——大局已定，欢呼此起彼伏。甚至连奔跑积极的中卫罗比塞克也无法阻止我们的队员，他在防守斯坦尼时严重犯规。贝尔先生对他予以警告，在终场哨声之前，里索又攻进了第七个球。

事先颇受赞扬的布拉格队相当令人失望，尤其是锋线的几个队员。过多的回传，在禁区里太不果断。后来有人说，斯坦尼和里索是这一天的英雄。这是不对的。全队十一个人都在拼搏，就像一个人一样，布鲁诺·斯坦尼舍夫斯基，我们都叫他斯坦尼，当时就已经提请人们注意波兰出生的球员在那些年里为德国足球做出的贡献。我在俱乐部的董事会又工作了很久，最后几年担任财务总管，经常随队外出比赛，经历过弗里茨·塞潘、他的内弟恩斯特·库佐拉、沙尔克陀螺③、沙尔克的几次重大胜利，因此，我可以理直气壮地说：从阿尔托纳冠军赛开始，德国足球走上了一条上坡路，这特别要感谢加入德国籍的波兰运动员们的比赛热情和勇于射门的精神。

再回到阿尔托纳：这是一场很好看的比赛，尽管并不是一场重大的比赛。但是，当莱比锡足球俱乐部无可争议地成为德国冠军的时候，还有一个记者试图在制造传奇的厨房里烧热他的传奇肉汤。下面的这个谣言至少已被证明完全是一个借口：前一天夜里，布拉格队在圣保利的制绳场大街④和娘儿们鬼混，因此，在进攻时，尤其是在下半场，表现得如此软弱无力。裁判员贝尔先生在给我的亲笔信中写道："更好的运动员获得了胜利！"

注释

① 阿尔托纳位于汉堡附近，当时是独立的城市，现为汉堡的一个区。
② 这是第一次德国足球决赛，1903 年 5 月 31 日举行。
③ 沙尔克陀螺是一种由沙尔克 04 队在 1930 年代最先使用的快速传球配合战术。弗里茨·塞潘和恩斯特·库佐拉是该队在三十年代和四十年代的主力队员。
④ 圣保利的制绳场大街是汉堡有名的红灯区。

1904年

叙述者：罢工的参加者

叙述事件：鲁尔地区矿工罢工

叙述时间：罢工期间

“在俺们赫尔内[1]那旮旯，圣诞节前就闹开了……”

“都是胡戈·施蒂内斯[2]的矿井……”

“别处也有整车不给钱的[3]，在哈尔朋矿区，要是车没装满，或者里头有一丁点儿杂煤……”

“还要罚钱啰……”

“当然，矿务监督先生。但是，这些平时和和气气的矿工闹罢工[4]的一个理由，恐怕是因为整个矿区流行的蠕虫病，矿区管理处认为无关痛痒，五分之一的矿工染上了这种……”

“要让我说吧，就是让那些蠕虫，甚至还有矿井里拉煤的马给害的……”

“没这事儿，都是那些波兰佬带来的这些鬼毛病……”

“但是，大家都参加了罢工，也包括那些波兰矿工，您也知道，矿务监督先生，他们平时是很容易平静下来的……”

“用烧酒呗！”

“胡扯！这里的人个个都酗酒……”

“罢工领导引用了1889年柏林的和平纪要，即八小时标准工作制……”

“哪儿也没有实行！到处都延长了井下工作时间……”

“在俺们赫尔内那旮旯，井下要干十个钟头……”

“要让我说吧，就是因为整车不给钱，最近加班才越来越多……”

“现在罢工的矿井已经超过了六十个……”

“又开始排列黑名单了……”

“在魏泽尔，第五十七步兵团已经持枪列队，待命出发……”

“胡说八道，伙计！现在整个矿区只有宪兵在值勤……”

“在俺们赫尔内那旮旯，还有矿务官员，像您这样的，担任矿警，带着袖章，手持大棒……”

“他们被称作平克顿，因为美国人平克顿第一个想出这种下流的鬼主意……”

“到处都是总罢工，那个胡戈·施蒂内斯就要关闭他的矿井了……”

“在俄罗斯，现在就像在搞一场革命[5]……”

“在柏林，李卜克内西同志[6]……”

“但是，很快就来了军队，噼噼啪啪地开了火……”

“就像在西南非洲[7]，我们的小伙子们三下五除二就收拾了所有的霍屯督人……”

“整个矿区现在已经有二百多个矿井罢工……”

“有人算过，这是百分之八十五……”

“到目前为止，一直进行得很平静，也很有秩序，矿务监督先生，因为即使是工会领导……”

“不像在俄罗斯，那里的革命越来越热火……”

“因此，同志们，在赫尔内首次对破坏罢工的人采取了行动……”

“施蒂内斯一直拒绝任何和解，所以不得不担心……”

“俄罗斯现在已经处于战争状态……”

“我们的小伙子们已经把那些赫雷罗人和霍屯督人赶进了沙漠……”

“李卜克内西把圣彼得堡的工人和我们这些矿区的工人称作无产阶级的英雄……”

“但是，俄罗斯人不会这么快就摆脱日本人的……”

“在俺们赫尔内那旮旯，他们开枪啦……”

“都是朝空中放的……”

“大家可都撒腿就奔……”

“从矿井大门一直跑过矿务大楼前的广场……”

“没有的事儿，矿务监督先生，没有军人，只有警察……”

“尽管如此，我们还是跑了……”

“快点儿跑吧，我对安东说……”

注释:

① 赫尔内以及下文的哈尔朋、魏泽尔，均为鲁尔区地名。

② 胡戈·施蒂内斯（1870-1924）：德国大资本家，1893 年接管其家族企业。

③ 矿主规定，要是矿工没有把矿车装满或者混有杂煤，将作为空车论处，不发工钱。

④ 自 1904 年 12 月 22 日起，鲁尔区矿工陆续开始罢工，抗议施蒂内斯在矿区延长工作时间和降低工资。

⑤ 即第一次俄罗斯革命。1905 年 1 月，十四万工人在圣彼得堡游行示威，要求实行八小时工作制，沙皇下令向游行的人开枪。

⑥ 卡尔·李卜克内西(1871-1919)，德国左翼政治家，1918 年发起成立德国共产党，1919 年被谋杀。

⑦ 西南非洲，即纳米比亚，1884 年至 1919 年是德国殖民地。

1905

1905年

叙述者：在丹吉尔的德国商人的儿子

叙述事件：德国皇帝威廉二世首次出访摩洛哥的丹吉尔

叙述时间：大约在1914年第一次世界大战之前

家父当年受不来梅一家海运公司的委托，在丹吉尔、卡萨布兰卡和马拉喀什做事，那还是在第一次摩洛哥危机[①]之前。家父是个成天操心费神的人，当时的政局，尤其是那个在远方执政的帝国总理比洛夫[②]，把他的财政收支搞得一团糟。作为他的儿子，我虽然在与法国和西班牙的激烈竞争中勉强能够维持我们的商行，但是全无任何真诚热情地去从事番红花、无花果、海枣和椰子的生意。因此，我宁愿把海外事务所变成茶馆，平时也去逛逛集市作为消遣；对我来说，饭桌上和俱乐部里总在空谈危机是非常可笑的。我曾经隔着一段距离,架着滑稽可笑的单片眼镜,亲历了皇帝对苏丹的突访。阿布德·阿尔·阿基兹懂得如何以令人惊叹的热闹场面，来应对这次没有事先通报的国事访问，懂得如何用美丽如画的皇家卫队和英国的间谍，来保护这位尊贵的客人，懂得如何在暗地里为自己确保法国的宠爱和庇护。

尽管在靠岸时曾出现了一些让人讥笑的故障——陛下乘坐的汽艇差一点翻掉——皇帝的出场仍然是威武雄壮的。他骑在一匹借来的、显然有些紧张的白马上，稳稳当当地踏上了丹吉尔的土地。甚至还有人欢呼。他的那顶头盔尤其受到赞赏，它发出了一连串与太阳互通信息的闪光信号。

后来，在茶馆和俱乐部里流传着几张漫画素描，上面是一顶装饰着雄鹰的头盔，没有画任何面部，嘴唇上面的那撇威严挺拔的髭须，生动地表明了画的含义。这个画家——不，我不是这个恶作剧的人，而是一个我在不来梅认识的艺术家，他与沃尔普斯韦德的艺术家圈子走得很近——巧妙地将头盔和髭须展示在摩洛哥的背景之前，从而使得清真寺的圆顶和尖塔与装饰绚丽的圆形头盔及其尖尖的盔顶极为生动地融为一体。

除了一些令人担忧的电报之外，这次示威性的登场没有带来任何结果。当皇帝陛下还在义正词严地发表演讲的时候，法国和英国就已经在涉及埃及和摩洛哥的问题上达成了共识。我觉得,这一切真可笑。六年之后,我们的"豹子号"炮舰在阿加迪尔海面巡弋同样显得非常可笑。当然，这种行动可以造成余音袅袅的舞台效果。然而，唯一留下深刻印象的只有皇帝那顶在灿烂阳光下闪闪发亮的头盔。当地的铜匠认真地仿造了这种头盔，并且投放到所有的集市。很长一段时间——无论如何也比我们这个进出口公司存在的时间更长——人们可以在丹吉尔和马拉喀什的集市上，买到袖珍的或者比实物更大的普鲁士尖顶头盔,既是旅游纪念品,也可以当成日常使用的痰盂;直到今天,我仍然还在用着这样一个头盔，我把它的尖顶插在一个盛满沙子的箱子里。

家父在生意方面具有一种对最坏的情况做好思想准备的预见，他也并非毫无道理地偶尔把他的儿子称作"轻浮的年轻人"，我任何最幽默的想法也无法使得他的那些微笑肌肉兴奋起来。相反的，他却能够找到更多的机会，将他那种令人担忧的诊断，不仅仅是在饭桌上表达出来：“我们将遭到封锁，不列颠人和法国人将同俄罗斯人结盟包围我们。”有的时候，他还会再加上一句，扰得我们更加不安：“皇帝虽然懂得以战争相恫吓，但是制定实际政策的则是其他人。”

注释：

① 1904年，法国和英国就非洲殖民地的划分达成协议，将摩洛哥划入法国的势力范围。1905年3月31日，德国皇帝威廉二世突然访问摩洛哥，向法国公开挑战，然后又要求召开国际会议解决摩洛哥问题。

② 伯恩哈德·比洛夫（1849–1929），1900年至1909年任德国总理。

190

1906年

叙述者：潜艇艇长

叙述事件：德国第一艘潜艇在基尔下水

叙述时间：1945年以后

人们都叫我西留斯艇长。创造我的那个人，名叫亚瑟·柯南道尔爵士，他是以风行全世界的福尔摩斯探案故事的作者而闻名，这些故事里的破案侦察都是经过了严格的科学考证。他还试图通过发表一本名叫《危险》的小说[①]，附带提醒英国这个岛国警惕面临的危险，那是在我们的第一艘适于航行的潜艇下水八年之后，在打仗的1915年，这本小说还被译成德文出版，书名叫《潜艇之战——西留斯艇长如何战胜英国》，到战争结束前夕，总共印了十八版，可惜现在似乎早就被人们遗忘了。

根据这本颇有预见的小册子，我作为西留斯艇长成功地说服了诺尔国[2]的国王，这里指的是我们的帝国，让他相信一种大胆的、但还需要证明的可能性：仅仅依靠八艘潜艇——再多我们也没有——切断英国的所有食品供给，从而完全饿死英国。我们的潜艇名叫："阿尔法号"、"贝塔号"、"伽玛号"、"特塔号"、"德尔塔号"、"伊皮西侬号"、"约塔号" 和 "卡帕号"。可惜的是，最后提到的这艘，在这次总体来说非常成功的行动中沉入了英吉利海峡。我是"约塔号" 的艇长，同时也指挥整个潜艇舰队。在泰晤士河入海口，离谢尔尼斯岛不远的海域，我们初战告捷：我相继施放鱼雷击中了满载新西兰羊肉的 "阿德拉号" 的船体中部，紧接着又击沉了东方公司的 "摩达维亚号" 和 "库斯科号"，这两条船运的都是粮食。我们整个潜艇舰队不是集体参战就是个别行动，在海峡沿岸取得一系列胜利，又在爱尔兰海域连续击沉几条船之后，物价开始上涨，首先是伦敦，然后蔓延到整个英格兰岛，原先五便士的圆面包，很快就卖到了一个半先令。通过系统地封锁所有重要的进口港，我们继续把物价推得更高，引起了一场全国的饥荒。忍饥挨饿的民众采取暴力向政府抗议，攻占了大英帝国的圣地——股票交易所。上层社会或者花得起钱的人，都逃往了爱尔兰，那里至少还有足够的土豆。最后，高傲的英国被迫屈辱地与诺尔国缔结和约。

这本书的第二部分是由一些海军专家和其他内行人员发表意见，所有的人都强调了作者柯南道尔对潜艇发出的警告。有人——一位退役的海军中将——建议，现在要在英国建造粮仓，就像约瑟当年在埃及那样[3]，并且通过关税保护本地的农产品。有人迫切要求放弃教条主义的岛国思想，开始挖掘通向法国的海底隧道。另一位现役海军中将建议，只有在海军和空军护航的情况下才能放行商船，同时改装一些专门对付潜艇的快速战舰。都是一些聪明的建议，他们的可行性已经在实际的战争过程中得到了证明。关于深水炸弹的作用，我可有过一段特殊的亲身体验。

令人遗憾的是，创造我的那个人，亚瑟爵士，忘了报道当年我作为年轻的少尉曾经参加了 1906 年 8 月 4 日在基尔的日耳曼女神造船厂举行的下水仪式，船厂吊车将我们的第一艘适于航行的潜艇送入水中，一切都是秘密进行的，对外严格保密。那时我已经是一艘鱼雷艇上的二副，我自愿报名参加当时仍处在发展阶段的潜艇试航。我作为艇上的一名水手，亲身经历了"U-1 号"

潜艇首次下潜至三十米深处和首次凭借自身动力驶入公海。当然,我必须承认,克虏伯公司在此之前已经根据一位西班牙工程师的方案制造了一艘长十三米、水下时速五点五节的潜艇。这艘名为“鳟鱼号”的潜艇甚至引起了皇帝的兴趣。海因里希亲王④亲自参加了一次潜水航行。可惜的是，帝国海军部延缓了“鳟鱼号”的继续发展。此外还有采用石油发动机的许多困难。但是，延迟了一年之后，当“U-1 号”潜艇在埃肯费尔德投入使用时，就再也没有停下来过，即使这艘“鳟鱼号”以及另一艘长三十九米、装备了三颗鱼雷的“卡姆巴拉号”潜艇后来被卖给了俄罗斯⑤。我觉得自己很不情愿地被派去参加了这次隆重的交接仪式。专程从彼得堡来的东正教牧师为这两艘潜艇从前到后洒上圣水祈神赐福。经过耗时费力的陆地运输,它们在符拉迪沃斯托克下水,可惜太迟了,没能赶上投入对日本的战斗。

但是，我的梦想毕竟得到了实现。尽管柯南道尔的侦探敏感在无数破案故事里得到了证明，他却未能预感到，有多少像我这样的德国小伙子梦寐以求的就是：快速下潜，从游动的潜望镜里观察行驶缓慢易于瞄准的油轮，下达“鱼雷预备，发射！”的命令，命中目标，众人欢呼，同志式的并肩携手，信号旗迎风招展，胜利而归。我从一开始就参加了这一切，后来改行搞了文学，我不可能预料到，我们数以万计的小伙子再也没有从他们的水下梦想中浮出水面。

可惜的是,由于亚瑟爵士的警告,我们多次迫使英国屈服的尝试未能成功。死亡的人如此之多。只有西留斯艇长命中注定在每一次下潜中都能幸免于难。

注释:

① 一本名叫《危险》的小说，首先发表于 1914 年 7 月号的《海滨》杂志，1918 年以《危险和其他故事》为书名出版。

② 柯南道尔在书中以诺尔国暗示德国。

③ 参见《圣经·创世记》第四十一章，约瑟圆解法老的梦，预计将有饥荒，遂让人在埃及各地建造粮仓，囤积粮食以备荒年之需。

④ 海因里希亲王，德国皇帝威廉二世的弟弟。

⑤ 1914 年，俄罗斯向德国订购了三艘潜艇，准备投入日俄战争。

1907 年

叙述者：唱片销售商

叙述事件：汉诺威唱片厂失火

叙述时间：大约在 1914 年之前

11 月底的火灾[1]，发生在我们设在采尔大道的唱片厂：烧得一干二净。当时我们正处在兴旺发达的时期。不敢撒谎：我们每天的产量是三万六千张唱片。人们几乎就是直接从我们的手里抢走了这些东西。我们留声机零售部的营业额达到每年一千二百万马克。两年以来，我们在汉诺威生产两面都可以放的唱片[2]，这项生意尤其好。这种唱片当时别的地方只有美国才有。大多数是军乐。少量的唱片是为了满足高雅的需求。后来，拉帕波特[3]，也就是敝人，终于成功地说服奈丽·梅尔巴[4]同意录音，就是那位“伟大的梅尔巴”。起初，她有些矫情，后来的沙尔亚平也是这样，有一种异教的恐惧，面对魔鬼玩意儿——这是沙尔亚平对我们最新技术的叫法——他甚至丧失了自己柔和的男低音。约瑟夫·柏林纳和他的兄弟埃米勒·柏林纳[5]，于上个世纪末，在汉诺威建立了“德意志留声机厂”，后来又把总部迁到了柏林，居然以区区两万马克的注册资本，开始了一次相当冒险的旅程。在一个晴朗的早晨，约瑟夫对我说:“打点行装，拉帕波特，你得立刻动身去莫斯科，别问我用什么办法，反正要把那个沙尔亚平[6]搞定。”

不敢撒谎！我跳上了下一班火车，没多花时间打点行装，但是却带上了我们的第一批速转唱片，上面有梅尔巴录的，可以说是作为见面礼吧。这可真是一次难忘的旅行！您知道雅尔饭店吗？真是棒极了！在饭店的 chambre séparée（法文：特别套间），度过了漫长的一夜。我们起初都是用喝水的玻璃杯喝伏特加，后来费多尔终于在胸前划起了十字，开始唱起歌来。不，不是他最拿手的鲍里斯·戈都诺夫的唱段，而是修道士们用深沉的低音哼唱的那种虔诚的曲调。接下来，我们改喝香槟酒。直到黎明时分，他才终于流着眼泪签了字，并且不时地在胸前划着十字。我从小就有点瘸，所以，当我催促他签字的时候，他大概把我当成了魔鬼。他之所以签了字，是因为我们已经把著名男高音索比诺夫拉过来了，并且我还向他出示了跟索比诺夫签订的合同，可以说是作为样本吧。无论如何，沙尔亚平成了我们第一位真正的唱片明星。

这一下所有的人都来了，莱奥·斯勒查克[7]，亚历山德罗·莫雷西[8]，后者是最后一个为我们录制唱片的阉人歌手。然后，我又在米兰饭店，我知道，这真是不可思议，就在威尔第去世时住的那间客房的上面一层，将恩里克·卡鲁索[9]的第一批录音曲目安排妥当，十首咏叹调！当然是独家专有合同。很快，阿德丽娜·帕蒂[10]也开始为我们唱歌，除了她还能有谁呢。我们的唱片销往世界各地。英国王室和西班牙王室成为我们的固定客户。拉帕波特甚至略施小计，成功地挤掉了巴黎罗斯柴尔德商行的美国供货商。尽管如此，我作为唱片商也很清楚，我们不可能永远独占专有，因为只有数量大才行，而且我们必须化整为零，分散经营，这样才能凭借设在巴塞罗那、维也纳……还有——不敢撒谎！——加尔各答等地的唱片工厂，在国际市场上占据一席之地。因此，汉诺威的火灾并非灭顶之灾。当然，我们非常难过，因为我们和柏林纳兄弟毕竟是在采尔大道从很小规模开始做起的。这两个人是天才，我只不过是一个唱片商，但是拉帕波特从一开始就很清楚：伴随着唱片和留声机，整个世界将重新发现自己。尽管如此，沙尔亚平在很长一段时间里，每次录音之前，仍然要在胸前划上无数次十字。

注释：

① 德意志留声机厂设在汉诺威的唱片厂于 1907 年 11 月 20 日被大火烧毁。
② 该厂自 1904 年开始生产这种可以放五分钟的新式唱片。
③ 拉帕波特，确有其人，生卒年月不详。
④ 奈丽·梅尔巴（1861–1931），澳大利亚花腔女歌唱家。
⑤ 两人于 1898 年 12 月 6 日在汉诺威成立德意志留声机厂，1900 年迁往柏林，该厂在第二次世界大战后迁到汉堡。
⑥ 费多尔·沙尔亚平（1873–1938），俄罗斯男低音歌唱家。
⑦ 莱奥·斯勒查克（1873–1946），奥地利男高音歌唱家。
⑧ 亚历山德罗·莫雷西（1858–1922），唱女声部的男歌唱家。
⑨ 恩里克·卡鲁索（1873–1921），意大利男高音歌唱家。
⑨ 阿德丽娜·帕蒂（1843–1919），意大利花腔女歌唱家。

1908

1908年

叙述者：铁路工人的儿子

叙述事件：卡尔·李卜克内西被囚禁

叙述时间：1919 年以后

这是我们家的习惯：父亲总是带着儿子。威廉·李卜克内西[1]来哈森海德公园演讲的时候，我祖父就带上了他的长子，他在铁路做事，参加了工会。我父亲也在铁路干活，也是党内同志，提起俾斯麦当政的年代遭到禁止的大型群众集会，他总是实实在在、反反复复地向我灌输那句颇有预言性的名言："吞并阿尔萨斯－洛林给我们带来的不是和平，而是战争！"

威廉的儿子，就是卡尔·李卜克内西同志，来讲演的时候，父亲也把我这个九岁或者十岁的小毛头带去了，一般都是在露天，如果遭到禁止，就在烟雾弥漫的小酒馆。他还带我去过施潘道，李卜克内西在那儿做竞选演讲。1905 年，我甚至坐火车去过莱比锡，父亲是火车司机，可以免费乘车，卡尔·李卜克内西在普拉格维茨的岩石洞[2]介绍鲁尔区的总罢工，当时所有报纸都报道了这次罢工。他谈的不仅仅是矿工，也不只是鼓动人们反对普鲁士的容克地主和工业资本家，他讲的重点是将这种总罢工作为无产阶级大众未来的斗争方式，对此作了实实在在、颇有预言性的详细论述。他没有讲稿，想到哪说到哪。他还讲到了俄罗斯的革命和沾满鲜血的沙皇统治。

演讲期间，不时地响起掌声。最后一致通过了一项决议，参加集会的人——我父亲说，肯定有两千多人——在决议中宣布，要与鲁尔区和俄罗斯英勇的战士们团结一致。

当时挤在岩石洞里的人也许甚至超过三千。我看到的比我父亲要多，因为我坐在他的肩膀上，当年威廉·李卜克内西或者倍倍尔同志来讲工人阶级地位的时候，他的父亲也是这么做的。这是我们家的习惯。无论如何，我这个小毛头居高临下地亲历了李卜克内西同志的演讲，可以说是居高临下地看，居高临下地听。他擅长在大庭广众演讲，从来不会有找不到话说的时候。他特别喜欢去鼓动青年。在露天场地，我听见他在数以万计的人头上面高喊："拥有青年的人，就拥有了军队！”这些话是多么具有预见性啊。他对我们大声疾呼：“军国主义是资本主义的凶残的执行官和铁血的防护堤！”这时，我在父亲的肩膀上真的感到害怕起来。

我今天还记得很清楚，他刚一提到必须和内部的敌人斗争，就让我实实在在地感到害怕。我大概就是因此而着急要撒尿，开始在父亲的肩上动来动去。可是，我父亲当时很兴奋，并没有觉察到我的需要。我坐在上面渐渐地坚持不住了。那是在 1907 年，我终于透过背带裤，把尿撒在了我父亲的脖子上。此后不久，李卜克内西同志被抓了起来，不得不在格拉茨的一个堡垒里蹲了 1908 年整整一年再加上几个月，因为帝国法院根据他反对军国主义的政治言论判了他的刑。

当我在极度紧张的情况下尿了我父亲一脖子之后，他把我从肩膀上揪了下来，尽管集会仍在进行，也不管李卜克内西同志仍在鼓动青年，立刻就实实在在地揍了我一顿，以至于我很长时间都还能感觉到他的手。因此，就是因为这件事，当后来终于打起仗来的时候，我跑去参军，自愿报的名，甚至由于作战英勇还受到了表彰，在阿拉斯和凡尔登两次负伤之后被提升为军士。即使是在弗兰德当突击队长的时候，我也始终确信李卜克内西同志鼓励青年的那些话百分之百的正确。他后来被几个自由军团的士兵枪杀了，再后来，罗莎同志[3]也遭到枪杀，他们中的一个，尸体甚至被扔进了护城河。

注释：

① 威廉·李卜克内西（1826–1900），德国左翼政治家，马克思和恩格斯的好友，1869 年和倍倍尔一起成立了德国社会民主工人党。

② 莱比锡的一个可以容纳一千多人的会场。

③ 罗莎·卢森堡（1870–1919），德国女政治家，1918 年和卡尔·李卜克内西筹建德国共产党，1919 年被谋杀。

1909年

叙述者：为运动员服务的医生
叙述事件：柏林第一届欧洲六日自行车赛
叙述时间：事后不久

每天去乌尔班医院上班的这段路，我总是骑自行车，而且被大家视为狂热的自行车爱好者。因此，在六日自行车赛[1]期间，我成了维尔纳博士的助手。这次在柏林动物园旁边的冬季自行车赛车场举行的比赛，不仅在柏林和帝国是第一次，而且在整个欧洲也是头一回。这种辛苦费劲的比赛是前几年才刚刚在美国兴起的，任何规模庞大的玩意儿，反正在那里都能吸引观众。因此，上个赛季的优胜者，纽约的弗劳伊德·麦克法兰德和杰米·莫兰被作为种子选手。可惜的是，德国的赛车手吕特不能来柏林参加比赛，他和他的荷兰搭档施托尔，在两年前的美国公开赛上曾经获得冠军。在帝国，开小差是要被判刑的，他不敢冒险返回祖国。但是，施托尔这个英俊的小伙子一出现在赛车道上，就立刻成为观众的宠儿。当然，我是希望罗伯尔、施戴尔布林克和我们的自行车项目王牌维利·阿伦特能尽力为德国国旗增辉。

自始至终，维尔纳博士都在六日自行车赛的医务中心主持工作，也就是不分昼夜地工作。我们也像赛车手们那样，睡的是鸡笼大小的简易床，这些床在场内纵向排列，紧靠着那个很小的机械修理车间和稍微加了一些遮挡的医务室。我们总有很多事要做。在比赛的第一天，保兰就摔倒了，在他摔倒的时候还拉倒了我们的维利·阿伦特。他们俩不得不暂停几圈比赛，由格奥尔格和罗森略歇尔替代出场，后者上场不久就筋疲力尽，遭到淘汰。

按照我们的医疗方案，维尔纳博士在比赛开始之前就要求测量每个参赛者的体重，但是这项工作直到六日自行车赛之后才补做完成。此外，他还向所有的赛车手提供吸氧服务，不仅仅是向有德国血统的。几乎所有的赛车手都听从了这项建议。我们的医务室每天都要消耗六至七瓶氧气，这也成为这次比赛的巨大负担。

经过还算按时完工的改建工程，自行车赛场里的一百五十米赛车道完全变了模样。新铺设的赛车道被漆成了绿色。看台的立席上挤满了年轻人。在包厢和场内的前排坐席，可以看见来自柏林西区的一些穿燕尾服、系白色腰带的男士。头戴巨大遮阳帽的女士们挡住了后面人的视线。开赛的第二天，奥斯卡王子及其随从就来到了皇室包厢。当时，我们的维利·阿伦特已经落后了两圈。第四天，种子选手麦克法兰德－莫兰小组和施托尔－贝尔泰特小组在二十五圈的比赛中展开了激烈的你追我赶的竞争，而法国赛车手杰奎林打了我们的赛车手施戴尔布林克一个耳光，这时看台上出现了一阵阵骚动，观众们威胁要私下弄死杰奎林，比赛中断了一段时间，这个法国人被取消了比赛资格。这一天，皇太子殿下带着他的那些衣装艳丽的宫廷侍从也来观看了比赛,并且情绪高昂地一直待到午夜之后。当他出现的时候,全场热烈欢呼。乐队演奏着轻快的军队进行曲，同时也间或为看台上的那些狂喊乱叫的观众演奏一些流行小调。即使是在赛车手们不紧不慢地绕圈的那几个安静的钟头里，强劲雄壮的乐曲也不绝于耳，为的是让所有的人都保持亢奋。施戴尔布林克这个壮壮实实的小伙子，怀抱曼陀林，边骑边弹，当然抵挡不了震耳欲聋的军乐。

即使是在绝对还没有出现任何激动场面的清晨，我们也忙得不可开交。“萨尼塔斯”电器公司为我们医务室安装了最新式的罗塔尔透视设备，以至于当军医总监施杰尔宁博士教授来我们这里视察时，维尔纳博士已经为参赛或已被淘汰的赛车手拍了六十张透视照片，这时可以向施杰尔宁教授展示一下。教授建议维尔纳博士将来可以发表其中的一些资料，但是后来在一本权威杂志上发表时，压根就没有提及我的工作。

比赛本身也引起了我们这位贵客的一些好奇。教授观看了一直领先的施托尔－贝尔泰特小组在第五天被美国种子选手超过的场面。后来，当法国赛手布洛科在冲刺时妨碍了贝尔泰特之后，后者宣称他的搭档施托尔接受了麦克法兰德－莫兰小组的贿赂，但是这一指控没有能够在比赛监督委员会得到证实。即使怀疑继续存在，施托尔仍然一直是观众们最喜欢的赛车手。

维尔纳博士向我们的赛车手推荐生物鸡精、生物麦芽、生鸡蛋、烤牛肉、米饭、面条和布丁作为营养食物。罗伯尔性情孤僻，爱发牢骚，他听从自己私人医生的建议，用调羹大勺大勺地往嘴里送鱼子酱。几乎所有的赛车手都抽烟、喝气泡酒，杰奎林甚至一直到被淘汰出局仍在喝波特酒。我们认为完全有理由假设，有一些外国的赛车手服用了使人兴奋的药物，这都是一些或多或少有害身体的东西；维尔纳博士推测是含马钱子碱和咖啡因的制剂。我就亲眼看见贝尔泰特这个满头黑色鬈发的百万富翁之子，躺在床上瘾头十足地嚼着一块生姜根。

尽管如此，施托尔－贝尔泰特小组仍然落后了好几圈，在第七天晚上十点，弗劳伊德·麦克法兰德和杰米·莫兰获得了比赛的胜利。他们可以得到五千马克的奖金。我们的维利·阿伦特落后十七圈，这当然让他的那些最忠实的支持者大为失望。尽管比赛临近结束的时候，门票的价格已经提高了一倍，但是一直到3月21日最后这一天的赛车场门票都已售罄。最初参赛的是十五对车手，到了最后，赛道上只剩下九对。当比赛结束的铃声响起时，场内爆发出雷鸣般的掌声。当两个美国人戴着奖牌绕场一周的时候，观众们给予了公正的掌声，而施托尔这个英俊的小伙子更是得到了特别热烈的欢呼。皇太子、图尔恩和塔西斯家族的几位亲王以及其他王公贵族当然是坐在皇室包厢里。有一位热衷于自行车运动的资助人，甚至为我们的赛车手阿伦特和罗伯尔追上来的那几圈捐助了数目可观的安慰金。施托尔把一个荷兰制造的打气筒送给我留作纪念。在六日自行车赛期间，我们发现所有赛车手的排泄物中都含有大量的蛋白质，维尔纳博士觉得这很值得注意。

注释：

① 第一届欧洲六日自行车赛于1909年3月15日至21日在柏林举行。世界上第一次六日自行车赛是1893年在纽约举行的。

1940

1910年

叙述者：铸炮工人的妻子

叙述事件：克虏伯公司铸造第一门远程火炮

叙述时间：1918年以后

这一刻，我想说说，那帮家伙为啥因为我叫贝尔塔，长得又胖，就把这么个绰号套在我的身上。我们当时住在职工宿舍，离厂子近，上班很方便，因此也饱受烟雾之苦。衣服晒干后常常蒙上一层灰，孩子们也总是咳嗽，所以我经常骂骂咧咧的。我爹却总是说：算啦，贝尔塔。在克虏伯做计件工的，都得要赶时间去上工。

那些年里，一直到搬出来之前，即使住得很挤，我们也把朝后面兔子笼的那间房子租给了两个单身汉，我们那儿叫他们是搭伙的，而我用抠抠唆唆攒下来的那点积蓄买的那台针织机，连个摆放的地方都没有。我的科比斯却总是对我说：算啦，贝尔塔，重要的是，雨别下到屋里来。

他在铸造厂做事。铸造大炮的炮筒。全是和大炮有关的东西。那还是在打仗的前几年。总有事情做。他们铸造了一个玩意儿，所有的人都自豪得不得了，因为这么大的玩意儿，世界上还从来没有过。住在我们职工宿舍的许多人都在铸造厂干活，包括住在我们家的那两个搭伙的，他们总是谈论这个玩意儿，即使这事儿据说当时还是保密的。一谈起来就没完没了。他们说，看上去就像一门迫击炮。是短炮筒的那种。准确的名字叫四十二厘米口径大炮。有几次浇铸炮筒失败了。还有其他原因也拖了一些时间。我爹却总是说：要我说吧，在真正打起来之前，我们还是可以弄成的。克虏伯是谁呀，他能把这些玩意儿卖给俄罗斯的沙皇，或者卖到其他任何地方。

但是，几年以后真正开战的时候，他们还真没卖掉这些玩意儿，而是用它们从很远的地方朝着巴黎咣咣地开火。到处都把它叫作“胖贝尔塔”[①]，即使是在那些没有人认识我的地方。这都要怪那些住在我们职工宿舍的铸造工人，是他们最先用我的名字叫这玩意儿，因为我是我们那一片地方最胖的。我可不喜欢成为别人到处谈论的对象，即使我的科比斯好心好意地对我说：

他们没有恶意。我对大炮这玩意儿从来就没有任何兴趣，即使我们一直是依靠克虏伯的产品生活。要我说吧，生活也并不赖。在我们职工宿舍，甚至就连鸡呀鹅呀，都可以到处乱跑。几乎每家人都圈养了一头猪。还有呢，到了春天，到处都是家兔……

但是，这些胖贝尔塔在战争中并没有发挥多少作用。这些玩意儿咣咣地总是一再打偏了，法国人笑破了肚皮。我的科比斯最后也被鲁登道夫[②]编进了战时后备军，如今也成了残废，我们也不准继续住在职工宿舍，只好靠我的那点积蓄租了一个棚屋，我的科比斯却总是对我说：算啦，贝尔塔。就我来说，你尽管舒舒心心地再胖一点儿好了，重要的是，你要健健康康的……

注释：

① 这是人们对克虏伯公司生产的四十二厘米口径榴弹炮的戏称，因为当时克虏伯公司的女老板名叫波棱和哈尔巴赫的贝尔塔·封·克虏伯（1870–1950）。

② 埃里希·鲁登道夫（1865–1937），德国将军，曾任德军总参谋长。

1911年

叙述者：德国皇帝威廉二世
叙述事件：任命蒂尔皮茨为海军元帅
叙述时间：威廉二世的信

我亲爱的奥伊伦堡[1]，请允许我继续这么称呼您，在我们受到哈尔登[2]这个无赖在报纸上发表的拙劣文章恶意中伤诬蔑之后，我即使满腹怨言，也不得不以国家利益为重，抛弃了您这位我的忠实的旅伴和出谋划策的朋友。尽管如此，亲爱的侯爵，我请您现在与我共同分享胜利的喜悦：这一天终于来到了！今天，我正式任命我的海军部长蒂尔皮茨[3]

为海军元帅，他曾经在帝国议会恰到好处地教训了那个左翼自由党人。所有我的那些关于海军的草图，其缜密精细曾经多次受到您温和的指责，我在那些无聊至极的会议期间，不厌其烦地在文件夹上面，甚至在那些极其枯燥的文件里面，发挥我的那点儿微不足道的才能，为了警醒我们自己，画出了法国的“查尔斯·马特尔号”和几艘I级装甲巡洋舰，最前面的是“圣女贞德号”,然后是俄罗斯的新式舰艇,先是“佩德罗帕夫洛夫斯基号”、“波尔塔瓦号”和“塞瓦斯托波尔号”这几艘装甲巡洋舰，所有的炮塔清晰可见，就像一支升火待发的海军舰队。在一系列海军法令逐步让我们放开手脚之前，我们拿什么去对抗英国的“无敌舰队”？充其量只有四艘勃兰登堡级的装甲巡洋舰，除此之外别无其他。现在，这些围绕着那个假想敌的草图在我们这里已经找到了答案，亲爱的朋友，您可以从附上的资料里获悉，它们不再仅仅是设计方案，而是有的已经在北海和波罗的海耕波犁浪，有的正在基尔、威廉港和但泽开始建造。

我知道，我们已经损失了好几年的时间。可惜的是，我们的人太不懂航海的事。需要在国民中间进行一场普及性运动，从而唤起人们对海军事业的热情。成立海军协会[4]，必须搞出一个海军法，在这一方面，英国人，或者换一个更好的说法，我的那些可爱的英国表兄表弟们[5]，事与愿违地帮了我的忙。亲爱的朋友，您还记得吗，他们在布尔战争[6]期间完全非法地在东非沿海地区劫持了我们的两条轮船。整个帝国义愤填膺。这也为我们在帝国议会助了一臂之力。尽管我的那句名言“我们德国人必须用我们装上铁甲的‘无畏’去对付英国人的‘无畏舰队’”曾经引起了各种各样的喧嚷。(是啊，亲爱的奥伊伦堡，我知道，对我诱惑最大的过去和现在一直都是沃尔夫电报局[7]。)

但是，第一批已经变成现实的梦想正在遨游。其他的梦想呢？蒂尔皮茨将会做出决断。对我来说，继续描绘远航船只和装甲巡洋舰仍然是一种神圣的消遣。现在我正神情严肃地坐在写字台前，您知道，我总是坐在一个马鞍上面，随时准备发起进攻。在通常的骑马散步之后，我每天早上必须做的一件事，就是把为我们面对强敌尚如此年轻的海军所做的大胆构思记录在纸上。我知道，蒂尔皮茨也像我一样寄希望于大型舰艇。我们必须更快、更灵活，炮火必须更猛烈。我会突如其来地产生一些与此相关的想法。在这种创作过程中，一些大型舰艇经常就好像是从我的大脑里一跃而出。昨天，萦绕在我脑海里的是几艘重型巡洋舰，“赛德利茨号”、“布吕歇号”，它们从我的笔端跃然纸上。我看见整个舰队以纵向排列破浪前进。缺少的仍然还是大型作战舰艇。蒂尔皮茨认为，仅仅因此，就不得不延迟建造潜艇。

啊，我真希望您，我最好的朋友，文学艺术的爱好者，还像从前那样就在我的身边！真希望我们可以无所顾忌、思维敏捷地闲谈聊天。我会竭尽全力安抚您的恐惧。是啊，最亲爱的奥伊伦堡，我想做一个救世主，但要是一个全副武装的……

注释：

① 菲利普·奥伊伦堡公爵（1847–1921），威廉二世的亲信和顾问，1906 年遭到新闻记者哈尔登的批评，并且引起人们对他和威廉二世有同性恋倾向的猜测，威廉二世随即将他免职。

② 即马克西米连·哈尔登（1861–1927），新闻记者，曾激烈批评威廉二世任人唯亲的政策。

③ 阿尔弗雷德·封·蒂尔皮茨（1849–1930），曾任德国海军部副部长、部长。

④ 海军协会成立于 1898 年。

⑤ 威廉二世的母亲维多利亚是英国维多利亚女王的长女。

⑥ 英国和南非的几个布尔共和国在 1899 年至 1902 年之间进行的战争。

⑦ 威廉二世素以喜欢发电报而闻名，沃尔夫电报局是当时德国最大的电报局。

1912年

叙述者：波茨坦水利局护堤员

叙述事件：诗人格奥尔格·海姆溺死于万湖

叙述时间：第一次世界大战爆发之后不久

即使是在波茨坦水利局当护堤员挣钱糊口，我也坚持继续写诗。在那些诗里，世界末日即将来临，死神主掌大权，随时准备应付任何可怕的事情。那件事发生在1月中旬。两年前，在诺伦道夫俱乐部，我第一次见到了他，每个星期三的晚上，设在克莱斯特大街的“新俱乐部”[①]都要在那里聚会。此后，

只要有可能，我都会不顾路远赶去那里，就经常能见到他。我的那些十四行诗几乎没有引起人们的注意，而他无论说什么，从来都不会没人理会。后来在“新激情卡巴莱”，我更是领教了他的语言魅力。当时在场的还有布拉斯和沃尔芬施坦因[②]。一行行诗句抑扬顿挫，铿锵有力。无平仄押韵的独白，恰似一支通向断头台的进行曲。然后是这个天真的巨人的爆炸，其情其景就像是前一年喀拉喀托火山[③]爆发。他当时已经为普费菲尔特的《行动》杂志[④]撰稿，比如在最近一次摩洛哥危机[⑤]之后，立即写了《战争》这首诗。当时一切都还未成定局,我们都希望能够因此而开战。我耳边还响着这样的诗句:“无数的尸体倒在芦苇丛中，被死神的大鸟覆盖，白茫茫的一片……”他醉心于黑色和白色，尤其喜欢白色。因此，在冰封了几个星期的哈维尔河上，在那片可以走人的河段无边无际的白色世界里，出现了那个仿佛在等待着他的黑窟窿，也就一点儿也不奇怪了。

这是多么巨大的损失啊！我们不禁反躬自问，《弗斯报》为什么没有为他刊登讣告，而只是发表了一条简讯：“星期二下午，候补官员格奥尔格·海姆[6]博士和法律专业候考大学生恩斯特·巴尔克，在克拉多夫对面滑冰时不慎落入一个为水禽凿开的冰洞。”

没有任何其他说明。这也与事实相符：我们从天鹅岛上看见发生了事故。我和我的水利局的助手，立刻和几个滑冰的人赶到危险河段，但是只找到了——事后得到证实——海姆那根手柄装饰精美的手杖和他的手套。也许他当时是想帮助遇难的朋友，结果自己也掉进了冰窟窿。或许是巴尔克把他一起拉了下去。或许是他们两人存心自杀。

除此之外，在《弗斯报》上还介绍了一些似乎倒是很重要的情况：他是退役的军事法庭辩护律师海姆的儿子，家住夏洛滕堡区，国王大街三十一号。遇难的法律专业候考大学生巴尔克的父亲是银行家。然而却根本未提可能是什么原因，诱使两个年轻人存心偏离用稻草捆和木棍标出来的被认为是安全区的滑冰道，一个字也没提。根本未提我们这些失去的一代的内心痛苦。根本未提海姆的诗歌。毕竟有一个名叫罗沃尔特的年轻出版商[7]出版过他的诗集。他的短篇小说集不久也要出版。只有《柏林日报》在事故报道后面提了一句，这位溺水的候补官员颇有文学天赋，不久以前曾经出版了一本诗集《永恒的一天》。出色的才华已经初露征兆。初露征兆！这真可笑！

我们水利局的人参加了打捞尸体的工作。我对他们说，海姆的诗歌“非常出色”，并且背诵了年轻的海姆最近写的几首诗歌里的诗句：“人们站在大街上向前，望着巨大的黄道十二宫。”我的同事们虽然嘲讽取笑，但仍然不厌其烦地在哈维尔河的冰层上凿开了好几个窟窿，用所谓的死神之锚搜索河底。最后终于找到了他。刚一回到波茨坦，我就写下了那首献给海姆的诗歌，标题是《死神之锚》，普费菲尔特本来已经愿意发表，但是后来又非常抱歉地退给了我。

据《铁十字报》的报道，一个渔夫透过冰层看见了比海姆小一岁的巴尔克在哈维尔河水中漂流。他凿开一个窟窿，用船钩把尸体捞了上来。巴尔克看上去很安详。海姆则双腿蜷曲，紧靠着腹部，就像腹中的胎儿那样，面部因肌肉痉挛而变了形，两只手上都有擦破的伤口。他躺在坚硬的冰面上，脚上还穿着一双速滑冰鞋。从外表上看，是一个很结实的小伙子。被各种各样的意愿搞得神魂颠倒。他厌恶所有与军队有关的事情，却在几个星期之前在麦茨自愿报名加入阿尔萨斯步兵团。他满怀抱负，却走向了另外一个方向。我知道，他曾经想要写剧本……

注释:

① “新俱乐部”，一个青年作家团体的名称。

② 恩斯特·布拉斯（1890–1939）和阿尔弗雷德·沃尔芬施坦因（1883–1945），均为德国表现主义作家。

③ 喀拉喀托火山位于太平洋。

④ 由弗兰茨·普费菲尔特（1879–1954）主办的文学期刊。

⑤ 指第二次摩洛哥危机。1911 年，法国对摩洛哥实行经济制裁，德国派出“豹子号”炮舰在摩洛哥的阿加迪尔海面巡弋。

⑥ 格奥尔格·海姆（1887–1912），德国表现主义诗人，1912 年 1 月 16 日在柏林附近的万湖不幸落水遇难。

⑦ 恩斯特·罗沃尔特（1887–1960），德国著名出版商，1908 年在莱比锡创办他的第一家出版社，1919 年又创办了罗沃尔特出版社。

19

1913年

叙述者：纪念碑工程负责人

叙述事件：莱比锡大会战纪念碑揭幕

叙述时间：1914 年 10 月

这一大片在平坦的农田上赫然矗立的建筑物[1]，一座石头的巨型雕像，一个建筑设计师糟蹋花岗岩的疯狂表现，难道就是我建造的吗？不，我并没有参与规划和设计，只是在整整十四年里作为工程主管参加了奠基、堆料、加层，直到让它高耸入云。

在整整一年之前，隆重地砌上了最后一块石头，我手下的一个工头亲自抹平了最后几条石缝。今天，我终于可以对蒂默宫廷参事[②]说："从总体来看，是有一点儿过于庞大！"他是爱国者联盟的主席，是他在帝国的范围之内，东讨西要，弄来了这六百万。

"就应该这样，克劳泽，就应该这样。我们是九十一米高，确确实实超过了基夫豪伊泽纪念碑[③]二十六米……"

我接着说："超过威斯特法伦山口[④]将近三十米……"

"超过柏林的胜利女神柱[⑤]正好三十米……"

"还有海尔曼纪念碑[⑥]！慕尼黑的巴伐利亚女神像只有区区二十七米，就更不值得一提……"

蒂默宫廷参事或许听出了我的讽刺之意，说道："无论如何，在莱比锡大会战整整一百周年之际，我们的爱国主义纪念碑将得到最隆重的落成庆典。"

我将几点疑虑混进了他的爱国主义肉汤："稍微小上几号，照样会有此效果。"然后我又再次把地基问题提出来，谈起了专业问题："全是从莱比锡和周围地区运来的垃圾。一年又一年，一层又一层的垃圾。"然而，我的所有警告，诸如：在这种地基上只能产生劣质建筑，很快就会出现裂缝，这种不负责任的做法带来的后果将是无休止的维修费，当时全是白费力气。

蒂默沮丧地四下看了看，好像他现在就要掏出这么一大笔维修巨款似的。"是啊，"我说，"假如我们不是在一片垃圾堆上，而是在战场的坚实地基上建筑基座，那么准会出土一大批头颅和骨架、军刀和长矛、破碎的军装、完好的和有裂缝的钢盔、军官制服的绶带和士兵军装上的粗制滥造的纽扣，其中有普鲁士的、瑞典的、哈布斯堡王朝的，也有波兰军团的，当然还有法军的，甚至还有国王卫队的纽扣。死的人可真不少啊！参加会战的各国慷慨地献出了近十万条生命。"

接下来我又重新恢复就事论事的态度，提到了用于铺平地基的十二万立方米混凝土和一万五千立方米花岗岩。蒂默宫廷参事显得很自豪，称这座纪念碑是"与死者相称的"，在此期间，总体结构建筑师施密茨教授站到了他的旁边。他又向施密茨表示祝贺，施密茨则对蒂默四处筹措建筑资金以及给予的信任表示感谢。

我问这两位先生，是不是对那句准确无误地刻在上层基座正中间花岗岩上的碑文“上帝与我们同在”确信无疑。他俩充满疑惑地看着我，摇了摇头，然后朝着那个建在从前的一座垃圾山上的巨型石雕建筑物走去。我暗暗地想，真应该把这些伪君子刻成花岗岩，让他们站在并肩耸立、扮演纪念碑的那些肌肉发达的雕像之间。

落成典礼定在第二天举行。不仅仅是威廉⑦，还有萨克森的国王，都表示要来参加，尽管那时萨克森反对普鲁士……10 月的天空明媚晴朗，预示着第二天将是好天气。我手下的一个泥瓦工领班，肯定是社民党人，吐了一口唾沫，说：“干这种活儿，我们德国人最在行。造纪念碑！不管花多少钱。”

注释：

① 即莱比锡大会战纪念碑，位于莱比锡南部，1898 年 10 月 18 日动工，1913 年 10 月 18 日举行落成典礼。1813 年 10 月 16 日至 19 日，普鲁士、奥地利、俄罗斯与拿破仑的军队在莱比锡交战，迫使拿破仑的军队撤出德国，双方共有五十多万人参战，史称莱比锡大会战。
② 克勒门斯·蒂默（1861-1945），德国建筑师，发起成立“建造莱比锡大会战纪念碑的爱国者联盟”。
③ 基夫豪伊泽纪念碑位于蒂宾根，1896 年落成，又名威廉皇帝民族纪念碑。
④ 威斯特法伦山口位于明登以南，是魏泽尔河的一个峡谷。
⑤ 柏林的胜利女神柱，为纪念 1871 年德法战争的胜利而建。
⑥ 海尔曼纪念碑位于托伊托堡森林，1875 年落成。
⑦ 即德国皇帝威廉二世。

1914年

叙述者：瑞士某研究所的女工作人员

叙述事件：第一次世界大战中的弗兰登战役

叙述时间：九十年代

终于，在六十年代中期，在我们研究所的两位同事多次徒劳无功的努力之后，我总算成功地说服了这两位老先生见上一次面。可能是我这个年轻的女人运气好，另外，我作为瑞士人具有一贯保持中立的特殊优势。我在信中就事论事地介绍了我们的研究项目，可能听上去即使不是腼腆的请求，也是温柔的探询。几天之后，两封答应见面的信几乎同时到达。

我对同事们讲了这两个值得纪念的、同时显得“有些老化古板”的老人

1914

允诺见面的事。我在“仙鹤旅馆”预订了安静的房间。我们大部分时间都是坐在烤肉餐厅的长廊里，面向利马河，对面是市政厅和“猎犬咖啡屋”。雷马克[①]先生是从洛迦诺过来的，当时六十七岁。他显然是一位喜欢享乐的人，我觉得他要比精神矍铄的容格尔[②]显得衰老，后者虽然刚过七十，但举手投足就像是运动员。容格尔住在符腾堡地区，是经过巴塞尔过来的，此前他还先在弗格森徒步漫游，去了曾经发生过浴血激战的哈特曼魏勒考普夫。

我们的第一次谈话开始得很不顺利。我的这两位“时代的见证人”十分内行地谈起瑞士的葡萄酒：雷马克赞赏提契诺的几个品种，容格尔则优先选择瑞士法语区的多勒红葡萄酒。两个人显然都在努力向我展现他们保持良好的魅力。他们用“瑞士德语方言与我调侃”的尝试显得滑稽可笑，而且也有些令人讨厌。后来，我唱起了第一次世界大战中经常唱的一首歌《弗兰德的死亡舞蹈》里的开头几句：“死亡跨着一匹黑色的骏马，头戴一顶不透明的帽子。”歌词的作者已经无人知晓。这时，雷马克先哼了起来，很快容格尔也跟着哼唱起这支十分伤感的曲子。两个人都还记得每一段的结尾歌词：“弗兰德面临危险，死亡驰骋在弗兰德。”然后，他们望着大教堂的方向，教堂的尖塔高高地耸立在轮船码头街那些房子的上空。

在这种几次被轻声咳嗽打断的沉思之后，雷马克说道：1914 年秋天，朗格马克的传奇[③]也对他产生了很大的影响，当时，他还在奥斯纳布吕克上学，自愿军团在比克斯朔特和伊佩恩遭到惨重损失，据传，他们是高唱着德国歌曲来回答英国人的机枪射击，也许正因如此，并且在老师们的鼓励下，有的高级文理中学整班整班地自愿报名参军。每两个人中有一个未被批准。像他这种当年没有资格进高级文理中学的人，反倒是活了下来，如今也都完全堕落了。他始终把自己看成是一个“活死人”。

容格尔先生优雅地微笑着，想了一下他的这位作家同行的学校经历——显然只是实科中学，他虽然把朗格马克狂热称为是“爱国的胡闹”，但也承认，在战争开始之前很长一段时间里，他自己已经被一种巨大的冒险欲望所吸引，感兴趣的是不同寻常的东西，“即使是在法国的外籍军团服役”。他说：“当真正打起来的时候，我们感到大家就像是融合成了一个巨大的躯体。即使是当战争露出它的狰狞魔爪，打仗仍然像是一种内心的体验，对我具有极大的吸引力，这一直持续到我担任突击队长的最后几天[④]。请您也平心静气地承认，尊敬的雷马克，即使是在《西线无战事》您的这部出色的处女作里，您也不无内心激动地叙述了战友们的那种一直坚持到死亡的力量。”雷马克说：这本书展示的不是个人的经历，而是汇集了这些做出无谓牺牲的一代人在前线的经验，“在野战医院的工作对我来说已经是足够的资料来源”。

这两位老先生并没有就此开始争论，但是他们都强调了各自在战争这件事情上持有完全不同的观点，强调了彼此完全对立的风格，两人就像是来自两个完全不同的阵营。如果说，这一位仍然总是把自己看成是“不可救药的和平主义者”，那么另一位则要求别人把他视为“无政府主义者”。

“没这么回事儿！”雷马克大声说道，“您在《钢铁的暴风雨》一书中，一直到最后一次鲁登道夫进攻战役，都像是一个寻求冒险的淘气包。您轻率鲁莽地召集起来一支突击队，纯粹是为了消遣，冲上去抓一两个俘虏，要是可能，再去弄上一瓶白兰地……”然而，雷马克也承认，容格尔这位同行，在他的日记里对战壕战和阵地战所作的描述，尤其是对消耗大量物资的军团会战的特点，在某些地方还是实事求是的。

在我们第一次谈话快要结束的时候，两位先生已经喝干了两瓶红葡萄酒，容格尔再次谈起弗兰德：“当我们两年半之后在郎格马克前线构筑工事的时候，我们挖到了一些 1914 年的枪支、皮带和弹壳，甚至还有尖顶头盔，当时，整团整团的志愿军就是戴着这种头盔开赴前线的……”

注释：

① 埃里希·马利亚·雷马克（1898–1970），德国作家，参加过第一次世界大战，著有反对战争的长篇小说《西线无战事》（1929）等，1931 年流亡国外，1938 年被纳粹政权剥夺德国国籍。文中雷马克的话系根据该小说中的内容改写。

② 恩斯特·容格尔（1895–1998），德国作家，参加过两次世界大战，著有日记体小说《钢铁的暴风雨》（1920）等，他的文学作品因美化战争，宣扬军人的英雄主义而颇受纳粹政权的推崇。文中容格尔的话系根据该小说中的内容改写。

③ 朗格马克是比利时西弗兰德省的一个小镇，1914 年 10 月 18 日至 11 月 30 日德军和英法等国的军队在此激战，人员伤亡惨重。据说，当时有许多年轻的德国士兵唱着德国国歌冲向敌军，这种行为被德国当局渲染成为爱国神话，吸引更多的德国青年参军。

④ 小说《钢铁的暴风雨》的主人公是以突击队长的口吻叙述的。参见 1908 年。

1915年

叙述者：瑞士某研究所的女工作人员

叙述事件：第一次世界大战中用钢盔取代尖顶头盔

叙述时间：九十年代

我们的第二次谈话是在“奥德翁”进行的，就是那家令人敬仰的老字号咖啡馆，列宁曾经在这里一边阅读《新苏黎世报》[1]和其他报刊，一边秘密计划革命，直到他在德意志帝国的护送下返回俄罗斯。我们则恰恰相反，不是在预卜未来，而是在回顾过去。我的这两位先生坚持要先以气泡酒早

餐作为我们谈话的开始。我得到他们的许可，只喝柳橙汁。

在大理石的桌面上，当年曾经引起激烈争论的两本书，像是物证似的摆在法式面包卷和奶酪拼盘之间。当然，《西线无战事》要比《钢铁的暴风雨》印数更多，流传更广。“没错，”雷马克说，“确实非常畅销。不过，我的这本书在1933年被公开焚烧之后，整整十二年在德国的图书市场不准销售，几种译本也是如此，而您的战争的颂歌则显然在任何时候都可以立即供货。”

容格尔沉默不语。直到我试图将弗兰德和香槟地区白垩纪土地上的阵地战引入谈话，并且把作战区域的部分地图放在这会儿已经收拾干净的早餐桌上时，当年在索默河[②]畔曾经立即就投入进攻和反攻的容格尔，才把一个很不容易摆脱的关键词提出来进行讨论：“这种低劣的尖顶头盔，尊敬的雷马克，您当年已经不必戴了，在我们前线阵地，它已经从1915年6月起被钢盔替换了。这是一批试验钢盔，一个姓施魏尔德的炮兵上尉[③]，在与几乎同时开始使用钢盔的法国人的竞赛中，经过多次设计失败，终于研制成功。因为克虏伯没有能力生产合适的铬钢合金，所以其他几家公司得到了这项订货，其中有塔勒钢铁厂[④]。从1916年2月开始，这种钢盔在所有的前线阵地开始投入使用。优先提供凡尔登和索默河地区的部队，东部前线等待的时间最长。您一点儿也不知道，尊敬的雷马克，就是因为这种毫无用处的皮头盔，我们不得不付出了多少流血的代价，尤其是阵地战，由于皮革匮乏，许多都是用毛毡压紧替代的。每一次准确的射击，都会减少一个人，一个弹片就足以把它击穿。”

接着，他冲着我说：“你们这里的民兵如今还在使用的那种瑞士钢盔，也是按照我们的钢盔仿造的，尽管形状稍有一些变化，甚至就连两边的为了透气而钻通的立栓也都一模一样。”

我反唇相讥：“幸亏我们的钢盔不必在那些您以如此丰富的词汇大加赞美且消耗大量物资的战役中经受考验。”他对此倒听之任之，继续把更多的细节投向保持沉默的雷马克，从防锈到军灰色的无光泽工艺，再从向外伸出的护颈部分，到马鬃软垫的内衬，以及缝在一起的毛毡。接下来，他抱怨，在阵地战中，视线因此而受到了影响，因为前额突出的部分一直护到了鼻尖。“您是知道的，在执行突击行动时，我尤其讨厌这种分量很重的钢盔。我比较喜欢那顶用了很久的少尉军帽，衬里还是丝绸的，我承认这么说是有些浪漫轻率。”他突然又想起了一些——他是这么说的——有趣的事情：“顺便说一句，我的书桌上放着一顶形状完全不同、非常平坦的英国兵的头盔，是作为留念，当然，上面已经弹洞累累。”

休息了一段时间，两位先生配着不加奶的咖啡，开始喝起了李子酒，雷马克说道：“M-16 型钢盔和后来的 M-17 型，对于那些由几乎没有受过任何训练的新兵组成的增援部队显得太大。总是要滑掉下来。在那些娃娃脸上，就刚好还能看见一张恐惧不安的嘴和一个颤颤发抖的下巴。滑稽又可怜。步兵火器，甚至就连小块的榴霰弹，都可以将钢盔击穿，这些我大概就不用对您讲了吧……”

他又要了一轮李子酒，容格尔也得了一杯。为我这个“小女孩”，他则要了第二杯鲜榨柳橙汁。

注释：

① 1907 年，列宁流亡国外，先后到过德国、英国、瑞士，1917 年，在德国的协助下返回俄罗斯。
② 索默河，位于法国，1914 年至 1916 年，德军和法军曾在索默河畔多次激战。
③ 弗里德里希·施魏尔德，曾任汉诺威工业大学教授。参见 1957 年。
④ 位于哈尔茨山中的小城塔勒，是德国重要的钢铁厂之一。参见 1957 年。

1916年

叙述者：瑞士某研究所的女工作人员
叙述事件：第一次世界大战中西线的阵地战
叙述时间：九十年代

在很长一段时间的散步之后，沿着利马河码头街，经过海尔姆之家，又顺着苏黎世湖的湖滨林荫道，由我给两位先生规定的休息看来是得到了遵守，我们应雷马克先生的邀请，去“王冠大厅”吃晚饭，由于他的几部小说被拍成了电影，显然他也成了一位有钱的作家。这是一家具有艺术家氛围、经济实惠的饭店：几个真正的印象派画家，还有马蒂斯，布拉克，甚至毕加索，都

在四周的墙上占有一席之地。我们先吃的是鲑鱼，然后是切成小块的小牛肉加煎土豆饼，两位先生最后喝了意式浓缩咖啡和法国阿玛纳克白兰地。我则过高估计了自己，点了一份过于腻人的法式巧克力甜点，用小勺挖着吃了好半天。

餐桌收拾完了之后，我的提问主要集中在西部前线的阵地战。两位先生用不着翻看他们写的书寻求帮助，就能叙述那场持续数日、有时甚至使自己一方战壕也受到破坏的相互炮击。关于由立姿射击防卫墙、卧姿射击防卫墙和背后防卫墙组成的分级式战壕体系，坑道的两端，用土盖着的掩体，呈阶梯形深深地进入土层的坑道，地下的交通壕，几乎推进到敌军前沿阵地的监听和窥视坑道，纵横交错的带刺的铁丝网，甚至对于那些被震垮、被埋没的战壕和掩体，他们也都给予了详细的答复。他们的亲身体验似乎丝毫也没有受到磨损，尽管雷马克有节制地说自己仅仅参加过构筑工事：“我没有参加过

战壕作战，但是我看见过战后残留的东西。”

然而，无论是构筑工事、运送食物，还是夜间铺设铁丝网，每一个细节都随时呼之欲出。他们记得非常准确，两个人只是偶尔才会迷失在一些细节琐事之中，比如，容格尔依赖学生时代在外语课上学来的东西，曾经在坑道的最前端，与相距不到三十步远的“英国兵”或者“法国兵”闲谈聊天。在他们叙述的两次进攻和反攻之间，我产生了一种身临其境的感觉。然后又谈起了英制的球形地雷及其威力，还有所谓的“响声炮弹”，瓶式地雷，榴霰弹，未爆炸的哑弹，装有撞击引信、燃烧引信和延缓引信的重磅榴弹，模仿了各种口径的枪炮近距离射击的声音。

两位先生擅长模仿这种令人感到恐怖的交响乐中的单个声部，他们称之为“火焰的门闩”。这一定是地狱。容格尔先生说：“然而，在我们大家的心里，都活跃着一种因素，它突出了战争的野蛮性，而且使之具有一种精神的美，面对危险感到真正的欢乐，骑士般地渴望经历一场战争。是啊，我可以说，在这些年里，这种持久作战的火焰熔化铸造出一种越来越纯洁、越来越勇敢的武士精神……”

雷马克先生当面嘲笑坐在他对面的这个人：“您说些什么啊，容格尔！您说话的样子就像是一个贵族骑士。那些穿过大皮靴的前线猪猡，内心麻木，完全被变成了凶残的野兽。可以说，他们几乎已经不知道什么是害怕。但是，死亡的恐惧始终存在，他们能够做什么呢？玩扑克，骂娘，幻想叉开双腿躺着的女人，打仗，也就是说按照命令去杀人。有时也谈论一些专业知识：关于野战铁锹与刺刀相比的优点，因为使用铁锹不仅可以捅对方的下巴，而且能够用足力气左劈右砍，从侧面击中脖子和肩膀。这样很容易就可以达到胸部，而刺刀则常常会被夹在肋骨之间，必须朝肚子踢上一脚才能拔出来……”

“王冠大厅”那些服务员都很拘谨克制，没有一个人敢于接近我们这张简直是在大吵大嚷的桌子，容格尔只好自己再倒满酒杯，他为我们的“工作谈话”——这是容格尔的说法——挑选了一瓶酒精含量较低的红酒，他特别缓慢地喝了一口，说道：“您说得都对，亲爱的雷马克。尽管如此，我还是这种观点，每当我看见我的士兵们一个个像石头似的，动也不动地待在战壕里，手持步枪，上好了刺刀，在照明弹的亮光照耀下，钢盔紧贴着钢盔，刀刃紧靠着刀刃，闪闪发光，我总是充满了一种刀枪不入的感觉。是的！我们可以被压成粉末，但却不可战胜。”

经过了一段无法打破的沉默之后，雷马克先生似乎想要说话，但却欲言又止，两个人都端起了酒杯，谁也没有看对方，却几乎同时将杯里的酒一饮而尽。雷马克始终在搓揉着他的那张骑士手绢。容格尔偶尔也看我一眼，就像是看一只在他的收藏中显然缺少的珍奇甲壳虫。我一直还在相当勇敢地对付那份实在腻人的法式巧克力甜点。

后来，两位先生比较放松而且绕饶有兴趣地讲起“前线猪猡”的粗话，全是“厕所谣言”。对我这个瑞士小姐来说，实在过于粗俗，这是雷马克对我的戏称，他按照骑士的方式表示了歉意。最后，他们相互赞扬了对方生动形象的前线报道。“除了我们俩，还有谁呢?”容格尔说道，“法国充其量还有那个疯癫癫的塞利纳[①]……”

注释:

① 路易－费迪南·塞利纳（1894-1961），法国作家，著有回忆第一次世界大战的自传体小说《茫茫黑夜漫游》。

1947

1917年

叙述者：瑞士某研究所的女工作人员

叙述事件：第一次世界大战中的毒气战

叙述时间：九十年代

早餐之后，我们立刻继续谈话。这一次的早餐没有那么丰盛，没有气泡酒，两位先生一致同意吃由我推荐的比尔歇牛奶浸麦片。在谈话过程中，他们俩小心翼翼地向我解释了毒气战，就好像我是一个还在上小学的小女孩，不能把我吓着了似的，诸如施放氯气，有目的地使用蓝十字毒气、绿十字毒气和

黄十字毒气，有一些是他们的亲身经历，也有一些是别人的体验。

雷马克提到我们谈话时正在进行的越南战争，并且认为在那里投掷凝固汽油弹和使用橙剂是犯罪行为，此后，我们一点儿也没有转弯抹角就谈到了化学武器。雷马克说：“谁要是投过了原子弹，他就再也不会有任何顾忌。”容格尔认为，使用橙剂这种附着在植物表面、可以让树木掉光树叶的毒剂，是当年使用毒气作战的逻辑延续，他认为，“美国人”尽管具有物质上的优势，仍然必将打输这场“肮脏的战争”，战争不再只是“军人的行动”，在这一点上他和雷马克的意见完全一致。

“但是必须承认，1915 年 4 月，我们在伊佩恩首先对法国人使用了氯气。”容格尔说。这时，雷马克高声喊道：“毒气进攻！毒气！毒气！”正在我们桌子旁边的一位服务小姐吓了一跳，先是停住了手脚，然后赶紧跑开。容格尔用茶匙敲出叮叮咚咚的声音，模仿报警的钟声，可是突然又好像听到内心的命令，就事论事地说道：“我们立刻开始按照规定给枪管及每一个金属零件上油。然后戴上防毒面具。后来在蒙齐，即夏季战役开始之前不久，我们看见许多中毒的病人，他们呻吟干呕，两眼流泪。氯气的作用主要是腐蚀和烧焦肺部。这种现象也可以在敌人的战壕里看见。不久，我们就收到了英国人送来的礼物——光气，它有一点甜甜的气味。”

这时雷马克接过话头：“经过几天的干呕，他们把烧焦的肺一块块地吐了出来。要是他们没有在密集的炮火下及时地从弹坑里跑出来，那就更糟了，因为毒气就像是一只扁平的水母，钻进地面的每一个洞穴。那些过早摘下防毒面具的人，真是不幸啊……特别糟糕的事总是让那些毫无经验的增援部队摊上……那些年轻的、手足无措、四处奔逃的小伙子……这一张张苍白似芜菁甘蓝的脸……穿着过于肥大的军服……还活着的那些人，脸上却带着死去孩子的那种可怕的呆滞表情……当我们冲到最前沿准备构筑工事时，我看见了一个挤满了这些可怜虫的地下掩体……他们的脑袋都变成了蓝色，嘴唇乌黑……在一个弹坑里，他们过早地摘下了面具……他们干呕，吐血，直到死去……”

两位先生向我表示抱歉，一大清早的，说得也许太多了。况且，一个年轻女人对这些战争曾经带来的暴行有兴趣，也实在让人感到诧异。我让雷马克放心，他把自己视为是老派绅士，在这一方面，比容格尔有过之而无不及。

我让他们根本不用为我考虑。我说：比尔勒公司委托给我们的这个研究项目，就是要求每一个细节都要真实，“您们一定知道在厄利孔专门为了出口生产的是哪些规格的武器吧？”接下来我继续询问有关细节。

雷马克先生沉默不语，把目光转向一边，凝视着通向利马河码头街的市政厅大桥，因此容格尔先生就开始向我解释防毒面具的发展过程以及作为战争武器的芥子气，他的神情给人一种镇静自若的印象：1917 年 6 月，在包围伊佩恩的第三次战役期间，从德军一侧，首次使用了这种毒气，这是一种几乎没有任何味道也看不见的气体烟雾，就像是一团贴在地面的雾气，它的作用是分解人体细胞，一般是在三、四个小时之后开始发生作用。二氯二乙硫醚是一种油性呈微粒水珠状的化合物，任何防毒面具对它都无济于事。

然后，容格尔先生还向我讲述了使用黄十字毒气如何使得敌人的战壕受到污染，因此他们无法抵抗只能撤离。他说：“但是，1917 年深秋，英国人在坎普莱缴获了一个相当大的芥子气炮弹仓库，然后立刻把它们射向了我们的战壕。许多人失明……您说呢，雷马克，那位历史上最伟大的二等兵[①]，是不是就以这种方式或者类似的方式受了重伤？然后进了帕泽瓦克的野战医院……在那里一直待到战争结束……他也是在那里决定要当政治家……”

注释：

① 即阿道夫·希特勒（1889–1945）。他于 1914 年至 1918 年在西线的一个巴伐利亚军团服役，1915 年被提升为二等兵，1918 年 10 月 13 日在一次毒气战中受伤。在第二次世界大战中，他被称为“历史上最伟大的二等兵”。

1918

1918年

叙述者：瑞士某研究所的女工作人员

叙述事件：第一次世界大战中的坦克战、空战、流感，荣格尔负伤

叙述时间：九十年代

在短暂的逛街购物之后，我乘出租车将两位先生送到中心火车站，容格尔为自己买了一些雪茄，是布里萨戈产的；雷马克听了我的建议，在格里德商店为他的妻子葆莱特买了一条丝绸围巾。还有一些时间，我们就去了火车站的自助餐厅。我提议喝一杯酒精含

量较低的白葡萄酒作为告别。尽管实际上该说的都已经说过了，但是在这整整一个小时里仍然还有一些值得记下来的东西。我问他们，在战争的最后一年里，是否对这时已经经常投入使用的英式坦克有什么体验，两位先生一致否认遭到过坦克的攻击。但是容格尔声称，他的部队在反攻时曾经遇到过不少“烟熏火燎过的庞然大物”。人们当时尝试着使用喷火器和捆绑在一起的手榴弹进行抵抗。“这种武器，”他说，“在某种程度上可以说尚处于初级发展阶段。快速全面的坦克进攻还有待时日。”

然后，两位先生还证明了自己是空战的目击者。雷马克回忆了几次在战壕里和后方基地打的赌：“押的赌注是一份肝肠或者五支香烟。赌的是，拖着一缕青烟隆隆飞过的，是一架我们的‘福克尔’，还是一架英式‘斯巴特’单座飞机。在数量上，他们总是超过我们。最后阶段，大约是我们的一架飞机对五架英国或者美国的飞机。”

容格尔证实了这一说法：“总的来说，他们在物质上占了压倒的优势，尤其是在空中。尽管如此，我还是怀着几分嫉妒看着我们那些坐在三翼飞机里的小伙子们。空中作战毕竟很有骑士精神。一架单机从阳光里钻了出来，砰的一下将他的一个对手从敌人的飞机群中敲掉，这是多么勇敢啊！里希特霍芬飞行中队①的座右铭是怎么说的？我想起来了：‘坚定顽强，但要发狂！’他们至少为这个座右铭争了光。冷酷无情，却又规矩公平。亲爱的雷马克，《红色的战斗机飞行员》的确是一本值得一读的书，尽管男爵先生在他的这本极其生动的回忆录的结尾处不得不承认，这种新鲜愉快的战争最迟是在1916年就已经结束，此后朝下看就只有泥泞和布满弹坑的景色。一切都很危急，大家都在顽强坚持。直到他也被人从天上打了下来的最后一刻，他始终非常勇敢，这种勇敢的态度在对立一方也得到了同样程度的显示。唯有物质才更加强大。也就是说，在战场上是不可战胜的！然而，在我们的背后却出现了叛乱。每次我数一数身上的伤疤——至少也有十四个，五个是枪伤，两个是榴弹碎片，一个是榴霰弹的弹丸，还有四个要记在手榴弹的账上，最后两个是由于其他的弹片，要是加上弹丸射入和穿出的伤口，整整二十个伤疤——但是，我的结论总是一个：这是值得的！”

他发出一阵清亮的笑声，结束了这段回顾，更确切地说，他的笑声确实出自老人，但又恰似孩童。雷马克完全超然地坐在那里，说道：“我可不想以此相争。我只受过一次伤，这就够我受的了。我也不可能提供什么英勇事迹。后来我只是在野战医院里工作。所见所闻就已经足够了。我根本不能与您挂在脖子上的勋章[②]相提并论：‘ Pour le Mérite——为了荣誉’。但是，我们毕竟被打败了。在各个方面。您和那些与您的观点相同的人所缺少的，恰恰是承认失败的勇气。直到今天显然仍是缺乏这种勇气。”

该说的都说完了吗？没有。容格尔又对那次战争的最后几年肆虐在敌我双方阵营的流感中的牺牲者作了总结：“死于流感的人数超过了两千万，大约与各方在战斗中阵亡的人数相等。后者至少知道是为何而死的！”雷马克轻声问道：“天啊，究竟是为何而死？”

我有一点儿尴尬地把两位作者早已名扬天下的两本书放在桌上，请他们题词。容格尔匆匆在他的书上为我签了名，并且写上了一句话：“献给我们勇敢的瑞士小姐。”雷马克在那句含义明确的声明“士兵如何变成杀人凶手”下面签上了他的名字。

现在真是该说的都说完了。两位先生把酒一饮而尽。他们几乎同时站了起来——雷马克在前——彼此稍微欠了一下身子，但都回避和对方握手。他们请我既不要送这一个，也不要送那一个去站台，但是却都没有免去分别轻轻地吻了一下我的手。两个人都是只带了手提旅行袋。

五年后，雷马克先生去世。容格尔先生看来是准备要活到下一个世纪。

注释：

① 曼弗雷德·封·里希特霍芬男爵（1892-1918）是德国在第一次世界大战中的飞行英雄，曾击落八十架敌机，1918 年 4 月 21 日阵亡。

② 普鲁士勋章，1740 年由普鲁士国王腓特烈大帝（1712-1786）第一次颁发，褒奖作战有功的军官，1918 年后停发。

1919年

叙述者：柏林妇女

叙述事件："背后一箭"导致德国战败

叙述时间：十一月革命之后不久

净是一些发战争财的家伙。统统都是。就拿这个人来说吧，他靠"布拉托林"奶片挣了几百万，据说这种奶片顶得上一块煎排骨。但里面只是一些磨碎的东西，比如玉米、豌豆和芜菁甘蓝。香肠里面也是如此。现在这些做假香肠的家伙大声叫嚷：我们，所谓的后方战线，所有那些还没有玩够炮弹的家伙，还有德国的家庭主妇，阴险地从背后向我们的战士们……刺了一刀……我的男人最后也被编进了战时后备军，回来的时候成了残废，两个小妞妞总是病怏怏的，也被流感要了命。我唯一的兄弟埃里希，去当了海军，什么道格沙滩[①]，斯卡格拉克海峡[②]，我说那可真是枪林弹雨啊，他都福大命大闯了过来，可是在柏林却倒在了街垒上，他是跟着他们部队从基尔出发[③]，为了共和国进驻柏林的。和平？为此我只能苦笑。名义上的和平。他们从来没有停止过开枪。永远还是只有芜菁甘蓝。面包里面是芜菁甘蓝，油煎肉饼里面也是芜菁甘蓝。甚至最近我都是用芜菁甘蓝烤糕点，里面加上一点山毛榉的果实，因为是星期天，而且要来客人。这会儿来的是那些骗子，他们把一些掺杂了所谓香料的白垩粉卖给我们当煎肉的调味料，在报纸上大谈什么暗箭和阴谋诡计[④]。没的事！真该干掉他们，吊在路灯下，这样就再也不会有任何代用品。什么叫背叛？我们只不过是不想再有皇帝，不想再吃芜菁甘蓝。但是也不想经常不断地搞什么革命，不想从前面或者背后挨上一刀。应该有足够的真正的面包。不要"福禄克斯"，要真正的果酱。也不要里面只有淀粉的"艾罗尔"，要真正的鸡蛋。再也不要一大团一大团的肉末，要一块一块真正的猪肉。只有这些才是我们想要的东西。和平也就是为了这个。因此我在我们普伦茨劳支持成立苏维埃，而且在妇女委员会里负责食品供给，我们发出呼吁，而且油印出来张贴在所有的广告柱上面。我在市政厅前面的楼梯上向下面高喊："德国的家庭主妇们，必须和这种欺骗以及发战争财的家伙们一刀两断。什么叫作背后的暗箭。难道这么多年我们在后方战线不是战斗吗？早在1915年11月就开始了，人造黄油紧缺，芜菁甘蓝吃得腻人。而且越来越糟糕。什么也没有！没有牛奶，只有卡洛博士的奶片。流感也来欺负我们，而报纸上却说，农业获得了大丰收。在寒冷的冬天之后，就连土豆也没啦，永远只有芜菁甘蓝。我的男人回来度假时说：‘吃起来就像是啃铁丝网。’可是，当威廉带着他的金银财宝溜到他在荷兰的宫殿⑤时，我们却被说成是，在后方战线拔出匕首，而且是卑鄙地从背后插上了一刀……”

注释：

① 道格沙滩，位于北海，1915年1月24日，英国海军曾经在此重创德国海军。

② 斯卡格拉克海峡位于挪威和丹麦之间，英国海军和德国海军1916年曾经在此交战，是第一次世界大战中唯一的一次大规模海战，双方均损失惨重。

③ 1918年10月底11月初，基尔和威廉港的德国水兵发动反战的起义，很快得到各地工人和士兵的支持。11月9日，德国总理马克斯·封·巴登亲王为了制止事态的发展，被迫发表声明，要求德国皇帝威廉二世退位，当天下午，德国社会民主党领袖赛德曼在柏林宣布成立“德意志共和国”，史称十一月革命，从此一直到1933年希特勒上台又被称为“魏玛共和国”。

④ 1918年秋天，德国的一些反对共和制的人，宣传德国在前方的失利是因为后方战线的失职，十一月革命爆发后，他们又说是对节节胜利的德国军队射出了“背后一箭”。

⑤ 1918年11月，威廉二世在幕寮的建议下逃到荷兰。参见1926年。

1920年

叙述者：德国铁路之父瓦格纳
叙述事件：德国各州的七条铁路统一由国家管理
叙述时间：1924年8月30日

祝各位健康，先生们！经过辛苦的几个星期，终于可以开心地庆祝一番。在我举起酒杯之前，想先说几句：帝国要是没有铁路那算什么！我们终于拥有了铁路①。宪法里有些地方并不那么可信，但是里面清清楚楚地写道：这是帝国的任务……这恰恰是那些同志先生坚持要写进去的，通常他们根本就不把

祖国当回事儿。俾斯麦总理当年没有办成的事[②]，皇帝陛下也没能得到的东西，战争中正是它让我们大吃苦头，没有统一规格，四分五裂，竟然有二百一十多种机车类型，铁路经常缺少零配件，以至于部队运输、急需的补给、凡尔登前线缺乏的弹药，统统被迫停在铁路线上，这种可以说让我们失去胜利的弊端，先生们，现在终于让社民党人消除了。我再重申一遍，恰恰是那些曾经准备11月背叛的社民党人，他们虽然没有把这种值得称赞的计划变成早就应该实施的行动，但毕竟使它有可能成为现实。我问问各位，只要巴伐利亚和萨克森拒绝，再密集的铁路网络，又能给我们带来什么好处呢？坦白地说，他们明显是出于对普鲁士的仇恨而拒绝，现在终于在整个帝国的范围内达成了一致，这不仅仅是按照上帝的意志，而且也是出于理智的原因。因此我总是一再重申，只有在一个帝国铁路的轨道上，火车才能驶向真正的统一。正像老年歌德当年有先见之明[③]说过的那样："王公贵族顽固阻挡的东西，火车将使之实现……"但是，首先还有那个强迫签订的和约[④]，据此和约，八千台车头和数万节客运车厢和货运车厢必须移交到无耻掠夺的敌人的手里，我们的不幸终于要结束了，我们已经做好了准备，按照这个并不那么可信的共和国的命令，同普鲁士、萨克森、巴伐利亚、黑森、迈克伦堡-施末林以及奥尔登堡签订了国家条约，按照条约的精神，帝国接管了债务沉重的各州铁路，要不是通货膨胀和我们的计算开了一个大玩笑，接管的价格正好可以同债务扯平。当我回顾1920年，再次向诸位举起酒杯的时候，我完全可以宽慰地说：是的，诸位先生，自从《帝国铁路法》[⑤]为我们提供了充足的用作地产抵押的马克资金以来，我们终于摆脱了赤字，甚至有能力通过经营挣回那笔无耻地向我们索走的战争赔款，我们正准备开始在各个方面进行现代化，而且要依靠诸位可歌可颂的协助。即使有人把我称为"帝国统一机车之父"[⑥]，开始只是私下讲讲，后来公开这么说，但是我始终明白，机车制造业要想恢复正常，只能依靠联合的力量才能成功。无论是生产轴箱的哈诺马格公司，还是研制操纵系统的克劳斯商号，不管是制造汽缸盖的玛菲工厂，还是承担机车总装的博尔西格公司，所有与此相关的工业企业，它们的董事会成员，今天都郑重其事地聚集在这里[⑦]，大家懂得：帝国统一的机车不仅体现了技术上的协调一致，而且也体现了帝国的统一！最近甚至在布尔什维克的俄罗斯，著名的罗莫诺索夫教授为我们的热蒸汽货运牵引机车开出了一份出色的证明，然而，我们几乎还没有开始赢利性的出口，就已经响起了支持铁路私有化的呼声。人人都想快速赢利。削减人手。关闭那些据说不赚钱的路段。现在我只能大声发出警告：制止任何开始的尝试！谁要是把帝国铁路交给私人，交给外来势力，最终也就是外国人的手里，他就会损害我们贫穷的、蒙受耻辱的祖国。因为，正如歌德对爱克曼讲的那样……现在，让我们大家为他充满智慧的预言干杯……

注释：

① 1920 年 4 月 1 日，德国各州的铁路公司统一由新成立的帝国铁路管理。
② 1875 年，俾斯麦曾经想成立一个全德的铁路公司，但是由于各州的反对未能如愿。
③ 参见德国诗人歌德（1749—1832）和爱克曼在 1828 年 10 月 23 日的谈话，这里引用的并非原文。
④ 那个强迫签订的和约，即凡尔赛和约。
⑤ 《帝国铁路法》1924 年 8 月 30 日颁布。
⑥ “帝国统一机车之父”，即理查德·保尔·瓦格纳（1880—？），曾任德国火车机车试验局局长。
⑦ 1924 年 8 月 30 日，瓦格纳在德国铁路企业董事长大会上讲话。

1921年

叙述者：女读者
叙述事件：西米舞的流行
叙述时间：女读者的信

亲爱的彼得·庞特尔[1]：

我从来还没有给作者写过信，最近，在一次吃早餐的时候，我的未婚夫把他收集的几乎所有文章，压在了盛煮鸡蛋的小杯子下面，然后读给我听，有一些是您写的，实在幽默，我忍不住地哈哈大笑，虽然我对其中政治方面的事情并没有

完全弄明白。您真是尖酸刻薄，但又总是很幽默。这正是我喜欢的。只是您真的一点儿也不懂得跳舞的事。您写的一个“双手插在裤袋里”跳西米舞的男人[2]，老实说吧，完全不对。这也许在跳一步舞或者狐步舞时还可以凑合。不管怎样，霍尔斯特 - 艾伯哈特，正如您在那篇短文中说明的那样，是在邮局工作，但不是邮政专员，更多的时候是站柜台，我是去年在“小瓦尔特的西米舞场”认识他的，他和我跳西米舞就是双手并用，而且是两人先分开再贴紧。虽然我每周的工资刚够买一双长筒袜，但是我还是一定要想办法把自己打扮得漂漂亮亮的，也许我真的就是您竭力嘲笑的那个“皮森旺小姐”[3]。上个星期五，在举办舞蹈大奖赛的海军上将宫[4]，他带着我在看上去特别棒的镶木地板上，跳了刚从美国传来的最新式的舞步——查尔斯顿舞。他穿着一件借来的燕尾服，我穿的是一条露出膝盖的金黄色裙子。

但是，我们并非“为了金犊跳舞”！是您搞错了，亲爱的庞特先生。我们跳舞纯粹是为了娱乐。甚至在厨房里放着留声机跳。我们对此已经烂熟于心。融贯全身。从肚子一直到肩膀。甚至还包括两只耳朵。您在那篇短文里写得真对，我的霍尔斯特 - 艾伯哈德就是长着两只招风耳。不管是西米舞还是查尔斯顿舞，都不仅仅是腿上的功夫，而要出自内心，完完全全地贯通全身。真正要像波浪起伏那样，从下到上，而且要一直进入头皮下面。就连颤抖也是其中的一部分，它会让人产生一点儿幸福感。假如您不知道什么是幸福，我指的是那种瞬间的幸福，那么您可以在每个星期二和星期六到“小瓦尔特”免费跟我上课。

真诚地答应您！不要害怕。我们可以慢慢来。我们先在镶木地板上向前和向后跳上一圈一步舞暖暖身子。我领着您跳，您就破例让别人领一次吧。这纯粹是信任问题。跳起来比看上去要容易。然后我们试一试《偏偏是香蕉》[5]这个曲子。也可以跟着唱。会很有趣的。您要是还有精力的话，我的霍尔斯特 - 艾伯哈德也不反对，我们俩可以跳一次真正的查尔斯顿舞。先是小腿肚，然后全身都会发热。等到我们情绪完全上来以后，我可以专门为您打开我的那个小盒子。不要害怕！只是一小撮。不会上瘾的。就是为了提提情绪而已，真的。

我的霍尔斯特 - 艾伯哈德还说，您总是用笔名写作。一会儿是庞特，一会儿是蒂格尔，有时又是伏罗贝尔先生。他在什么地方还读到过，您是一个矮矮胖胖的波兰犹太人。这都没有关系。我的姓也是以“基”结尾的。大多数胖子都是好的舞伴。假如您可以慷慨地献出您的下一个星期六，而且正巧也有好的心情，我们可以开上一瓶香槟酒，或者两瓶。我可以给您讲一些卖鞋子的事。对了，我在莱泽尔鞋店工作，男鞋部。但是我们不谈政治。好吗？

致以衷心的问候

您的伊尔泽·勒平斯基

注释：

① 彼得·庞特尔，即库尔特·图霍尔斯基（1890-1935），德国作家，以写小品文著称，彼得·庞特尔是他的笔名之一。
② 参见图霍尔斯基的散文《爵士乐队》（1921）。
③ “皮森旺小姐”，图霍尔斯基作品中的一个人物。
④ 海军上将宫，柏林的一个著名的歌舞剧场。
⑤ 《偏偏是香蕉》，一首有名的西米舞舞曲。

1922年

叙述者：双重间谍布吕迪加姆

叙述事件：右翼分子在柏林刺杀拉特瑙

叙述时间：1924年以后

人们还想听我说什么！你们这些新闻记者反正什么都知道。真相？要说的我都已经说过了。但是没有人相信我。“他没有工作，名声很坏。”人们在法庭前如此陈述。“这个特奥多尔·布吕迪加姆是一个密探，是由社民党人付工资，同时也有反动势力给他付钱。”是的，但是付钱的只有那些继续干下去的艾尔哈特旅[1]的人。卡普政变[2]失败之后，艾尔哈特旅被强制解散。不然他们应该干

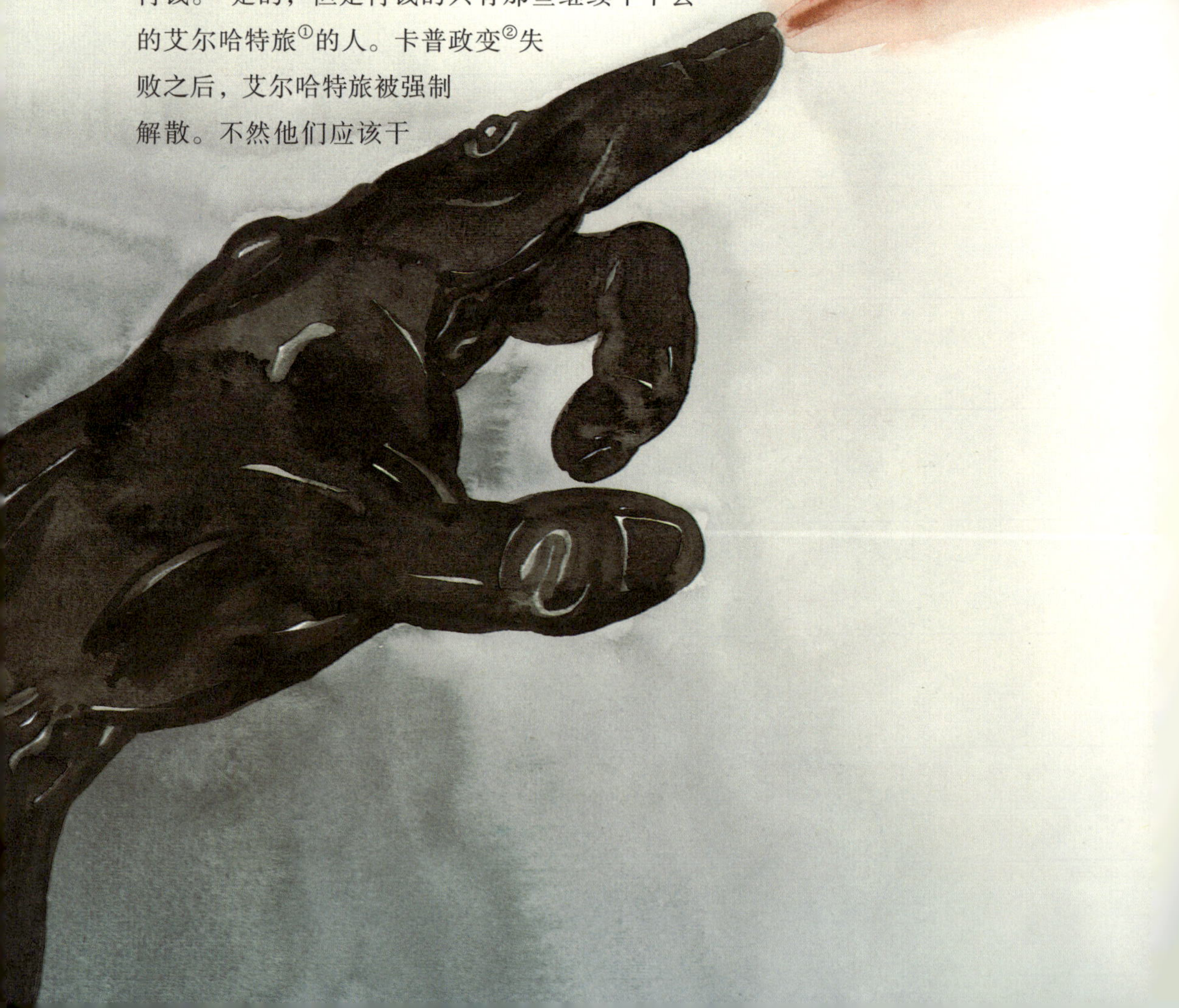

什么呢？不管做什么事，反正都是拿法律开玩笑，敌人站在左边，而不是像维尔特总理[3]说得那样，站在右边。在这里什么叫“非法”呢？不对，负责支付酬金的不是艾尔哈特海军少校，而是霍夫曼舰长[4]。他一定是领事协会[5]的成员。关于其他的人，人们了解得绝对没有这么清楚，因为他们自己也不知道，谁属于这个组织，谁不属于。蒂勒森也给了少量的捐款[6]。就是那个向埃尔茨贝格开枪的蒂勒森[7]的兄弟，他也信奉天主教，和那个现在已经下台的中央党党棍一样。蒂勒森目前正在匈牙利坐牢或者被藏在什么地方。实际上委托我的人是霍夫曼。要我为领事协会探听几个左派组织的情况，不仅仅是共产党的组织。他顺带还给我开了一张名单，在十一月革命的叛徒埃尔茨贝格之后，应该轮到谁了。当然有社民党人赛德曼[8]和履行义务的政治家拉特瑙[9]。帝国总理维尔特也被列入了计划。没错，就是我，在卡塞尔向赛德曼发出了警告。为什么？就是因为我认为，不一定非要采用谋杀，而是可以采用比较合法的手段，并且首先在巴伐利亚，将整个体制撬开，进而推翻，然后像墨索里尼在意大利那样建立民族的有秩序的国家，必要的时候可以和那个二等兵希特勒联起手来，他虽然是个爱胡思乱想的家伙，但却是天生的群众演说家，在慕尼黑特别受欢迎。然而赛德曼不愿听我的话。反正也没有任何人相信我。幸亏没人相信我，因为，在哈比希特森林，真的有人想把氢氰酸扔到他的脸上，但却没有命中。没错，是他的髭须保护了他。听上去有些滑稽，但是的确如此。因此，这种方式再也没有人继续使用。没错，我也讨厌这种做法。正因如此，我只想为赛德曼和他的人工作。可是，当我说，在领事协会背后隐藏着德国国防军和反间谍总局，社民党人却不相信。当然还有海尔弗里希，钱都是他的银行出的。不用说，还有施蒂内斯。对于这些财阀富豪来说，这就像是一点儿小费。拉特瑙本人也是资本家，我也向他发出过警告，他实际上肯定已经预感到会发生什么事。因为，海尔弗里希发起“赶走埃尔茨贝格！”的运动，就已经明确地表达了谋杀的意图，并且在开枪之前公开谴责拉特瑙是“履行义务的政治家”：“只有卖国贼才准备与法国人福熙通过暗中谈判，达成可耻的停战协议。”但是，这位部长先生仍然不肯相信。甚至在这件事已经开始进行的最后时刻，他还想进行一次资本家之间的两人密谈，就是和胡戈·施蒂内斯，但是这时已经救不了他了，因为，他是犹太人，这就更没有希望了。我向他暗示：“您早晨开车去部里的路上尤其危险。”可是这个犹太财主却傲慢地说：“尊敬的布吕迪加姆先生，我怎么能够信任您呢，据我调查，您的名声是如此之恶劣……”后来在开庭审理时，首席检察官之所以阻止我作为证人进行辩护，也就毫不为怪了，他声称是因为我“被怀疑参与了正在审理的案件”。很清楚，法庭是想让领事协会逃脱干系。就是说，要让躲在背后的那些人继续留在暗处。充其量只是在私下议论议论那些或许可能是非法的组织。只有这个封·萨罗蒙，一个自称是作家的愚蠢的小伙子，在审讯的时候纯粹是为了吹大牛，才说出了一些人的姓名。因此被判了五年，尽管他只是居间介绍了汉堡的那个汽车司机。不管怎样，我的所有警告都是白费力气。一切过程都和埃尔茨贝格案件一样。当时，艾尔哈特旅的小伙子们已经被训练得绝对服从命令，这也是领事协会之所以干脆采用抽签方式决定舒尔茨和蒂勒森作为凶手的原因。从那时起，这就是一件明摆着的事。正像诸位大概已经从各自的报刊得知的那样，他们在黑森林对埃尔茨贝格行刺，他当时正带着妻子和女儿在那里休假。他在同另一位中央党党阀一起散步的时候，遭到了伏击。在射出的十二发子弹中，有一发击中头部，要了他的命。另外那个人，名叫迪茨博士，受了伤，幸免于难。作案之后，两个凶手大摇大摆地来到附近的小村庄奥佩瑙，在一家客栈喝了咖啡。但是，先生们，诸位不知道的是，在拉特瑙一案中同样进行了抽签，行刺之前，凶手中的一个还去向牧师忏悔，这位牧师向维尔特总理作了汇报，但是他也维护了所谓忏悔保密的原则，没有说出任何人的姓名。可是，拉特瑙仍然是既不愿意相信这位牧师，也不愿意相信我。甚至就连听了我提供情报的法兰克福德国犹太人董事会劝他多加小心，他还是听不进去，拒绝警方的任何保护。6月24日，他从位于国王大道的绿色森林别墅出发，还像平常一样，乘坐敞篷轿车驶往威廉大街。他也不听他的司机的话。因此，发生的一切就像教科书里写的那样。大家都知道，在国王大道上，就是埃德纳大街和瓦罗特大街的那个街角，司机不得不紧急刹车，因为有一辆马车正要横穿国王大道，顺便提一下，这个马车夫并没有受到审讯。从紧跟在后面的那辆梅赛德斯－奔驰观光车里射出了九发子弹，其中五发击中目标。在超车的时候，又成功地扔了一颗蛋形手榴弹。这些凶手不仅充满了武士精神，而且对所有非德国的东西满腔仇恨。特朔夫驾驶这辆梅赛德斯,克恩使用冲锋枪,在逃跑途中自杀的那个菲舍尔扔手榴弹。然而，所有这一切之所以能够顺利进行，就是因为没有人愿意相信我这个名声很坏的人，密探布吕迪加姆。领事协会很快就停止付款，在以后的一年里，二等兵希特勒领导的向慕尼黑统帅大厅的进军行动彻底失败。我警告鲁登道夫的尝试也落了空。这一次我这么做并没有要任何报酬，因为我从来就不是只看钱来决定做什么事的。反正钱也是一天比一天不值钱。仅仅是出于对德国的忧虑……我作为爱国者曾经……但是没有人愿意听我的。诸位也是如此。

注释:

① 由海军军官赫尔曼・艾尔哈特（1881-1971）领导的一个自由军团。参见 1908 年。

② 沃尔夫冈・卡普（1858-1922），德国右翼政党——德国祖国党的领袖，伙同吕特维茨将军发动推翻政府的政变。1920 年 3 月 13 日艾尔哈特旅占领了柏林政府区，卡普宣布自己为新任德国总理。由于全德工会号召总罢工，政府官员拒绝与政变分子合作，3 月 17 日，政变遂告流产。卡普在审判过程中病死。艾尔哈特遭到通缉，但由于慕尼黑警察总监的庇护而未能被抓获归案。

③ 约瑟夫・维尔特（1879-1956），德国政治家，1920 年至 1921 年任德国总理。

④ 霍夫曼舰长，即艾尔哈特的副手阿道夫・霍夫曼。

⑤ 一个反对共和国的秘密组织，继承了艾尔哈特旅的事业，名称来自于艾尔哈特的笔名汉斯・艾希曼领事。

⑥ 卡尔・蒂勒森，领事协会驻法兰克福分会负责人，因对刺杀拉特瑙知情不报被判处三年徒刑。

⑦ 海因里希・蒂勒森（1894-？），海军军官，艾尔哈特旅成员，1947 年因为当年刺杀埃尔茨贝格的罪行被判处十五年徒刑。

⑧ 菲利普・赛德曼（1865-1939），德国政治家，1919 年在柏林宣布成立“德意志共和国”，曾任魏玛共和国第一任总理，1920 年至 1925 年任卡塞尔市市长。参见 1919 年。

⑨ 瓦尔特・拉特瑙（1867-1922），德国资本家、作家、政治家，曾任德国通用电器公司总裁，1919 年加入左翼的德国社会民主党并且参加了凡尔赛和平会议，1922 年任外交部长，6 月 24 日被右翼军人刺杀。因为他要求努力发展生产来偿还战争赔偿，所以有人骂他是“履行义务的政治家”。

1923年

叙述者：开姆尼茨的妇女

叙述事件：通货膨胀

叙述时间：大约在1999年1月1日开始使用欧元的前夕

这些钞票今天看上去真是漂亮。我的几个曾孙喜欢用它们玩买房子和卖房子的游戏。我从柏林墙倒塌之前的那个时代保留下来几张上面有麦穗和圆规的大面额钞票[1]，但是对孩子们来说，因为没有点缀这么多个零，所以被认为并不那么有价值，仅仅当成是零钱。

那些通货膨胀时期的钱，我是在母亲去世之后，在她的家务记事本里找到的。我现在经常一边思考一边翻看这个本子，因为里面的价格和食谱唤醒了我心中许多伤心而又诱人的回忆。是啊，妈妈一定很不容易。我们四个女孩给她添了很多忧虑，尽管不是故意的。我是老大。那条做家务的围裙——我在家务记事本里看到，二十年代末，它的价格是三千五百马克——肯定是给我买的，因为那时每天晚上我都要帮着妈妈为那几个散房客端饭上菜，她总是调动一切想象力为他们做饭。那条八千马克的少女连衣裙是我妹妹希尔德穿的，她可能已经想不起上面红绿相间的图案了。希尔德早在五十年代就去了西边。她小的时候就相当固执，早早就宣布已经从内心深处与过去的一切脱离了关系。

是啊，这些价格真是令人震惊。我们就是伴随着它长大的。在开姆尼茨，当然也在其他的地方，我们唱过一首数数字躲猫猫的歌谣，我的曾孙们今天仍然觉得它相当可爱：

一，二，四，五百万。
我的妈妈煮豆菜。
一磅要花一千万。
没有油花你躲起来！

每周三次菜豆或者扁豆。豆类便于储存，因此总是越来越贵，大家都像我妈妈一样及时买来存着吃。牛肉罐头也是这样，在厨房的柜子里总是堆放囤积着好几十个。妈妈为我们的三位房客做野菜卷和发面团，里面塞上罐头牛肉；由于价格飞涨，所以他们必须按天付钱。幸亏有一个房客还有一小口袋银币；我们这些孩子都叫他埃迪叔叔。第一次世界大战以前，他曾经在几条豪华客轮上当过服务员。因为埃迪叔叔在父亲早逝之后和妈妈走得很近，所以我在家务记事本里也找到了一些关于美元的提示。最初，一个美元可以买七千五百马克的东西，后来可以买两千万甚至更多。最后，当埃迪叔叔的小口袋里只剩下很少几枚银元发出叮当响声的时候，一个美元竟然等于好几兆马克，简直不可思议！埃迪叔叔负责搞鲜牛奶、鱼肝油、妈妈的心脏病药。有的时候，如果我们听话，他就奖赏给我们几块巧克力。

但是，小职员和低级公务员的经济状况非常糟糕，那些依靠社会福利的人就更不用提了。守寡的妈妈只靠她应该享有的那份父亲的公务员退休金，根本不可能维持我们全家的生活。到处都是乞丐和乞求施舍的残疾人。住在大楼底层的海因策先生在战后不久得到了一笔数目可观的遗产，他显然是得到了很好的投资建议，用这笔遗产买了四十多公顷耕地和牧场，让那些租他地的农民用实物来支付租金。据说他家里挂着整板整板的肥猪肉。当钞票上几乎都是零的时候，到处都发行代用货币，在我们萨克森甚至发行用煤来折算的代用货币。这时，他用猪肉换成整匹整匹的布料——混纺毛料和华达呢。因此，当后来发行地产抵押马克时，他很快就做起了生意。是啊，他可是发啦！

不过，海因策先生大概并不像人们骂的那样，是一个发战争横财的家伙。那是其他的人。当时已经是共产党员的埃迪叔叔，后来在工人和农民的国家也很有成就。就在这儿——卡尔·马克思市，这是开姆尼茨当时的名字，他可以叫出所有那些“戴着大礼帽的鲨鱼”的名字,他总是习惯这样称呼资本家。对他和妈妈来说，没有活到用西边的钱这一天，当然更好。他们免去了为欧元来到的时候将会发生什么事而操心。

注释:

① 上面有麦穗和圆规的大面额钞票，指当时民主德国的钞票。

1924

1924年

叙述者：飞艇机械师

叙述事件：LZ126飞艇首次飞越太平洋

叙述时间：1937年“兴登堡号”坠毁之后

定在哥伦布日[①]。我们要在这一天升空。就像那位热那亚人在公元1492年随着一声“松开缆绳！”的喊声，朝着印度，实际上却是朝着美洲航行那样，我们也要开始一次冒险行动，当然是借助更加精准的仪器。其实，我们的飞艇早在10月11日凌晨就已经准备完毕，大厅的大门已经敞开。飞艇上的燃料经过精确的计算，正好够五台迈巴赫发动机和水压舱使用。负责拉住飞艇的工作人员已经把绳索握在了手里。但是，LZ126不愿意漂浮，它变重了，而且始终很重，原因是，随着大量的热空气，突然出现了烟雾，整个博登湖湖面都被笼罩了。我们既不能减少水量，也不能减少燃料，所以不得不将升空时间推迟到第二天早晨。等候在那里的人们冷嘲热讽，简直让人无法忍受。12日，我们总算顺利地升空。

飞艇定制载员二十二人。我被允许作为艇上的机械师参加此行，在很长一段时间里是颇有争议的，因为我也被认为是那些出于爱国主义的抗议破坏了我方最后四艘作战飞艇的人中的一个。当时这些飞艇正在弗里德里希港进行检修，准备移交给敌方；就像1919年6月，我们的人在斯卡帕湾[②]故意沉掉我们作战舰队的七十多条船那样，其中有应该移交给英国人的十二艘战列舰和定期班轮。

协约国立刻要求赔偿。美国人要我们支付三百多万金马克。齐柏林有限公司[③]建议，通过提供一艘按照最新技术等级建造的飞艇来抵还所有债务。美国军方对我们这种可以保证充入七万立方米氦气的最新款式表示出非常强烈的兴趣，所以达成了这笔肮脏的交易：LZ126 应该被送到莱克赫斯特[④]，着陆之后立刻办理移交。

我们许多人都觉得这是一种耻辱。我也是。难道我们受到的侮辱还不够多吗？强迫签订的和约加在祖国身上的负担难道还不够吗？我们，也就是说，我们中间的几个人，考虑要抽掉这桩卑鄙交易的根基。很长一段时间，我不得不和自己作斗争，直到我终于能够从这项计划中找出一些积极的意义。在我握着埃克纳博士[⑤]的手，郑重地保证放弃搞破坏之后，我才被允许参加这次航行，我们大家都很尊重身为艇长的埃克纳博士。

LZ126 真漂亮，无可挑剔，直到现在，它仍然时不时地浮现在我的眼前。然而，一开始，当我们还在欧洲大陆上空，仅以五十米的高度飘过金色海岸的山峦时，我满脑子仍然还是搞破坏的念头。飞艇上没有载客，尽管奢侈的装备足够二十四个人使用——只有几个美国军人不分昼夜地监视着我们。在卡普·奥特加附近的西班牙海岸上空，我们与强烈的下降气流搏斗，飞艇剧烈颠簸，每个人都忙着把住航向，那几个军人也不得不把他们的注意力转到航行上来，想搞破坏，这时是有可能的。扔掉燃料桶，从而被迫提前降落，这就足够了。当亚速尔群岛出现在我们下方的时候，我再次感觉到这种诱惑。白天和夜晚，我始终在犹豫不决，我觉得自己完全迷惑了，我要寻找机会。当我们在纽芬兰海滩的浓雾上空升到两千米高度的时候，以及后来有一根固定铁丝在遇到风暴折断的时候，我真想阻止这种由我们移交 LZ126 带来的日益临近的耻辱，但是，这一切只不过都是想想而已。

是什么让我犹豫不决呢？当然不是害怕。毕竟我在战争期间，曾经在伦敦上空经历过那种一旦我们的飞艇被探照灯罩住，时刻都会被击中的危险。不，我没有任何恐惧。是埃克纳博士的意志，让我完全失去了行动的能力，尽管我并非口服心服。无论那几个战胜国如何专横，他也坚持，要为德国的生产能力提供证明，即使是通过我们银光闪闪的空中雪茄[⑥]来体现。我终于屈服于这种意志，彻底放弃了破坏的计划；一次微不足道、也可以说只是象征性的故障，几乎没有留下什么印象，美国人派了两艘巡洋舰来迎接我们，我们之间经常保持通讯联络。它们会在紧急情况下出手援助，不仅是在遇到持续性强烈逆风的时候，而且也会在出现任何微小的破坏活动的时候。

直到今天我才明白，放弃这次解放的行动是正确的：10 月 15 日，LZ126

接近纽约，自由女神从晨雾中向我们致意；我们飞进海湾，这座大都会和它那些如高山似的摩天大楼终于出现在我们下方，所有停泊在港口的船只拉响汽笛欢迎我们。我们以适中的高度，两次来回飞过百老汇大街的上空，从街的这一头到那一头，然后上升到三千米，为了让所有的纽约居民牢牢地记住这幅在晨光中闪烁、展示德国生产能力的画面。然后，我们终于掉头转向莱克赫斯特方向。我们正好还有时间用水箱里剩下来的水洗脸修面，为着陆和欢迎仪式做好一切准备；这时，我感到的只有自豪，抑制不住的自豪。

在这场悲哀的飞艇移交仪式结束之后，我们引以为豪的飞艇就被改名为“洛杉矶号”。埃克纳博士向我表示感谢，他同时还让我相信，他也经历了一场和我同样的内心斗争。“是啊，”他说，“面对迫切的道德信条，既要服从命令，又要维护尊严，的确很难。”十三年以后，当重新强大起来的帝国最美丽的标志，注入的可惜不是氦气而是易燃的氢气的“兴登堡号”⑦，在莱克赫斯特着陆时燃起大火化为灰烬的时候，他可能会有什么感受呢？或许他也和我一样确信：这是有人破坏！是那些赤色分子！他们没有犹豫不决。他们的尊严承认的是另外的道德信条。

注释：

① 哥伦布在1492年10月12日到达巴哈马岛，这一天被称为哥伦布日，也就是发现美洲的纪念日。
② 斯卡帕湾是英国海军的重要基地。1918年底至1919年初，德国远洋舰队被扣押在这里，为了不让军舰编入英国海军，德国水兵凿沉了所有军舰。
③ 即齐柏林飞艇制造有限公司，成立于1908年。
④ 美国地名，位于纽约附近，有一个美军空军基地。
⑤ 胡戈·埃克纳（1868–1954），自1905年起与齐柏林合作，参与成立齐柏林飞艇制造有限公司。
⑥ 飞艇的形状像一支雪茄。
⑦ 当时世界上最大的飞艇，以德国总统兴登堡命名，1937年在莱克赫斯特失事坠毁。

1925年

叙述者：对广播着迷的孩子

叙述事件：德国广播协会成立

叙述时间：八十年代或九十年代

有些人把我看成是一个爱哭爱闹的孩子。那些传统的东西是无法让我安静下来的。即使是布袋木偶戏也不能把我逗乐，那些彩色的活动隔板和半打木偶玩具都是我爸爸耗费心血亲手制作的。我经常哭闹。任何努力也无法停止这种时强时弱的持续性噪音。不管是奶奶讲童话还是爷爷做“接球”的游戏，都不能阻止我哼哼叽叽，最后哇哇大哭，用始终不变的恶劣情绪让我的家庭和来访的客人心情烦躁，使他们俏皮风趣的谈话索然无味。虽然我也会被巧克力收买五分钟，是一种舌头形状的巧克力糖，但是，除此之外没有任何东西能够像从前母亲的乳房那样让我安静更长的时间。我甚至不允许父母之间的争吵能够不受妨碍地进行下去。

后来，终于还是在我们成为德国广播协会[1]付费会员之前，我们家总算借助一架带耳机的矿石收音机把我变成了一个一声不吭、沉思默想的孩子。这都是发生在布雷斯劳广播电台发射区，每天上午和下午，西里西亚广播电台股份公司[2]都要播放一套丰富多彩的节目。很快我就懂得如何操控那几个旋钮，不受天气干扰和没有其他杂音地收听广播。

我什么都听。卡尔·洛维的叙事谣曲《钟点》，爽朗悦耳的男高音扬·基普拉，美妙动听的艾尔娜·萨克。不管是瓦尔德马尔·邦塞尔斯朗读《蜜蜂玛雅》[3]，还是现场直播一场紧张的划船比赛，我都聚精会神地听。关于口腔卫生或者以“了解星星”为题目的报告，让我在许多方面增长了知识。我每天听两次股市报道，也正是因此了解了工业界的经济繁荣；我爸爸是搞农业机械出口的。我的家庭不必再忍受我的哭闹，又可以继续进行他们原则性的持续不断的争吵，我比他们更早地听到艾伯特[4]去世的消息，不久以后又听到陆军元帅兴登堡[5]是在第二轮投票时才被选为艾伯特的继任，当上了帝国总统的。还有那些儿童节目，也找到了我这个满怀感激之情的听众，这些故事讲的是，神灵山妖在当地的巨人山脉神出鬼没，吓唬可怜的烧炭工人。我不太喜欢晚安节目里的那几个侏儒神仙，他们是后来在一些热门电视节目里出现的那些勤劳小人的前辈，在东部和西部又被称作“瞌睡神”。我真正喜欢的节目是那些在广播时代的最初期经过考验的广播剧，狂风呼啸，雨劈劈啪啪地落在屋顶上，白马骑士的那匹马嘶鸣长啸，有一扇门发出刺耳的咯吱声，一个小孩像我从前那样又哭又闹。

春季和夏季的白天，我经常被放在别墅的花园里，我在那里借助矿石收音机同样感到心满意足，在大自然中，我渐渐增长了知识。无数的鸟鸣并不是从天上或者从果树的树杈上传进我的耳朵，而是胡伯图斯博士，一位天才的动物叫声口技演员，通过耳机，向我介绍了黄雀、山雀、黑乌鸫、苍头燕雀、黄鹂、黄鹀、百灵。我父母之间升级为婚姻危机的争吵始终离我很远，也就毫不奇怪了。他们的离婚也没有成为一件非常痛苦的事情，因为布雷斯劳的这栋带花园的郊区别墅留给了妈妈和我，包括所有的家具，当然还有这架矿石收音机和耳机。

我们的矿石收音机装有一个低频放大器。妈妈还买了两个贝壳形的保护耳朵的套子，可以减轻那种令人难受的压迫感。后来，带喇叭的收音机排挤了我心爱的矿石收音机，我们有了一台蓝点公司生产的有五个电子管的手提式收音机。虽然我们这时可以听到柯尼希斯－武斯特豪森电台，甚至听到汉堡的港口音乐会和维也纳的童声合唱，但是却失去了用耳机收听的那种专有排他性。

顺便提一下，是西里西亚广播电台最先使用那种悦耳动听的三和弦作为两次广播之间的休息信号，后来在整个德国都很流行。我一直忠实于无线电广播，而且从事了这个职业，谁还会感到奇怪呢。战争期间，我在无线电技术方面参与播放那些受人欢迎的广播节目，从北冰洋到黑海，从大西洋墙⑥到利比亚沙漠，圣诞节期间，还要展现前线各地的情形。当我们这里敲响零点的时候⑦，我正在西北德广播电台⑧专门负责搞广播剧，这是一种渐渐走向死亡的品种，然而，如今，我童年时代的耳机又在青年人中间重新受到欢迎：他们塞着耳机，沉静在自己的世界，心无旁骛，却又投入了全部身心。

注释：

① 德国广播协会成立于 1925 年 5 月 15 日，负责管理协调德国各地的广播电台。
② 西里西亚广播电台股份公司成立于 1924 年 5 月，是德国最早的广播电台之一。
③ 瓦尔德马尔・邦塞尔斯（1880–1952），德国作家，《蜜蜂玛雅》是他的代表作。
④ 弗里德里希・艾伯特（1871–1925），德国政治家，曾任德国社会民主党主席、德国总理、德国总统。
⑤ 保尔・封・兴登堡（1847–1934），陆军元帅，1925 年 4 月 26 日当选为德国总统，1932 年 4 月再次当选。参见 1910 年和 1924 年。
⑥ 大西洋墙，德军在 1942 年至 1944 年在荷兰、比利时、法国沿海建造的防御工事。
⑦ 零点是指 1945 年德国战败投降，第二次世界大战结束。
⑧ 西北德广播电台，1945 年由英国占领军建立，1955 年分成西德广播电台和北德广播电台。

1926

1926年

叙述者：德国逊位皇帝的马夫

叙述事件：决定是否剥夺贵族财产的公民投票失败

叙述时间：大约在二十年代末

这些划线的清单都是我亲手做的。当皇帝陛下[1]被迫流亡的时候，从一开始起，保持整齐划一就是我的责任：四道垂直的线，一道横着穿过。在荷兰的第一个居所[2]，陛下就喜欢亲手砍伐树木，后来到了坐落在森林里的多尔恩宫[3]，更是天天去砍树。这种划线计数的清单是我顺便做的，因为我实际上是负责在车棚里保养马车的。天气不好的时候，陛下也在这里和我，有时也和他的副官，封·伊尔泽曼先生，把树干锯成大约两米长短，储存起来供主楼和作为客房的巴洛克式花厅里的壁炉使用。但是，小块的木头都是由他一个人劈的，当然是用那只健康的手[4]。一大早，陛下和仆人们一起做过祈祷之后，立刻就去树林，甚至下雨也照去不误。每天如此。据说，那年10月底，鲁登道夫可以说是被解雇了，格罗纳将军[5]被选为他的继任者，那个时候，伐木就已经成为陛下在斯巴附近的大本营里放松的一种方式。我还听见，陛下后来在车棚锯木头时骂骂咧咧地说："这个鲁登道夫罪责难逃！"除他之外，谁还对停战以及停战以后发生的事情负有责任呢。当然是赤色分子。但是，还有马克斯·封·巴登亲王[6]，所有的部长，外交使团，甚至还有王子。他本想收回海军元帅蒂尔皮茨的那枚大黑鹰勋章，然而他的参谋部，尤其是枢密大臣，则说服他别这么做，而只是发了一个警告。陛下仍然继续颁发

勋章，请允许我说明一下，经常是过于慷慨大方，比如在刚刚锯了木头劈完柴之后有客人来访的时候，他们中间有许多阿谀奉承的家伙，后来都抛弃了他。这种情况至少持续了几个星期乃至几个月。

都是由我一个人负责做这份划线计数的清单，所以我可以保证，皇帝陛下在受荷兰保护之后的一年里，在阿梅隆根已经砍伐了好几千棵树。后来，在多尔恩，当第一万两千棵树倒下的时候，他把这棵树锯成许多薄片，每个上面都烙上了一个大大的W，作为送给客人的礼物，很受欢迎的。不过，我可没有福气得到这样一个只赠送贵宾的礼物。

当然没错！一万两千多棵树。我保存着这些划线计数的清单，是为了以后，当皇室东山再起，德国最终觉醒的时候。目前国内有一些动静，所以还是有希望的。因此，仅仅因此，陛下也继续这么做。最近，关于剥夺贵族财产的投票表决[7]遭到了人民的拒绝，这甚至让我们有理由满怀更大的希望，当时我们正在砍木头，有人呈递上来这份电报，投票的结果虽然勉勉强强，但毕竟令人高兴。皇帝陛下不由自主地表示："只要德国人民呼唤我，我立刻就准备动身！"

早在3月份，著名考察旅行家斯文·赫定来访[8]，这位学者被允许参加早上的伐木活动，他曾经以最热烈的方式鼓励了皇帝："谁只用右手砍倒了一棵又一棵大树，他也能够在德国重新恢复秩序。"接着他讲述了他在东土耳其斯坦、赴西藏以及穿越戈壁荒漠的旅行。第二天早上，陛下在树与树之间，多次向这位瑞典人保证，他是多么痛恨战争，当然也不想进行战争。这些我可以作证。特别是在早上劈木头的时候，他一而再，再而三地自言自语："我还在夏天去挪威旅行的途中，法国人和俄罗斯人就已经枕戈待命……我是完全反对战争的……我一直想被视为救世主……但是如果迫不得已……我们的海军分散在各地……英国的海军却在斯皮特希德，是的，集结待命，随时准备起航……我必须采取行动……"

后来，陛下大多是讲马尔内战役[9]。他大骂将军们，特别是痛骂法尔肯海因[10]。他尤其喜欢在劈木头时发泄怒气。每次都劈得很准，而且总是用健康的右手。特别是在提到1918年11月的时候。首先是奥地利人和他们的那个不忠的皇帝卡尔[11]遭到了一顿臭骂，然后是骂那些躲在后方好吃懒做的家伙，再就是逐渐开始的不服从命令和插在前线休假列车上的红旗。在两次劈木头之间，他也抱怨政府，尤其是马克斯亲王："这个革命的总理！"随着劈柴像小山一样逐渐增高，陛下也说到了被迫宣布退位。"不！"他高喊，"是自己的人先逼我，然后才是那些赤色分子……这个赛德曼……不是我抛弃了军队，而是军队抛弃了我……无法再回到柏林……莱茵河上所有的桥都被控制了……真应该冒险打一场内战……或许我已经落到了敌人的手里……可能会是一个可耻的结局……或许我只能给自己一颗子弹……只剩下越过国界这一步……"

每天我们都是这么度过的，我的先生。皇帝陛下似乎从来不知道累。最近他只是一声不吭地劈木头。做这种划线计数的清单，也不再由我负责。但是，在多尔恩附近砍光树木的空地上，年复一年地又长出了许多新种的树，等到这些新生林长大之后，陛下也会愿意去砍伐的。

注释：

① 皇帝陛下，即威廉二世。

② 在荷兰的第一个居所，即阿梅隆根宫。

③ 多尔恩位于荷兰的乌特勒希特东南，1919 年 8 月，威廉二世迁居这里。

④ 威廉二世的左手天生残疾。

⑤ 威廉·格罗纳（1867–1939），德国将军，1918 年接替鲁登道夫出任德军总参谋长，后又在魏玛共和国历任交通部长、国防部长、内政部长。

⑥ 马克西米连·亚厉山大·威廉·封·巴登亲王（1867–1929），1918 年 10 月 3 日至 1918 年 11 月 9 日任德国总理。1918 年 10 月 5 日，在德国军方的压力下，向协约国提出停火要求，11 月 9 日发明声明，要求德国皇帝威廉二世退位。参见 1919 年。

⑦ 在十一月革命中，许多德国贵族的财产被没收。在以后的几年里，一些贵族通过法律手段要求退回或赔偿，并且得到胜诉。1926 年 1 月，一项无偿剥夺贵族财产的法案未能在国会通过。德国共产党和德国社会民主党发起公民投票。1926 年 6 月 20 日，一千五百万人投票赞成，六十万人投票反对，但是赞成票数未能达到法定有权投票人数的半数，公民投票被宣布无效。

⑧ 1926 年 3 月 19 日，瑞典旅行家斯文·赫定（1865–1952）拜访了威廉二世。

⑨ 1914 年 9 月 5 日至 9 日，德军向巴黎推进的部队在此遭到法军阻截和重创，德军被迫转入阵地战。

⑩ 埃里希·封·法尔肯海因（1861–1922），曾任普鲁士陆军部长、德军总参谋长。1916 年，他的企图在西线决定战争胜负的战略遭到失败。

⑪ 奥地利皇帝卡尔（1887–1922）未通报他的德国盟友就在 1917 年春与协约国秘密媾和，他本人在 1919 年 11 月 11 日被迫宣布退位。

1927年

叙述者：胚胎格拉斯叙述美好的二十年代

叙述事件：作者本人出生

直到金色10月的中旬[1]，我妈[2]才生下了我。但是仔细地观察一下，只有我出生的这一年是金色的，而二十年代在此之前和在此之后的其他那些年份，充其量只有一些亮点或者试图以声嘶力竭的叫喊使平淡的日子变得五彩缤纷。是什么使我的这一年光芒四射呢？是因为逐步稳定的帝国马克吗？还是因为《存在与时间》[3]？这本书以与众不同的华丽辞藻印刷上市，每一个写文艺小品的家伙很快都开始效法海德格尔。

没错，蹲在每一个街角的伤残人和总体来说变得贫穷的中产阶级，都对战争、饥荒和通货膨胀记忆犹新。在此之后，终于可以把生活作为“堕落”来庆贺，或者喝着气泡酒和马丁尼，把生活作为“通向死亡的存在”来打发。但是，这些一步一步打进存在主义总决赛的华丽辞藻肯定不是金色的。倒是男高音理查德·陶贝尔[④]有着一副金子般的嗓子。只要起居室的唱机开始转动，我妈就从遥远的地方对他表示热烈真诚的爱慕之情，在我出生之后以及她的有生之年——她没有活到很老的时候——都哼唱着当时在所有轻歌剧舞台备受赞扬的《沙皇之子》[⑤]：“有一个士兵站在伏尔加河边……你高高在上忘了一切，也忘了我……独自一人，又是独自一人……”一直到结尾的那句又苦又甜的唱词:“我坐在金色的笼子里……”

但是，一切都只是一层金箔。真金的，是那些姑娘们，也只有那些姑娘。她们甚至也到过我们但泽，穿着金光闪闪的衣服登台表演，不是在市立剧院，而是在佐波特赌场[⑥]。马克斯·考尔和他的巫师苏西在各地的杂耍剧场扮演千里眼和魔术师已经颇有名气,他可以坐在他的旅行箱上,借助一个个旅馆贴画，在脑子里把欧洲几个国家的首都梳理一遍，因为他和我爸的兄弟弗里德尔从学校开始就是朋友，所以我后来叫他马克斯叔叔。每当谈起这些“在这里巡回演出的姑娘们”，他总是厌烦地不屑一提。“最蹩脚的模仿秀!”

妈妈怀着我的时候，据说他曾大声说道:“你们无论如何也一定要去柏林看看。那里总有好事!”他还用细长的魔术师的手指模仿泰勒姑娘[⑦]，是模仿她们的长腿，同时他也模仿卓别林。他很会描述这些姑娘的“肢体”。他声称:她们的肢体“已经训练得完美无瑕”。然后他又说到“有韵律的整齐”和“海军上将宫里的闪光时刻”。还说了一些与伴舞的节目有关的用金子镶嵌的名字:“这个令人兴奋的特鲁德·赫斯特贝格带着她的这支小分队赶走了席勒的强盗，把舞跳得滑稽至极。”人们还听他如醉如痴地谈论在“刻度戏院”或者“冬园剧场”经历的“巧克力小孩”乐队表演的节目。“据说，约瑟芬·贝克[⑧]这个野性十足的热情女郎不久就要到柏林演出。跳舞的堕落，就像那位哲学家说的那样……”

妈妈愿意任凭她的渴望纵横驰骋，也把马克斯叔叔的这种热情传给了我:“柏林到处都在跳舞，而且只有跳舞。你们一定要去一次，无论如何也要去，看一场原汁原味的哈勒歌舞剧[⑨]，看一看拉·亚娜[⑩]在金色刺绣帷幕前面跳舞。”这时他再次用细长的魔术师的手指模仿泰勒姑娘。怀着我的妈妈大概会微笑着说：“要是生意好一些，也许以后去一次吧。”然而，她一直也没有能够去成柏林。

只有一次，那是三十年代末，当二十年代的金色粉末不再闪烁，她把卖殖民地出产的农副产品的小店交给我的父亲，在一次“力量来自欢乐的旅行”[11]期间，一直到了高山深处的萨尔茨王室田庄。都是穿着短皮裤。跳的是拍鞋舞。

注释：

① 格拉斯于 1927 年 10 月 16 日出生在但泽，即现在波兰的格但斯克。
② 格拉斯的母亲叫海伦娜·格拉斯（1896–1954），是属于西斯拉夫的卡舒布人。参见 1999 年。
③《存在与时间》，德国哲学家马丁·海德格尔（1889–1976）的代表作，出版于 1927 年。海德格尔自 1928 年起任德国弗莱堡大学教授。参见 1966 年和 1967 年。
④ 理查德·陶贝尔（1891–1948），德国男高音歌唱家，1933 年流亡英国。
⑤《沙皇之子》，德国作曲家弗兰茨·勒哈（1870–1948）的轻歌剧，1927 年 2 月 21 日在柏林首演。
⑥ 佐波特位于但泽海湾，1920 年后划归但泽。
⑦ 泰勒姑娘，当时柏林的一个有名的舞蹈剧团。
⑧ 约瑟芬·贝克（1906–1975），美国女歌舞演员，1925 年在巴黎等地演出，倾倒无数欧洲观众。
⑨ 哈勒歌舞剧，即由著名舞台艺术家赫尔曼·哈勒（1871–1934）编导的歌舞剧。哈勒在 1923 年买下了海军上将宫。
⑩ 二十年代柏林有名的女歌舞演员。
⑪ 纳粹政权组织的大众娱乐和旅行活动。

1928年

叙述者：有三个儿子的寡妇

叙述事件：德国国会选举期间的社会混乱

叙述时间：至少在几十年以后

您可以慢慢地看这一切。我记下来是为了我的曾孙们以后看的。今天反正也没有人相信当时在巴尔姆贝克[1]这里和其他地方发生的事情。读起来就像是一本小说，但是一切都是亲身经历过的。唉，他爹在费斯曼码头第二十五号仓库当装卸工，被压在了一大平板甜橙的下面，留下我一个人，全靠一点点退休金拉扯三个男孩。轮船公司说是“自己的责任”，也就没办法要赔偿金或者一笔适当的补偿费。当时，我的大儿子已经在警察局做事，第四十六派出所，您在这里可以读到：“赫伯特虽然没有入党，但是一直投左派的票……”实际上我们是一个传统的社会民主党家庭，我父亲和我丈夫的父亲就已经是这样。唉，约亨，就是老二，当这里发生骚动和刺杀的时候，他突然变成了积极的共产党员，甚至参加了红色阵线战士联盟[2]。他实际上是一个很文静的人，以前只是对甲虫和蝴蝶感兴趣。从停满驳船的码头搭船到回归水道或者去仓库区的什么地方捉甲虫扑蝴蝶。这会儿一下子变得狂热偏激。我最小的儿子海因茨也是这样，当年这里和其他地方搞国会选举时[3]，他就变成了一个真正的小纳粹，事先没有向我透露一点儿风声。唉，突然穿着冲锋队的制服回来发表演讲。他实际上是一个诙谐幽默的小家伙，到处都讨人喜欢。也在仓库区做事，批发寄送没有烘焙过的咖啡。有时候偷偷地给我带一点儿回来自己烘焙。结果，全家都是咖啡味，一直到楼梯口。可是一下子……尽管如此，家里开始还是相安无事。星期天，他们三个甚至还一起坐在餐桌旁边，我在厨房里忙活。老二老三这两兄弟相互都拿对方开涮。有时候声音很大，甚至用拳头砸桌子，老大赫伯特就出面让双方平静下来。他们俩都听他的话，尽管他并不在执勤，也没有穿警服。唉，以后这里就只剩下争吵了。您可以读一下，我对5月17日记下了些什么，那天我们的两位同志丧了命，两人都是国家旗帜协会的成员，这是社会民主保护联盟的一个下属组织，他们是在负责维持集会和投票站的秩序时中弹的。一个是在我们巴尔姆贝克，另一个是在艾姆斯比特④遭到谋杀的。共产党人从他们的宣传车上开枪干掉了蒂德曼同志⑤。冲锋队在联邦大街和高山牧场路拐角覆盖其他广告招贴时正巧被海多恩同志碰上，他们干脆就杀了他。这就是我们家餐桌上大吵大闹的内容。“不是这样！”约亨大声说道，“是那些社会法西斯分子先向我们开的火，并且还误伤了他们自己的人，就是这个蒂德曼……”海因茨大声争辩：“这是紧急自卫，对我们来说纯属紧急自卫！是那些对国家整天抱怨的家伙先动的手……”我的大儿子从警方报告里已经了解了详细情况，这时，他把《国民日报》啪的一声摔在了桌上。上面有报道，您可以看看，我已经剪下来贴在了这里：“这个被枪杀的蒂德曼，职业是木匠，头部前颅侧面中了一颗子弹，根据子弹射入的部位和穿出口的深度可以确定，子弹是从一个较高的位置射出的……”唉，这已经很清楚，共产党从上面朝下射击，也很清楚，在艾姆斯比特是冲锋队先动的手。但是，搞清楚了，也毫无用处。餐桌上的争吵仍然继续，我的海因茨扮演的是冲锋队员，他骂我的大儿子是“警察猪”，而我的二儿子在这一方面也恰恰为他帮腔，极其卑鄙地当面冲着我的赫伯特喊出了那个实在恶劣的骂人话：“社会法西斯分子”。可是，我的大儿子一直很镇静，这是他的一贯风格。他只说了我在这里记下来的这些话：“自从那些来自莫斯科的人用共产国际的决议把你们搞得又痴又呆之后，你们甚至不会区分红色和棕色……”他还说了几件事情，工人们之间相互争斗，资本家则幸灾乐祸地在一边偷偷地笑。“就是这么回事儿。”我在炉台旁边大声地说道。

唉，最后也的确就是这么过来的，我今天仍然要这么说。在巴尔姆贝克和艾姆斯比特的流血之夜以后，至少在整个汉堡就再也没有过安宁之日。在我们家的餐桌上反正也早就没有了安宁。直到我的约亨被共产党开除出党，那还是在希特勒上台之前，就是因为他突然失了业，去皮纳贝格找冲锋队，在那儿很快就在粮库重新找到了一份工作，这以后家里才渐渐平静下来。我的小儿子虽然对外仍然还是纳粹分子，但是却变得越来越沉默寡言，一点儿也不再诙谐幽默。后来，打起仗来的时候，他就去艾克恩费德参加了海军，当了潜艇水兵，在战争中永远地留在了远方。唉，我的二儿子也是如此。他去了非洲，再也没有回来。我只收到过他的几封信，全都贴在这里了。我的大儿子一直在警察局做事，只有他活了下来。他曾经随同一支警察部队去了苏联，一直到了乌克兰，肯定也一块儿干了一些坏事。他对此从来没有说过。战后也没有。我也从来没有问过。我大概也能知道，我的赫伯特到底是怎么回事，一直到最后，1953 年的秋天，他从警察局退役，因为得了癌症，只能再活上几个月。给他的莫妮卡，就是我的儿媳妇，留下了三个孩子，唉，全是女孩。她们早就已经结了婚，而且也有了后代。我就是为了他们记下这一切的，为了以后，即使这些事很让人伤心，我指的是记下这些的时候。所有这些曾经发生过的一切。但是，您尽管看吧。

注释：

① 汉堡的工人居住区。
② 1924 年作为德国共产党的自卫武装组织成立，1929 年被禁止。
③ 1928 年 5 月 20 日的德国国会选举。德国社会民主党、德国民族人民党、德国共产党均获得超过百分之十以上的选票，而纳粹党只得到百分之二点六的选票。
④ 汉堡的工人居住区。
⑤ 社会民主党人、木匠海因里希・蒂德曼在 1928 年 5 月 17 日傍晚被一个共产党人开枪击中头部而死。
⑤ 当时德国派警察部队去苏联镇压游击队和杀害犹太人。

1929年

叙述者：奥佩尔汽车厂的工人

叙述事件：德国的奥佩尔汽车厂卖给美国的通用汽车公司

叙述时间：第二次世界大战之后

突然我们大家都成了美国人。是啊，他们干脆把我们买了过去。因为老亚当·奥佩尔已经不在了，奥佩尔的新主人们又不愿意再要我们。但是，我们这些人早就熟悉流水线上的活儿，也都是按班组计件拿工资。我本人过去还为生产“雨蛙”拿过计件工资……就是这么叫的，因为当这种全身漆成绿色的双座轿车投放市场之后，大街上的孩子们都是这么叫：“雨蛙”。是啊，大约在1924年开始批量生产。我车的是所谓的制动偏心轮。就是用在前轴上的。当我们大家在1929年变成了美国人的时候，就只是拿班组计件工资，仍然是生产“雨蛙”，因为它迅速地就从流水线的传送带上跳了下来。但是，不再是过去那么多人一起干活，因为他们解雇了一些人，就在圣诞节前夕，真是恶劣啊。在我们企业报《奥佩尔无产者》内部的情况是，美国人像在他们国内那样实行一套所谓的福特方式：每年开除一批人，然后再廉价地新招一批生手。这种情况对于流水线和实行班组计件工资是完全行得通的。

但是，“雨蛙”当时已经了不得了。卖得比什么都快。是啊，行业圈内有人开始说坏话：都是从法国人的雪铁龙那里偷看来的，只不过人家的是黄颜色罢了，据说就是这样。法国人已经告到了法庭，要求赔偿损失，但是什么也没有得到。“雨蛙”却蹦啊蹦啊，遍布德国各地。因为它便宜，甚至适合普通老百姓，而不是只为了那些所谓的在比赛时驾驶自备汽车的人或者拥有私人司机的人。不，我可没有。有四个孩子和尚未还清贷款的房子？但是，我兄弟却从他的摩托车换成了我们的双座轿车，他是缝纫机线和其他缝纫用品的代理商，无论天气如

何总得在外面奔波。十二匹马力！您感到很惊奇，对吧，百公里只用五升油，时速可以到六十公里。最初的价格是四千六，我的兄弟花了两千七，因为到处都在降价，而且随着失业增多，情况越来越糟。不，我的兄弟开着“雨蛙”，带着他的样品箱又继续奔波了很久。总是在路上，是啊，一直到下面的康斯坦茨。也带着他的未婚妻埃尔斯贝特做过一天的旅行，去了海尔布隆，还是卡尔斯鲁厄。在那个困难的时期，他算是过得好的。在我们所有的人变成了美国人之后，又过了一年，我也不得不去领失业救济金，吕塞斯海姆和其他地方的很多人都是这样。时代不同了，对吧！我的兄弟曾经带我一起去过几次代理商推销旅行，也就是在司机旁边的座位上坐着。有一次我们开着“雨蛙”一直到了上面的比勒费尔德，据说他代理的公司就在那里。我看见了威斯特法伦山口，德国是多么美丽啊！在当年切鲁斯克人曾经痛打古罗马人的托伊托堡森林，我们吃了午后点心。真漂亮。但是，除此之外，我没有什么事可以做。有一次为园林局干了点儿活，另一次是在水泥厂当临时工。直到阿道夫上台后才发生了变化，奥佩尔厂重新又有了空缺，我开始是在采购部当索赔员，后来转到试车厂，因为我开了这么多年的车床，而且还是从亚当·奥佩尔时就干起了。我的兄弟开着他的“雨蛙”继续跑了好多年的代理，后来甚至开上了高速公路，直到他去服兵役为止。这辆“雨蛙”停在我们的工具棚里，一直到战争结束。它今天仍然停在那里，因为我的兄弟永远地留在了俄罗斯，而我又舍不得离开它。他们把我派到里加去服兵役，那里曾经有我们的修理厂。是啊，我和我们那批人战后又重新开始在奥佩尔干活。我们曾经是美国人，这也挺好。先是只遭到很少的轰炸，后来也没有拆卸设备。是有一些运气，对吧？

1930年

叙述者：广播电台技术员

叙述事件：德国人施梅林成为世界重量级拳击冠军

叙述时间：六十年代中期

在萨维格尼广场附近，格罗尔曼大街，离城际轻轨地下通道很近的地方，坐落着这家特别的酒馆。作为偶尔才去的客人，我靠在弗兰茨·迪纳尔[1]的酒台旁边，旁听了老顾客们一边开怀畅饮一边谈论的大事小情。这些固定餐桌每天晚上都是坐得满满的。人们可能都会以为，肯定还有几位正式拳击运动员也是弗兰茨那里的常客，因为弗兰茨在二十年代末一直是德国重量级拳击冠军，直到马克斯·施梅林[2]经过十五轮将他的王冠打落在地。但是，并非如此。在五十年代和六十年代初，聚在他那里的有话剧演员，有演卡巴莱和广播剧的，甚至还有作家和一些冒充知识分子的，确切地说，是些形迹可疑的人。话题不是布比·舒尔茨[3]的胜利，也不是他在比赛中败给了约翰森·特马，而是剧场的流言蜚语，诸如对古斯塔夫·格吕德根斯[4]为何死在菲律宾的原因的大胆推测，或者自由柏林广播电台的某一个阴谋。这一切都是大声在桌面上说的。我还记得，对霍赫胡特的《代理人》[5]曾经颇有争议，然而却始终无人谈论政治，尽管此时阿登纳时代显然已经快到尽头了[6]。

弗兰茨·迪纳尔脸上露出拳击运动员的威严而忧郁的表情，尽管他强调自己现在只是一个诚实的酒馆老板。人们很愿意挤到靠近他的地方。从他的身上以有节制的方式散发出一些神秘的悲剧性气息。过去也一直就是这样：艺术家和知识分子都被拳击运动所吸引。不仅仅是布莱希特[7]偏爱有战斗力的男人；马克斯·施梅林去美国并在那里引起轰动之前，在他的周围就聚集着一些有名的人物，他们中间有演员弗里茨·科尔特纳[8]，电影导演约瑟夫·封·斯特恩贝格[9]，人们也看见过海因里希·曼[10]曾经和他在一起。因此，在弗兰茨·迪纳尔的酒馆里，在酒馆前厅和酒台后面的墙上，不仅可以欣赏到摆出各种姿势的拳击运动员的照片，而且可以看到大量镶在镜框里的曾经有名的或者仍然一直有名的文化界名人的照片。

弗兰茨属于少数一些懂得将自己从事拳击的收入进行比较稳妥投资的职业拳击运动员。至少他的酒馆总是爆满。老顾客们的固定餐桌经常一直到午夜之后仍然总是坐满了人。他亲自招待顾客。即使有的时候破例地谈起拳击比赛，也几乎从来不提迪纳尔对诺伊塞尔或者豪伊塞尔的比赛。弗兰茨总是过于谦虚，绝口不提自己的胜利，谈论的总是施梅林在1930年和1932年与夏凯的第一次和第二次比赛，施梅林获得了重量级世界冠军，但是不久就又交还了这一称号。除此之外还谈到在克利夫兰对扬·斯特里普林的胜利，在第十五轮时，斯特里普林被击倒。然而，涉及到那些年的政治，这些上了年纪的人的回忆就好像是在真空里进行一般：对于布吕宁的政府以及纳粹在国会选举中一下子作为第二大党脱颖而出造成的震惊，一句也没有提及。

我不记得，是那位以演《魔鬼将军》[11]出名的演员O.E.哈塞，还是当时已经颇有名气的，而且偶尔也到柏林排演剧本的瑞士作家迪伦马特，说的那句关键词；或许是我自己从酒台后面说的。完全可能，因为当时主要争论的是1930年6月12日的那次引起轰动的广播电台实况转播，通过美国的短波发射台，我们这里可以在13日凌晨3点开始收听；我当时在策伦多尔夫的国家广播电台当技术员。借助我们最新设计的短波接收器，我保证了最佳的接收效果。在此之前，即使有电波干扰，我还转播过施梅林对保利诺的比赛，另外还在第一次飞艇在莱克赫斯特着陆时当过转播助理。当LZ126飞艇从曼哈顿上空飞过，进行表演的时候，成千上万的听众收听了广播。然而，这一次的娱乐活动在半个小时之内就结束了：夏凯以他准确的左勾拳在前三轮中一直领先，在第四轮，他一记重勾拳击中了施梅林的胃部，施梅林当场倒在地上，但是位置太低，夏凯因此被取消了比赛资格。当马克斯还痛得满地打滚的时候，他就已经被裁判宣布为新的世界冠军，人们为他欢呼，甚至在纽约的扬基体育馆，施梅林也是观众的宠儿。

在弗兰茨·迪纳尔的老顾客中间，有几个人对那次广播还记忆犹新。“夏凯明显表现得更好！”“没的事。马克斯是后发制人。他总是从第五轮才开始进入状态……”“没错，两年以后，他在和夏凯激战了十五轮之后被裁判按点数判输，所有的人，甚至包括纽约市长，都表示抗议，因为施梅林按点数明显表现得更好。”

以后的几次同“棕色轰炸机”[12]的比赛，只是顺带有人提了提——马克斯在与乔·路易斯的第一次比赛中经过十二轮以击倒对方获胜；但是第二次比赛，乔·路易斯在第一轮就赢了，也是击倒对方获胜——我们广播电台的转播质量不断得到提高，也同样只是提到一句而已。谈论更多的是关于“施梅林的传奇”。实际上，大家都说，他根本就算不上是一个特别了不起的拳击运动员，最多只是一个赢得同情的家伙。他身上真正出类拔萃的东西，是通过他的个人形象而不是他拳头的力量表现出来的。当年的那些该诅咒的政策帮了他的忙,一个可以让人炫耀的德国人,尽管他自己并不愿意这样。毫不奇怪，战后，他在汉堡和柏林败给诺伊塞尔和弗格特之后，再也不可能重振旗鼓。

弗兰茨·迪纳尔一直站在酒台后面，很少对拳击比赛发表评论，这时说道:“我一直感到骄傲的，就是把我的冠军称号输给了马克斯，即使他今天只是经营着一家养鸡场。”

然后他又继续打啤酒，把咸水蛋或者加了一勺芥茉的煎肉饼放在盘子里，斟满了一轮又一轮烧酒。老顾客们的固定餐桌又开始谈起戏剧界的风言风语，直到弗里德里希·迪伦马特以伯尔尼的方式慢慢吞吞地向这时惊愕得沉默不语的这伙人讲解包括星系、星云和光年在内的宇宙。“我们的地球，我说的是，在这上面有些人爬来爬去，自以为了不起，只不过是一小团面包屑！”他大声说道，又向酒台要了一轮啤酒。

注释:

① 弗兰茨·迪纳尔，德国重量级拳击冠军，1928 年将冠军头衔输给了施梅林。
② 马克斯·施梅林（1905-），德国拳击运动员，曾获德国次重量级和重量级拳击冠军、欧洲次重量级拳击冠军、世界重量级拳击冠军（1930）。
③ 布比·舒尔茨（1930-），德国次重量级和重量级拳击运动员。
④ 古斯塔夫·格吕德根斯（1899-1963），德国演员、导演。
⑤ 罗尔夫·霍赫胡特（1931-），德国作家，《代理人》（1963）是他的戏剧代表作。
⑥ 康拉德·阿登纳（1876-1967），德国政治家，1949 年至 1963 年任联邦德国总理。
⑦ 贝托尔特·布莱希特（1898-1956），德国作家。
⑧ 弗里茨·科尔特纳（1892-1970），德国演员、导演。
⑨ 约瑟夫·封·斯特恩贝格（1894-1969），在维也纳出生的美国电影导演，在三十年代的好莱坞影响很大，曾导演德国电影《蓝天使》（1930）。
⑩ 海因里希·曼（1871-1950），德国作家。
⑪ 《魔鬼将军》，德国作家卡尔·楚克迈耶（1896-1977）的戏剧代表作，1946 年首演。
⑫ “棕色轰炸机”，即黑人拳击运动员。

1931

1931年

叙述者：纳粹冲锋队员

叙述事件：十万名德国纳粹冲锋队员聚会

叙述时间：纳粹冲锋队员当时的对话

“向哈尔茨堡进军，向不伦瑞克进军[①]，这就是口号……”

“他们来自各个省党部。大部分是乘火车，我们弗格特地区的同志是分乘数辆汽车来的……”

“被奴役的时代终于一去不复返了！新的分队将接受洗礼[②]！他们甚至从沿海各地，从波莫瑞沙滩，从弗兰肯地区，从慕尼黑，从莱茵兰地区，滚滚而来，坐卡车，乘公交汽车，开摩托车……”

“所有的人都穿着褐色礼服……”

“我们第二摩托化分队从普劳恩出发，总共二十辆车，一路高歌：让腐朽的骨头颤抖吧……”

“我们分队在黎明时就离开了克里米乔。越过阿尔滕堡之后，在秋高气爽的天气里向莱比锡方向行驶……”

“是的，战友们！我头一次体会到这座纪念碑[③]的整个压力，我看见那些支撑在刀剑之上的英雄形象，我知道，在莱比锡大会战过去了一百多年的今天，解放的钟声再次敲响了……”

“结束被奴役的时代！”

“就该这样，战友们！不是在国会的那些喋喋不休的、早就应该烧掉的小屋里，而是在德国的大街上，整个民族终于找到了自我……”

“我们在省党部主席绍克尔[④]的率领下，离开了风景秀丽的蒂宾根，经过哈勒和路德的故乡艾斯莱本，进入了普鲁士的阿舍斯累本，然后我们必须脱下褐色衬衫，换上白色衬衫，即所谓中立的……”

“因为那儿的社民党人仍然一直禁止……”

“还有那个猪狗不如的公安部长。你们要记住这个名字：舍未林！”

“在巴特哈尔茨堡，已经到了不伦瑞克的地段，我们又摆脱了任何约束：成千上万的人穿着褐色礼服……”

“一周之后，在不伦瑞克，那里一直还是我们的人充当警察，十万多穿着褐色衬衫的人有秩序地集会……”

“我亲眼见到了元首。”

“我也见到了，在列队受阅的时候。”

“我也见到了，只有一秒钟，不，这是永恒……”

“是啊，战友们！再也不存在我，而只有一个伟大的我们，高举着右手，致德国式的礼，一个小时又一个小时地列队走过。所有的人，我们所有的人，都把他的目光留在了自己的身上……”

“我觉得，他的眼睛似乎在为我赐福……”

“一支褐色的军队列队经过。他的目光停留在我们每一个人的身上……”

“他事先亲自视察了这四百多辆整齐列队的运输人员的卡车、公交汽车和摩托车，因为只有摩托化的队伍才拥有未来……”

“然后他在弗兰茨空地上讲话，为新的分队洗礼，总共二十四个，就像是铸出的一尊尊青铜像……”

“他的声音从扩音器里传来。当时就好像命运在推动着我们。就好像那个有纪律守规矩的德国，要想从战争的枪林弹雨中光耀大地。就好像天意在通过他来说话。就好像这些新的东西，是用青铜铸成的……”

“也有一些人说，这一切都是墨索里尼的法西斯联盟为我们作了示范。瞧，他们的黑衬衫，他们编成小组的做法，冲锋队员的身份……”

“简直是胡说八道！谁都看得出来，我们身上没有一点儿拉丁国家的色彩。我们的祈祷是德国式的，我们的爱是德国式的，我们的恨也是德国式的。谁要是挡着我们的道路……”

“但是我们暂时还需要几个结盟者，就像在前一周策划了哈尔茨堡阵线那样，这个胡根贝格[5]和他的那些德国民族主义的愚蠢家伙……”

“这些戴毡帽和礼帽的市侩和财阀……”

“这毕竟是昨天的事，总有一天，所有的人都应该被清扫到一边去，也包括那些戴钢盔的[6]……”

“是的，我们，只有我们，才能代表未来说话……”

“当摩托化冲锋队从莱昂哈德广场分成无数纵队，将褐色的人群从狮子海因里希的城市重新带到我们分散在四面八方的省党部，我们所有的人都带着那种由元首的目光在我们心中点燃的火焰，燃烧吧，燃烧……”

注释：

① 1931 年 10 月 11 日，纳粹党和其他右翼政党在哈尔茨堡聚会，以显示右翼势力的团结。10 月 18 日，纳粹党在不伦瑞克举行更大规模的聚会，参加者约有十万人，是当时人数最多的纳粹分子聚会。在此期间，纳粹分子与反对此次行动的共产党人发生冲突，两人死亡，六十四人受重伤。

② 纳粹冲锋队的建制，一个分队约三千人。

③ 即莱比锡大会战纪念碑。参见 1913 年。

④ 1928 年，纳粹党将全德组织大致按照国会选区划分为三十五个省党部，弗里茨·绍克尔（1894-1946），后来成为第三帝国的劳工总监，1946 年被纽伦堡军事法庭判处绞刑。

⑤ 阿尔弗雷德·胡根贝格（1865-1951），德国大资本家，曾任克虏伯公司总裁。1928 年至 1933 年任德国民族人民党主席，与包括纳粹党在内的右翼势力结成“哈尔茨堡阵线”并且在哈尔茨堡聚会，在他的帮助下，纳粹党得到迅速发展。希特勒上台后，他曾当过五个月的经济和粮食部长，然后被迫退出政治舞台，德国民族人民党也同时被迫宣布解散。

⑥ 指“钢盔——前线士兵联盟”，1918 年由第一次世界大战参加者组成，反对魏玛共和国，参加了“哈尔茨堡阵线”，1933 年按照年龄编入纳粹冲锋队或德国国家社会主义前线战士联盟。

1932年

叙述者：父亲失业的学生
叙述事件：失业
叙述时间：九十年代中期

一定要出点儿什么事。至少不会再这样继续下去，一道又一道紧急命令和一次又一次选举[①]。然而，从原则上来讲，一直到今天也没有发生多少变化。好吧，当时的失业和现在的失业，看起来稍微有一些不同。那时没有人说“我没有工作”，而是说“我去领失业救济金”。听起来不知怎么总是比较主动。

没有人愿意承认自己失业。这被认为是一种耻辱。当我在学校或者在讲授基督教教义的问答课上被瓦策克神甫问到的时候，至少我总是说“父亲去领失业救济金”，而我的孙子则再一次地、心安理得地“依靠援助生活”，这是他自己的说法。不错，当布吕宁还在台上的时候，差不多有六百万人失业[2]，要是准确地计算，我们现在也快要到五百万了[3]。因此，今天也要向当年那样省着用钱，只买最必需的东西。从原则上来讲，什么也没有改变。只不过在1932年，当时我父亲领失业救济金已经到了第三个冬天，早就已经超过了领失业救济金的最长期限[4]，他的社会福利金也经常遭到缩减。他每周得到三点五马克。我的两个哥哥也在领失业救济金，只有我的姐姐在蒂茨的店里当售货员，为家里挣来一份正常的工资，因此我的母亲每周的家用钱不到一百马克。这当然根本就不够用，但是，在我们那里到处都是这样。要是谁得了

流感或者其他什么疾病，那可就惨了。仅仅为了一张病假单就得花上半个马克。鞋子换个底，也会把家里的钱箱撬开一个窟窿。五十公斤煤饼差不多要两马克。但是在矿区，废煤山却在不断地增高。当然是有人看守，甚至很严格，围上了铁丝网，还有狼狗。冬季的土豆供应情况更糟糕。肯定是出了什么事，因为整个系统都有毛病。从原则上来讲，今天也没有什么不同。也是在劳工局等待。父亲带我去过一次："为了让你瞧瞧这种事到底是怎么进行的。"在劳工局的外面有两名警察把守着，不让任何人破坏领失业救济金的秩序。外面的人排着长队，里面的人也都站着，因为没有足够的座位。但是，外面和里面都很安静，所有的人都在静静地思考。因此，可以清清楚楚地听见领完救济金之后盖章的声音。这是一声单调而短促清脆的响声。盖章的窗口有五六个。这种声音今天还在我的耳旁回响。也有人遭到拒绝，我清楚地看见他们的脸。"期限已过！"或者"证件不全！"父亲把所有证件都带在身边：申请表格，最后一份工作证明，贫困证明，邮局付款卡。因为自从他只能领社会福利金之后，贫困情况必须经过调查，甚至要到家里来看。要是家里新添了家具或者买了一台收音机，那可就糟了。是啊，全是湿衣服的味道。因为外面的人是站在雨里排队的。不，没有人拥挤，也没有人吵闹，更没有人谈论政治。唉，因为每个人都感到厌烦，大家也都明白：不能再这样继续下去。现在必须出点什么事儿。父亲后来又带我去了工会大楼里的失业自助中心。那里贴着一些呼吁团结的广告招贴和标语口号。还有一些可以用勺子吃上几口的东西，大多数是一盘一盘的和一锅煮出来的饭菜。不能让母亲知道我们去了那里。"我会带领你们大家渡过难关的。"她每次在给我上学带的夹心面包涂上一些动物油脂时，总是这么说。即使只有干巴巴的面包，她也会笑着说："今天只好啃干面包吧。"唉，今天还没有这么糟糕，但是也会有这种可能的。不管怎样，那时候就已经对这些所谓的福利失业者做了参加义务劳动的规定。在我们雷姆沙伊德必须到拦水坝参加修路。因为我们是靠社会福利生活的，所以父亲也必须去。因为马匹太贵，所以差不多二十个人拉着一个上千斤重的滚筒，一声"驾！"，大家就开始向前拉。不让我去看，因为曾经当过工段长的父亲在自己儿子的面前感到害臊。回到家里，当他在黑暗中躺在母亲身边的时候，我听见他在哭泣。母亲从来没有哭过，甚至在最后，也就是纳粹夺权的前夕，她仍然总是说："总不会更糟的。"每当我的孙子又对今天所有的事情横挑鼻子竖挑眼时，我总是安慰他说，这种事今天不会发生在我们身上的。“你说得不错，”这小子却说，“就业情况看起来如此之差，股票却涨个不停。”

注释：

① 根据魏玛共和国宪法，政府可以按照授权法发布进入紧急状态的命令，国会可以行使监督权。自1930年起，政府多次宣布进入紧急状态，政府也频繁更迭。

② 1929年世界经济危机之后，德国失业率不断上升，1929年至1932年，全国约有六百一十万人失业。

③ 1990年德国统一之后，全国的失业人数一直在四百万以上。

④ 一般可以领两年失业救济金，此后根据各人的贫困情况领社会福利金。

1929

1933

1933年

叙述者：画廊老板

叙述事件：希特勒被任命为德国总理

叙述时间：三十年代中期

任命的消息[1]让我们感到非常意外。中午，我正和年轻的同事贝恩特在画廊里吃快餐，有一搭没一搭地听着收音机。其实，我也并不感到意外，在施莱歇尔[2]辞职以后，一切都指望着他，也只有他合适，即使是老态龙钟的总统也不得不屈服于他的权力欲。我试图开一个玩笑表示对此的反应："现在这个曾经当过画家的油漆匠[3]将会给我们带来幸福。"但是，平时对政治就像他自己说的那样"毫无兴趣"的贝恩特，却认为他个人受到了威胁，大声喊道："离开！我们必须离开！"

虽然我嘲笑他的过度敏感，但同时也觉得我的预防措施是很正确的：早在几个月之前，我就把一部分绘画转移到阿姆斯特丹去了，由于隐隐约约可以感觉到他将夺取政权，这些绘画可能也会被认为名声特别不好：基尔希纳的画，佩希施泰因的画，诺尔德的画，等等。只有出自大师之手的[4]，还有几幅留在画廊，如后期的几幅色彩艳丽的花园风景。它们肯定不属于"堕落"这一类型。他唯一受到威胁的是，他是犹太人，他的夫人也是，尽管我试图说服我自己和贝恩特："他已经八十多岁了。他们不敢加害于他。充其量，他将不得不辞去艺术学院院长的职务罢了。反正，要不了三四个月，这种鬼名堂也就结束了。"

然而，我的惶恐一直没有消失，甚至有增无减。我们关了画廊。在我终于把亲爱的贝恩特——他当然是泪流满面——安慰下来之后，在傍晚的时候，我动身上路。车很快就几乎开不动了。我真应该乘坐城际轻轨。从四面八方拥来一支支队伍。已经到了哈尔登贝格大街。他们六个人一排，向胜利大街行进，一支冲锋队紧跟着一支冲锋队，目标明确。似乎是有一种诱惑在给他们指引方向，把他们领向大星广场，那里显然是所有队伍的会合地点。每当游行队伍被堵塞的时候，他们都在原地踏步，焦急难忍，烦躁不堪，但是从来没有停下脚步。唉，这些被钢盔护带勒着的年轻脸庞露出可怕的严肃神情。看热闹的人越来越多，他们挤来挤去，渐渐开始堵塞了人行道。这种音调一致的歌唱盖过了一切……

我在某种程度上可以说是赶紧溜之大吉，选择了穿过已经黑黢黢的动物园公园里面的那条路，但我并不是唯一选择岔路小道努力向前移动的人。最后，在快到达目的地的时候，才发现勃兰登堡门已被封锁，禁止正常的交通往来。我不记得当时向一位警察说了些什么，全靠他的帮助，我才被允许来到勃兰登堡门后面的巴黎广场。我们过去多少次满怀期望地驱车来到这里！这是一个多么高雅而且著名的地方啊！多少次在画室里拜访大师！每次谈话总是充满智慧，有时也很风趣。他的那种干巴巴的柏林式的幽默。

几十年来，他的家就住在这里，管家站在这栋大户人家的楼房前面，就好像正在等着我似的。“主人们都在屋顶平台上。”他说完就领着我上了楼梯。这时，那种已经练习了好几年，仿佛就是为了这一时刻精心组织的火炬游行好像已经开始了，因为当我爬上屋顶平台的时候，人们正向走近的队伍发出欢呼。令人恶心，这些乌合之众！然而这种一浪高过一浪的狂喊乱叫也使人感到激动。今天我也不得不承认，确实很有魅力，尽管只有一场阵雨那么短暂。

可是，他为什么要和平民百姓卷在一起呢？大师和他的夫人玛尔塔站在屋顶最靠外面的一侧。后来，当我们坐在画室里的时候，我们听见他说：他早在 1871 年就从那儿看过从法国凯旋的军团穿过这个大门，然后是 1914 年那些开往前线还戴着尖顶头盔的步兵，接着是 1918 年造反起义的水兵队伍的入城式，现在他想从上面再看上最后一眼。对此还可以再说上一大堆乱七八糟的话。

先前在屋顶平台上的时候，他站在那里一声不吭，嘴里叼着一支已经熄灭了的哈瓦那雪茄。两个人都戴着帽子，穿着冬天的大衣，就像是准备出门旅行。黑暗之中，面朝天空。一对塑像似的男女。勃兰登堡门灰蒙蒙的，时而有几道警察的探照灯扫过。这时，火炬游行队伍渐渐靠近，就像一条宽阔的由火山熔岩汇成的河流滚滚涌来，因为遇到门柱而短暂地分开，然后又重新聚合，全无间断，不可阻挡，气氛庄严，天意所定，照亮了黑夜，照亮了勃兰登堡门，照亮了四辕马拉战车，照亮了女神的头盔和胜利的象征；甚至就连我们站在利伯曼家的屋顶平台上，也被那种令人讨厌的光芒所照射，同时也被数十万支火炬的烟雾和臭气所包围。

真丢脸啊！只是我不愿意承认，这副景象，不，应该说这幅逼真的绘画，虽然使我感到惊恐，但是同时也让我激动万分。从他那里产生了一种意志，而且人们似乎正在遵循着这种意志行事。任何东西都不能再阻止这种勇往直前的厄运。这是一股卷走一切的洪流。假如不是马克斯·利伯曼说出了后来在这个城市的每个角落作为低声细语的口号流传甚广的那句话，那么，这种从下面四面八方传上来的欢呼，大概也会诱使我喊出一声表示赞同的“胜利万岁！”——即使只是试探性的。他从这幅孕育历史的画面，就像是从一幅巨大的油彩未干的历史油画，掉转目光之后，用柏林方言说道：“我实在吃不下这么多东西，我真想吐。”

当大师离开他家的屋顶平台时，玛尔塔搀扶着他的胳膊。我开始寻找合适的字眼，想说服这对老人逃走。但是，说什么都没有用。他们不想迁居，甚至不可能去阿姆斯特丹，我和贝恩特很快就逃到了那里。当然是带着我们喜欢的绘画，其中有几幅是出自利伯曼之手。没过几年，瑞士才是相对安全的地方，即使那里并不怎么可爱。贝恩特离开了我……啊……这已经是另外一个故事了。

注释：

① 1933 年 1 月 30 日，兴登堡任命希特勒为德国总理。

② 1932 年 12 月 3 日，库尔特·封·施莱歇尔将军（1882-1934）被兴登堡总统任命为总理，1933 年 1 月 28 日，因不满总统未对他赋予更大的权力而宣布辞职。1934 年 6 月 30 日被希特勒下令谋杀。

③ 希特勒早年学过绘画，两次报考美术学院均落榜。

④ 指马克斯·利伯曼（1847-1935），他是德国表现主义绘画艺术的代表人物，1920 年至 1933 年任普鲁士艺术学院院长。

⑤ 这里矗立着纪念 1871 年德法战争的胜利女神柱。

1934

1934年

叙述者：纳粹集中营负责人

叙述事件：作家米萨姆死于纳粹集中营

叙述时间：1934 年 7 月至 8 月

我们私下说：这个案子必须干得更漂亮一些。我做事一直太受个人的主观动机所驱使。这件棘手的事是从吕姆暴动[1]引起的突然调动工作开始的：我们在达豪接到调令[2]，于 7 月 5 日接管了奥拉宁堡集中营，在此之前不久，一支由元首的贴身卫队组成的小分队替换了原来的那帮真正的冲锋队，此外，几天之前，他们的战友还在维斯湖等地，对吕姆集团采取了断然措施。他们看上去显得筋疲力尽，报告了“长刀之夜”的经过，向我们移交了工作，还有几名冲锋队的低级军官，据说这几个人在办理换防的官僚手续这方面帮了点小忙，这也恰恰证明他们是一些不中用的家伙。

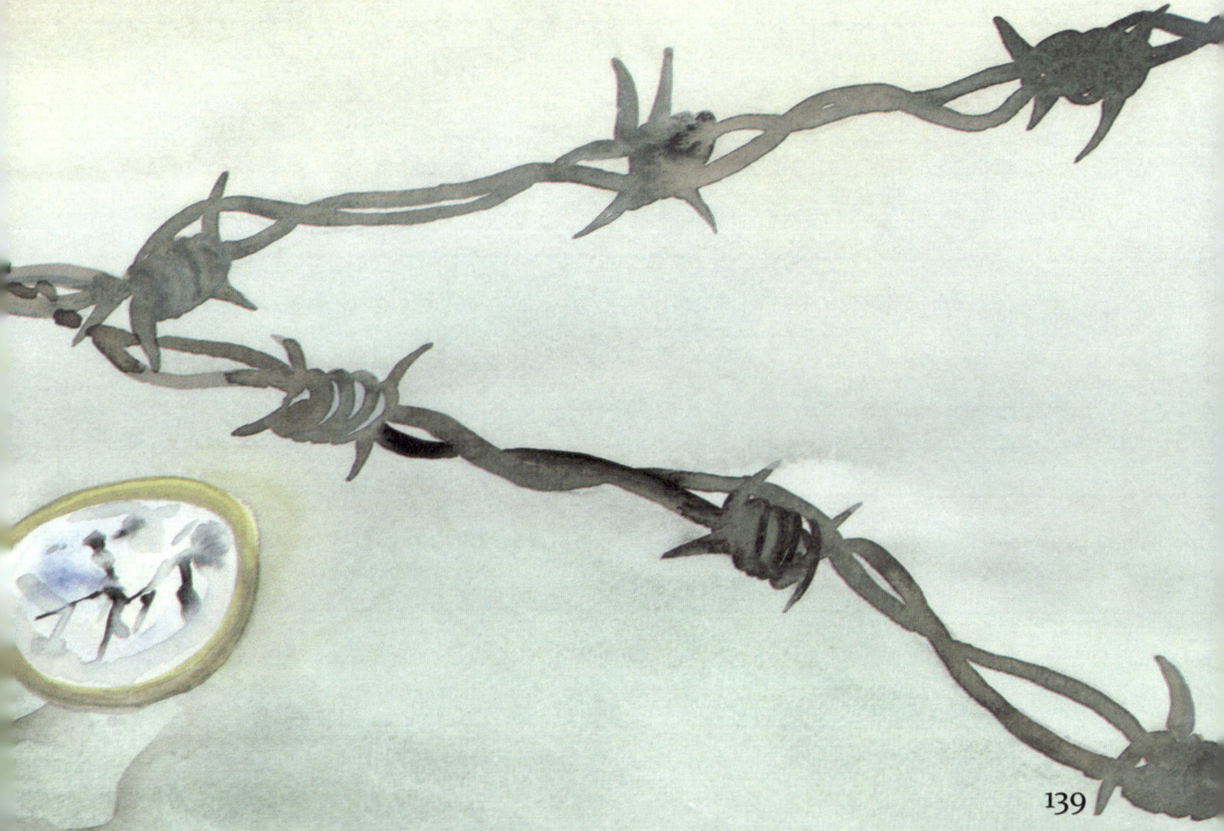

这些打手类型的家伙中的一个，他的名字也很能说明他的特点[③]，叫施塔科普夫，他让那些移交给我们的犯人排队集合点名，并且命令他们中间的犹太人单独列队。

大概十一二个人，其中有一个人特别引人注意。我立刻就认出他是米萨姆[④]。他的那副嘴脸是不会错的。在勃兰登堡的监狱里已经把这个过去的苏维埃假革命者的胡子剃掉了，并且还适当地对他做了一番压缩，但是他身上剩下来的肉还是不少。我们私下说：他是一个感觉敏锐的无政府主义分子，再就是一个典型的泡咖啡馆的文人。我在慕尼黑的最初几年，他充当的是一个滑稽的角色，作为主张绝对自由的作家和煽动家，他当然也是特别主张自由爱情的。他站在我面前，一副苦相，几乎无法与他说话，因为他已经聋了。他指了指自己正在流脓、但已经结疤的耳朵，咧开嘴，抱歉地笑了笑。

我向艾克旅长[⑤]作了汇报，我当时是他的副官，一方面说埃里希·米萨姆没有危害，另一方面也说他特别危险，因为就连共产党人也害怕这个善于宣传鼓动的家伙。“要是在莫斯科，他早就已经被解决了。”

艾克旅长说，我应该关心一下这个案子，建议我进行特别处理[⑥]，这话的含义已经足够清楚了。毕竟是特奥多尔·艾克本人亲自解决了吕姆。在点名之后，我立刻就犯了第一个错误，我指的是，把这件脏活儿交给了那个冲锋队的白痴施塔科普夫。

我们私下说：近距离地与这个犹太人打交道，我会有一种莫名其妙的畏惧感。在审讯时，他镇静得简直令人吃惊。对每一个问题，他都用诗句来回答，显然有的是他自己的诗，也有席勒的诗:“……你们不要冒着生命危险……”虽然他缺了好几个门牙，但是引用诗句熟练得就像背诵台词。这一方面有些滑稽，但是另一方面……还有一点，他的犹太人鼻子上面的夹鼻眼镜也让我感到厌烦……两块玻璃上已经有很多裂纹……在每一次引用诗句之后，他都要微微一笑，一点儿也不受外界的影响……

不管怎样，我给了米萨姆四十八小时，建议他在这个期限之内自己动手做个了结。如果那样就会是最干净的解决。

可是，他没有帮我们这个忙。因此，施塔科普夫只好动手。他显然是在一个抽水马桶里把他溺死的。我不想知道具体细节。严格地说，这纯属敷衍了事。事后当然也很难再伪造成上吊自杀。双手痉挛的样子很不自然。我们也没办法再把舌头弄出来。那个结打得也太内行了。米萨姆绝不可能打成这样。施塔科普夫这个笨蛋还继续干蠢事,他在早上点名时下达了他的那道“犹太人出列去割断绳子!”的命令,从而使这件事公之于众。这些犹太先生,其中有两个是医生,当然立刻就看穿了这个拙劣的小把戏。

果然,我受到了艾克旅长的训斥:“喂,艾哈特,天晓得,您真该干得更漂亮一些。”

不得不赞同他的意见,说句知心话,这件难堪的事很长时间一直压在我们的头上,因为我们也没能让这个耳聋的犹太人闭口无言。到处都在传说……国外还把米萨姆当成烈士来纪念……甚至就连共产党人……我们不得不关闭了奥拉宁堡集中营,犯人们也只好分散到其他的集中营。我现在又回到了达豪,我自己认为,是被留用察看。

注释:

① 恩斯特·吕姆(1887–1934)是纳粹党创始人之一,长期担任冲锋队总指挥,因想把冲锋队变成纳粹党的核心武装部队而与希特勒和军方产生矛盾,1934年6月30日,希特勒下令党卫军首脑希姆莱将吕姆逮捕并在次日处决。希特勒对外宣称,吕姆等冲锋队高级军官密谋暴动。

② 1933年2月27日国会纵火案以后,纳粹党在各地建立由党卫军管理的关押以政治犯为主的集中营,达豪集中营(1933–1945)是最早建立的、持续时间最长的集中营之一。

③ 施塔科普夫的意思是“钢铁的脑袋”。

④ 埃里希·米萨姆(1878–1934),德国作家,无政府主义者,1934年7月10日被纳粹分子在集中营里杀害。

⑤ 特奥多尔·艾克是党卫军旅长,1934年被任命为集中营总监。

⑥ 纳粹的行话,意思是秘密处决。

1935

1935年

叙述者：劳工营的医生

叙述事件：德国第一条高速公路建成通车

叙述时间：1935年5月19日通车典礼之后

通过我们"日耳曼人"大学生联谊会（我父亲也是它的"老会员"），我在结束了医科学业之后，才有可能在同样也是老"日耳曼人"的布吕辛博士那里实习，也就是说，我在劳工营的医务所给他当助手，而这些劳工营是为了修筑从美茵河畔的法兰克福到达姆斯塔特的国家高速公路[①]在空地上建起来的。那里极其简陋，这也符合当时的情况，在筑路工人中间，特别是那些铲土大军中间，明显地混杂着各种人，他们不合群的行为举止经常导致矛盾冲突。"大吵大闹"和"到处弄得乱七八糟"是每天都要发生的事。所以，我们的病人不仅仅是在修路时出事故的工人，而且还有在打架斗殴中受伤的声名狼藉的暴徒。布吕辛博士处理刺伤，从来不问原因。我最多就是听见他总是说同一句话："我的先生们，在大厅里打架的时代[②]早就应该结束了。"

绝大多数工人还是守规矩的，而且一般都心怀感激，因为元首的这项伟大决策为成千上万的年轻男人带来了工作和薪水。早在1933年5月1日，他就宣布要建立一个贯穿全德国的高速公路网。对年纪稍大的人来说，持续数年的失业就此结束了。虽然这种不同寻常的重活对许多人来说并非易事。在过去的时间里，恶劣单调的饮食大概是身体不支的原因吧。布吕辛博士和我在高速公路飞速向前延伸的过程中，被迫面对一种迄今不为所知、因此也没有做过研究的劳动伤残现象，他习惯把它叫作"铲土病"。布吕辛博士虽然是一位保守的开业医生，但却并非没有幽默感。他有时也叫它为"铲土损伤"。

总是相同的情况：涉及到的工人，不管是年轻的还是上了一定年纪的，当身体负重的时候，都会感觉到肩胛骨之间的上面提到过的那种损伤，尤其是在持续不断地用铁铲铲起大量土块的时候，紧接着是剧烈的疼痛迫使人们停止工作。布吕辛博士在X光照片上为这种由他给予合适命名的疾病找到了证据：脖颈和胸腔交界处的脊椎骨棘突出现撕裂，通常这种撕裂都是出现在第一胸椎棘和第七颈椎棘。

实际上应该立刻宣布这些人失去工作能力，并且让他们出院；但是，平时似乎对政治毫无兴趣的布吕辛博士一直推迟让他们出院，以至于临时搭起来的木板病房总是超员。他把这种施工指挥部规定的速度说成是“不负责任的”，在我面前甚至说成是“杀人害命的”。他简直是在收集病人，或许是为了研究“铲土病”，或许为了引起人们对这种不良状况的关注。

因为并不缺少自由的劳动力，所以国家高速公路的第一期工程最终按期完成。5 月 19 日举行了隆重的开通典礼，元首以及一些地位很高的党内同志亲自到场，参加的还有四千多名筑路工人。可惜的是天气很糟，又是下雨又是下冰雹。太阳只是偶尔露了一下面。尽管如此，元首仍然驱车开过了建成的整个路段；他站在敞篷的梅赛德斯轿车上，向十几万看热闹的人一会儿伸直右手致礼，一会儿挥手致意。万众欢腾。巴登魏尔进行曲一直响个不停。从公路总监托特博士到那些铲土大军，所有的人都意识到这个伟大的时刻。在元首简洁的对“拳头和额头的工作者”[③]表示感谢的讲话之后，开机器的路德维希·德罗斯勒代表全体筑路的参加者，向这位尊贵的客人表示欢迎。他主要说了下面这段朴实无华的话：“亲爱的元首，您通过建设高速公路开启了一项在几百年后仍然具有生命力并且彰显这个时代伟大精神的事业……”

后来，天气逐渐好转，这一路段向一队彩车开放。为了让看热闹的人高兴，参加的有轰轰隆隆嘎达嘎达的老掉牙的、式样也很陈旧的老式车辆；布吕辛博士也开着他的那辆已经开了整整十年的奥佩尔双座轿车，它过去很可能是绿色的。但是，他认为没有必要参加正式的庆祝活动；对他来说，更重要的是在傍晚的时候查看那些简陋的木板病房。然而我却获准，按照他的说法，去参加那种“千篇一律的胡说八道”。

可惜他没有获准在任何专业刊物上发表他的那篇关于所谓“铲土病”的医学报告；据说甚至就连我们联谊会的小报《日耳曼人》也拒绝刊登，但是也没有说明任何理由。

注释：

① 这是德国第一条高速公路，1935 年 5 月 19 日，第一期工程完成的路段正式通车。

② 指二十年代末三十年代初，社会民主党人、共产党人、纳粹党人在政治集会时常常大打出手。

③ 纳粹时期的术语，指普通工人和科研人员。

1936

1936年

叙述者：被关押在纳粹集中营里的德国共产党中层干部
叙述事件：柏林奥运会
叙述时间：1945 年二战结束之后

从来就不缺少给人们带来希望的人。在我们埃斯特魏根集中营，这里由于那首在副歌中重复“铁锹”的《沼泽战士之歌》小有名气，从 1936 年初夏开始就有人私下传说，在奥运会开幕之前[1]将有一次大赦，从而结束我们作为害人虫[2]和挖泥炭工在埃姆斯兰德的穷苦生活。这个谣传基于虔诚的假设：希特勒也一定会考虑国外的反应，威慑恫吓的恐怖时代已经结束，而且，挖泥炭这种原始德国人的工作应该留给那些自愿的青年义务劳动军[3]。

后来，五十名犯人，全是熟练的工匠，被派往柏林附近的萨克森豪森。我们要在那里，由驻扎当地的骷髅头部队[4]党卫军士兵监视着，建造一个大型集中营，在这片围上铁丝网的大约三十公顷的地方，初步计划关押两千五百名犯人，这是一个有发展前景的集中营。

我作为绘图员也是这些被派遣的挖泥炭工中的一员。因为这些简陋木板房的预制部件都是由柏林的一家公司提供，所以我们和外界有了一些接触，这在平时是严格禁止的，我们也就多少了解了一些在奥运会开幕之前就已经在首都开始的闹闹哄哄的情况：来自世界各地的游客挤满了选帝侯大街、弗里德里希大街、亚历山大广场和波斯坦广场。但是没有透露进来更多的消息。直到在已经盖好的、同时也是作为施工指挥部的司令部木板房的警卫室里安装了一台收音机，我们才能够偶尔享受到这个玩意儿的好处。它每天从早到晚都开着，先是播放了极为渲染的开幕式报道，接着也报告了最初几项比赛的结果。我必须频繁地单独或者和其他几个人一起去施工指挥部，所以对于奥运会比赛初期的情况，我们还是比较了解的。在宣布最初几项比赛的决赛结果时，收音机调到了最高音量，甚至在集合点名的广场和附近的工地也都能够听见，所以我们很多人都经历了这场恩赐奖牌的好事。除此之外，我们还同时听见了哪些人在贵宾席就座：都是国际知名人士，其中有瑞典王位继承人古斯塔夫·阿道夫，意大利王子乌姆贝尔托，一位姓范西格特的英国副部长，还有一大堆外交官，其中有一些来自瑞士。因此，我们中间的一些人相信，在柏林附近的这座正在形成的大型集中营不可能完全瞒得住这么多外国人。

但是，世界丝毫也没有注意到我们。“世界的体育青年”自己就忙得不可开交。我们的命运没有触动任何人。我们压根儿就不存在。如果撇开警卫室里的那台收音机，集中营里的生活就和平时一样。这台军灰色、显然是从军方借来的收音机传播的消息，全是来自发生在铁丝网外面的现实。8 月 1 日这一天，德国就在铅球和链球比赛中获得了金牌。当收音机里报道获得第二块金牌、旁边一间房间里的不在值勤的骷髅头士兵立刻高声欢呼的时候，我正和弗里特约夫·图辛斯基在施工指挥部里修改设计图纸，他是一个“绿色倒三角”，这是我们按照犯人身上的标记对刑事犯的称呼。图辛斯基以为可以一块儿欢呼，这时却看见了正在欢呼的施工负责人、冲锋队大队长艾塞尔的目光，严厉而又适度。大声一起欢呼，对我来说肯定会受到严厉惩罚，作为身上有一个红色倒三角标记的政治犯，他们对我要比对这个绿色的犯人更加严格。图辛斯基被罚完成五十个下蹲，而我则被赶到外面，一动不动地待在那里听候发落，幸亏有极为严格的纪律，而我内心里则在为德国的这一项和下面的几项胜利感到高兴；毕竟几年以前我还是马格德堡的斯巴达克俱乐部正式的中长跑运动员，在三千米的项目上甚至还有很好的成绩。

禁止一起欢呼，艾塞尔明确表示，我们不配对德国的胜利公开表示喜悦，但是在奥运会比赛的过程中，也几乎无法避免出现犯人和看守在几分钟里自发的亲近现象，比如，当莱比锡的大学生鲁茨·隆格在跳远项目上和美国人杰西·欧文斯⑤展开了一场紧张决斗的时候，这个黑人已经是一百米的冠军，在不久以后的比赛中又获得了二百米的金牌，最后他以八米〇六获得了这场决斗的胜利，并且创造了奥运会纪录。八米一三的世界纪录也是由他本人保持的。但是，所有站在收音机旁边的人都为隆格的银牌欢呼；两名一贯嗜血成性的党卫军小队长，一个戴绿色倒三角标记的牢头，他一贯鄙视我们这些政治犯，利用任何机会找碴刁难，还有我这个共产党的中层干部，我经历了这一切和更多的苦难侥幸活了下来，如今用满口镶得很差的假牙咀嚼着这些模模糊糊的记忆。

也可能正是因为希特勒屈尊俯就地同这位获得多项金牌的黑人握手，促成了这次短暂的敌友之间的友谊。接着又重新保持距离。冲锋队大队长艾塞尔向上级作了汇报。犯人和看守都受到了违纪惩罚。那台违反纪律的收音机也消失了，因此我们错过了奥运会后面的比赛。我只是道听途说地得知，我们的女选手运气不好，在四乘一百米接力赛中，交接棒时把接力棒掉落在地上。奥运会比赛全部结束之后，再也没有任何希望了。

注释：

① 1936年8月，第十一届奥运会在柏林举行，有四十九个国家参加，是前十一届中参加国家最多的。

② 纳粹时期把关押在纳粹集中营的犯人称为害人虫。

③ 纳粹时期要求十八岁至二十五岁的青年参加为期半年的义务劳动，这批人被称为青年义务劳动军。

④ 即专门看守集中营的佩戴骷髅头标志的党卫军部队。

⑤ 杰西·欧文斯（1913–1980），美国著名黑人运动员，在柏林奥运会上获得一百米、二百米、跳远和男子四乘一百米接力四枚金牌。

1937

1937年

叙述者：作者本人

叙述事件：德国神鹰军团的飞机轰炸格尔尼卡

我们课间休息在校园里玩的游戏不以响铃为结束，而是在栗子树下和两层的被称作撒尿棚的厕所前面，从这次课间休息到下次课间休息，一直继续进行。我们玩打仗的游戏。紧靠着撒尿棚的体操房被称为是托雷多的城堡[①]。虽然这件事发生在一年之前，但是在我们这些学生的梦里，长枪党[②]仍在继续英勇地捍卫那座破房子。赤色分子也一直在徒劳无功地进攻。他们的失败也只能归结于没有人对他们感兴趣：没有人愿意扮演赤色分子，我也不愿意。所有的学生都不怕死地把自己归到佛朗哥将军[③]这一边。最后，我们几个初中生只好通过抽签决定：我和其他几个初一生抽到了红色，当时并不可能猜到这次偶然事件对于未来的意义；未来的事情显然在课间休息的校园里就已经呈现出来了。

这样就由我们来围攻撒尿棚。在进行过程中并不是没有妥协的，因为负责监督的老师们要求保证让那些中立的和交战的学生小组至少可以在规定的停火期间撒尿。交战过程中的一个高潮是城堡的指挥官莫斯卡尔多上校和他的儿子路易斯之间的那次电话，赤色分子抓住了他的儿子，如果这座要塞不准备投降，就威胁要把他枪毙。

初三生赫尔穆特·库雷拉长着一副天使般的面孔，声音也像天使，他扮演路易斯。我被迫装扮成赤色民兵的代表卡巴洛，把电话听筒交给路易斯。在课间休息的校园里响起了像吹号一样清亮的声音："喂，爸爸。"接着是莫斯卡尔多上校说话："出了什么事，我的儿子？""没出什么事。他们说，如果城堡不投降，就枪毙我。""如果真的这样，我的儿子，那么就把你的灵魂托付给上帝吧，高呼'西班牙万岁'，像一个英雄那样赴死。""再见吧，父亲。最热情地吻你！"

这些都是天使般的赫尔穆特扮成路易斯大声说的。在这之后，一个高中生朝我高喊一声"死亡万岁！"我这个赤色民兵的代表就必须在一棵正在开花的栗子树下枪毙这个勇敢的男孩。

不，我不敢肯定，是我还是另外一个人执行了这次处决；很有可能是我。接着，战斗继续进行。在下一次课间休息的时候，要塞的钟楼被炸掉了。我们都是用声音来模仿的。但是，守军仍然不肯放弃。后来被称作西班牙内战的事情，则作为一次孤立事件，在但泽市朗富尔区的康拉迪文理中学[④]课间休息的校园里，始终不变地重复进行。最后当然是长枪党获得了胜利。围攻要塞的包围圈被从外部击溃。一大群低年级的学生表现过火地猛打猛冲。然后是大家互相拥抱。莫斯卡尔多上校高呼那句已经出了名的口号“Sin novedad”，欢迎解救他们的人，这句口号的含义有一点类似于“无可奉告”。接着，我们这些赤色分子就被全部处决。

在快要结束的时候，又可以正常使用撒尿棚，在下一个上学的日子，我们再次重复这个游戏。这种情况一直持续到 1937 年的暑假。实际上我们也可以玩轰炸巴斯克人的城市格尔尼卡[⑤]的游戏。德国的每周电影新闻已经在电影院放映正式影片之前向我们展示了我们的志愿军的这次行动。4 月 26 日，这座城市被炸成一片废墟。今天我仍然可以听见那种为马达轰鸣配的音乐。但是能够看见的只是我们的那些海因克尔飞机和容克斯飞机在飞行、俯冲和返航。看上去就好像他们还在训练。没有任何可以在课间休息的校园里排演的英雄事迹。

注释：

① 托雷多是西班牙的古城，西班牙内战期间，莫斯卡尔多上校率领的佛朗哥将军的拥护者在 1936 年 7 月 21 日至 27 日在此死守待援。

② 长枪党，由佛朗哥将军领导的西班牙早期国家党的简称。

③ 弗兰西斯·佛朗哥·巴哈蒙德（1892–1975），西班牙法西斯独裁者。

④ 作者的母校。

⑤ 格尔尼卡历来被视为是要求独立的巴斯克人的政治首都。1937 年 4 月 26 日，德国神鹰军团的飞机轰炸格尔尼卡，许多人丧生，西班牙画家毕加索据此创作了著名油画《格尔尼卡》。

1938年

叙述者：女学生

叙述事件：法西斯暴徒袭击犹太人

叙述时间：1989年11月9日之后

与我们历史老师的麻烦事儿，是从我们大家在电视里看见柏林墙突然敞开[1]之后开始的；所有的人，其中也有我住在潘科夫的奶奶，可以简简单单就这么来到西边。参议教师赫斯勒先生肯定是好意，他不仅说到柏林墙倒塌的事情，而且向我们大家提出了一个问题："你们还知道11月9日在德国发生的其他事情吗？比如在五十一年之前？"

所有的人只是略有了解，却谁也不知道详情，他就给我们讲了那个“帝国水晶玻璃之夜”[②]。之所以这么叫，是因为这件事发生在德意志帝国的全国各地，那天夜里许多犹太人的玻璃器皿被打碎了，其中特别多的是水晶玻璃花瓶。人们还用铺路的石块砸碎了所有老板是犹太人的商店的橱窗。许多贵重的东西也就这样被毫无意义地毁掉了。

也许这是赫斯勒老师的一个失误，他没有就此打住，而是在许多节历史课上仍然对我们讲这件事，还给我们读了一些历史文献资料，诸如烧毁了多少座犹太教堂，谋杀了九十一个犹太人。全是悲惨的故事，而这时在柏林，不对，是在德国各地，到处都是一片欢呼，因为全体德国人现在终于可以联合起来了。但是他仍然只讲那些陈旧的关于怎么会发展到这一步的故事。的确，他用这些当时在这里发生的事情搞得我们大家心烦意乱。

不管怎样，在家长会上，他的这种“对过去的着魔”（这是大家的说法）受到了几乎所有在场家长的指责。我父亲其实很愿意讲从前的事，比如他总是讲他自己是在建柏林墙之前从苏联占领区逃出来的，来到施瓦本这里，很长一段时间总是感到人地生疏，甚至他也跟赫斯勒先生讲了下面这番话：“当然一点儿也不反对让我的女儿了解冲锋队这帮乌合之众是怎么到处烧杀抢掠、无恶不作的，也包括在我们埃斯林根这里，但是，毕竟要在合适的时机，而不是恰恰选择在现在这个终于有一次机会高高兴兴、全世界都向我们德国人表示祝贺的时候……”

我们这些学生比较感兴趣的，是当年在我们这个城市发生的事情，比如在以色列人的孤儿院“威廉养育院”发生了什么事。所有的学生当时不得不到校园里去。所有的课本、祈祷书，甚至《摩西五诫》都被扔了出来，堆成一堆全部焚烧。目睹这一切的孩子哭了起来，他们害怕自己也被一块儿烧掉。弗里茨·萨姆埃尔老师[③]被打得失去了知觉，用的是体操房里的健身棒。

但是，谢天谢地，在埃斯林根还有一些人设法帮助他们，比如一位出租汽车司机把几个孤儿带到了斯图加特。不管怎样，赫斯勒先生给我们讲的事情，都还是比较让人激动的。我们班里的男生，这一次甚至在课堂上也一起参与，也有土耳其的男孩，还有我的女朋友西林，她家是从伊朗来的。

在开会的家长们面前，我们的历史老师很好地为自己做了辩护，我父亲也承认这一点。据说，他是这样向家长们解释的：任何一个孩子，假如他不知道这种不公正是什么时候、在什么地方开始的，最后又是什么导致了德国的分裂，就不可能正确理解柏林墙时代的结束。据说几乎所有的家长都点头表示赞同。但是，赫斯勒先生此后不得不暂时中断继续在历史课上介绍“帝国水晶玻璃之夜”，只好以后再说吧。真是有些遗憾。

我们现在了解得更多了一些。比如，当孤儿院发生这些事的时候，几乎所有埃斯林根的人只是一声不吭地看着或者干脆就连看也不看。因此，几周以前，当一个叫亚西尔的库尔德同学④必须和他的父亲一起被遣送回土耳其的时候，我们想出了给市长写一封抗议信的主意。所有的人都签了名。但是，我们听从了赫斯勒先生的建议，没有在这封信里提到以色列人的孤儿院“威廉养育院”里的那些犹太儿童的命运。现在所有的人都希望允许亚西尔留下来。

注释:

① 即 1989 年 11 月 9 日，民主德国政府宣布开放边界，公民可以自由出境旅行，东柏林的市民纷纷涌向柏林墙并且开始拆墙。

② “帝国水晶玻璃之夜”，又被称为“集体迫害之夜”。1938 年 11 月 7 日，犹太人赫尔舍·格林茨潘在巴黎开枪打死了德国驻法使馆秘书埃·封·拉特，1938 年 11 月 9 日至 10 日夜里，在纳粹政权宣传部长戈培尔的怂恿下，德国全国许多有组织的纳粹分子成群结队地打着自发性抗议的幌子捣毁了大量犹太人墓地、犹太教堂、犹太人居住区和犹太人的商店，共有九十一人死亡，三万多犹太人被抓，纳粹政府还向德国全体犹太人科以十亿帝国马克的罚金。

③ 弗里茨·萨姆埃尔老师，确有其人，因为他无法说出根本不存在的孤儿院的秘密文件而遭到毒打。

④ 库尔德人是居住在土耳其、伊拉克、伊朗等地的拥有约两千万人口的民族，长期以来要求独立并且进行武装斗争，在欧洲许多国家现在生活着大量库尔德难民。按照德国有关规定，难民及其子女如果有违法行为，将被遣送回原籍。

1939

1939年

叙述者：参加过第二次世界大战的前战地记者
叙述事件：第二次世界大战爆发，德国入侵波兰
叙述时间：1967 年 6 月 10 日之后

岛上住三天。在向我们保证威斯特兰及其附近肯定有空的旅馆房间，并且宽敞的门厅可以为我们聊天提供足够的空间之后，我向主人表示了感谢。他也是一位从前的同行，后来在出版界做事，相当富有，所以才能在济耳特岛[①]上买得起这样一栋芦苇屋顶的弗里斯兰风格的房子。我们的聚会是在2

月。受到邀请的人来了超过一半，甚至还有几个当时在广播电台或者其他地方作为主编说话算数的人物。打的赌也算是赢了：一家发行量很大的画报的老板[2]真的来了，虽然姗姗来迟，而且也只待了很短一会儿。大多数从前的同行，战后都在自己所属的编辑部找到了挣钱的位置，或者像我一样当自由撰稿人。他们，也包括我在内，都有一个既是污点同时也是传奇的优质证明，即曾经作为宣传机构的人员充当过战地记者。我在这里很想提醒一下，粗略地估计，约有一千名我们的战友遇难身亡，不管是坐在 He-111 轰炸机里在英国上空采访，或者是在最前线当记者。

现在，聚会的愿望在我们这些幸存者中间越来越迫切。这样，我在犹豫了一段时间之后承担了组织工作。约定只能有所保留地作一些报道。不提任何人的名字，不允许任何私人之间清算报仇。希望是一次完全正常的战友之间的聚会，可以与之比较的是那种战后最初几年的集会，从前的骑士十字勋章获得者，这个师或者那个师的战友，也有从前的集中营的犯人，都在这种集会上重逢。我当时是个毛头小伙，从一开始起就参加了，也就是说从波兰战役时起，而且从来没有在宣传部里坐过办公室的嫌疑，所以我享有某种威信。另外，许多战友还能想起我在战争爆发之后最早写的那几篇报道，写的是第二装甲师第七十九工兵营在布楚拉战役期间的情况，他们冒着敌人的炮击架设桥梁，我们的坦克一直推进到了华沙城下，从一个普通步兵的角度叙述了轰炸机参加作战的场面。我基本上总是报道部队的情况，报道那些可怜的前线猪猡，更确切地说，报道他们那种沉默无声的英勇精神。这名德国步兵。他在波兰尘土飞扬的道路上每天行军的成绩。士兵短统靴散文！总是跟在奔驰的坦克后面，满身是泥，晒得黑乎乎的，但始终情绪高昂，即使是在短暂的交战之后，一些熊熊燃烧的村庄展现了战争的真实一面。我并非无动于衷的目光，也落在了那一队队看不见尽头、完全被打垮了的波兰俘虏的身上……

是啊，我报道里的这种有时引人深思的基调大概是为了增加可信性。新闻审查机关也咔嚓一下剪掉了一些。例如，我把我们的坦克先头部队在莫斯蒂维尔基与俄罗斯人的会合写得具有太多的“战友情谊”。另外，我对那些上了年纪、穿长袍的犹太人的描写也过于温柔，过于滑稽。几位从前的同行在我们聚会的时候也证明，我报道波兰的文章与那些我在前一段时间为一家销量很大的画报写的东西，不管是写老挝、阿尔及利亚还是近东地区，它们在鲜明生动、形象逼真的特点上毫无本质区别。

在安排好住宿之后，我们不拘礼节地进入了同行式的交谈。唯独天公不作美。在沙滩上漫步或者朝着小岛有浅滩的一侧散步，都是不可能的。我们虽然已经习惯应付任何气候，但是归根结底仍然还是一些更喜欢待在屋子里的人，围坐在开放式的壁炉周围，喝着我们的主人大量提供的格罗格酒和潘趣酒。我们详细地讨论了波兰战役。闪电战。只用了十八天。

当波兰被攻克，只剩下一堆废墟之后，一位从前的同行，据说他是艺术品收藏家，而且生意也做得不错，换了另外一种慢腾腾的、而且声音越来越响的语调。他为我们读了他在一艘潜艇上写的报道的几个片段，这些报道后来结成集子以《世界海洋里的猎人》③的书名出版，一位海军元帅写了前言："五号炮准备完毕！命中敌舰中部！再次装填鱼雷……"这当然要比我笔下那些浑身是土、在波兰无边无际的田间小路上的步兵能够提供更多的东西……

注释:

① 济耳特岛，德国北部的一个度假胜地。

② 指《明星》周刊的创办人和发行人亨利·纳内恩（1913–1996）。

③ 《世界海洋里的猎人》，作者是德国作家洛塔－君特·布赫海姆（1918–），他还写有战争小说《小艇》《要塞》等。

1940

1940年

叙述者：参加过第二次世界大战的前战地记者

叙述事件：德国与英、法交战，英国和法国军队在敦刻尔克溃退

叙述时间：1967年6月10日之后

我没有看见多少济耳特岛上的东西。前面已经说了，天气充其量只能允许在沙滩上短时间地走一走，朝着里斯特或相反的方向——赫尔努姆。我们这个由从前的同行组成的协会，名声不太好，抽着烟喝着酒，围坐在壁炉四

周，就像当年溃退之后脚走痛了那样。每一个人都在记忆里搜寻。这个曾经在法国成绩卓著，那个则带着英雄事迹从纳尔维克和挪威的狭湾归来。就好像每一个人都必须再把这些文章咀嚼一遍似的，它们曾经刊登在空军的刊物《雄鹰》或者《信号》上面，后者是德国国防军出版的一份装帧豪华的画报：彩色印刷，版式时尚，当时很快就要发行到全欧洲。有一个姓施密特的在《信号》的领导层决定办刊方针。战后，他显然是改了名，主编施普林格[①]的刊物《水晶玻璃》。他自始至终在场也算是赏赐给我们的一种不太正当的娱乐。我们不得不听他关于“白白断送的胜利”的说教。

他说的是关于敦刻尔克[②]的事，整个英国远征军团全都逃到了那里：将近三十万人必须以最快的速度用船运走。这位从前姓施密特的，他最新的姓名不得透露，一直还气愤得要命：“假如希特勒没有让克莱斯特的坦克军团[③]在阿贝维尔停止前进，假如他允许古德里安[④]和曼施坦因[⑤]的坦克一直推进到海边，假如他下命令从侧面向沙滩发起进攻，扎紧口袋，那么英国人失去的就是整整一个军，而不只是他们的武器装备。战争也就完全有可能提前决定胜负，是啊，英国人恐怕几乎没有能力抵抗一次入侵。但是，最高统帅白白地断送了这个胜利。他也许是认为必须爱惜英国。他相信谈判。是啊，假如我们的坦克当时……”

从前的施密特就这样悲叹抱怨了一阵，然后把目光投向壁炉里的火焰，陷入了沉思。其他人讲的关于成功的钳形运动和大胆的战术，一点儿也没有引起他的兴趣。例如有一位，他五十年代在巴斯台－吕贝出版社发行士兵小册子维持生计，现在又把自己的灵魂出卖给了一些形迹可疑的报纸，也就是人们说的那种“彩虹新闻”，他当年在《雄鹰》写空军作战的报道，可是大出了风头。这会儿他向我们解释 Ju-88 和 Ju-87 相比的优点，简称都是轰炸机，他用两只手转来转去，生动而逼真地描述了俯冲投弹的过程，也就是说，把整个飞机对准目标，再把飞机拉平，投下炸弹，在连续性投弹时缩短按动开关的间隔，轰炸正在行驶的、以蛇形移动避开炸弹的船只时，则采用侧面曲线进攻。他飞过容克斯，也飞过 He-111，而且从驾驶舱的玻璃窗看过伦敦和考文垂[⑥]。他干得相当专业。人们只能相信，他在伦敦的空战中幸免于难，仅仅是纯属偶然。不管怎样，他成功地向我们演示了编队飞行的机群连续施放炸弹的情形，给人留下深刻的印象；他还说了那个专门的词“彻底擦掉”[⑦]，以至于盟军反击的那段时间又重新出现在我们的眼前，当时，吕贝克、科隆、汉堡、柏林在毁灭性轰炸中变成了一片废墟⑧。

在此之后，壁炉周围的情绪渐渐低落。这一圈人试图通过那种常见的新闻记者式的私下议论调剂一下气氛。谁又让哪一位主编丢了职位。谁的座位正在开始晃动。施普林格或者奥格施坦因⑨付谁多少钱。最后，我们的艺术兼潜艇专家前来救援。他按照各类风格绘声绘色地大谈表现主义和他积攒的那些绘画珍品，或者突然大吼一声“准备下潜!”，把大家吓了一跳。我们仿佛立刻就能听见深水炸弹的响声。“……还有一段距离，监听定向在六十度。”然后是“调整潜望镜……”这时我们看见了危险:“右舷发现一艘驱逐舰……”我们坐在干燥的地方,真舒服啊,而外面的阵阵狂风则汇合成风格一致的乐曲。

注释:

① 阿勒克斯·施普林格（1912-1985），德国出版商，1945 年创建了德国最大的出版集团之一的施普林格出版公司。

② 敦刻尔克，位于法国，1940 年 5 月底 6 月初，近三十四万被德军包围的英国远征军团和法国的北方军团丢弃全部武器装备，从这里逃到英国。

③ 爱德华·封·克莱斯特（1881-1954），德国陆军元帅，曾任德军一个坦克军团指挥官，1954 年死于苏军战俘营。

④ 海因茨·古德里安（1888-1954），德国将军，曾任德国坦克部队总监和德军总参谋长。

⑤ 埃里希·封·曼施坦因（1887-1973），德国陆军元帅，德军第十一军团指挥官。

⑥ 德军飞机共将约六万吨炸弹投在英国，伦敦是重点轰炸目标之一，英国中部工业重镇考文垂在 1940 年 11 月几乎被炸平。

⑦ 希特勒的原话，他曾经威胁要把英国的几个城市“彻底擦掉”。

⑧ 1942 年 3 月 28 日，英国皇家空军轰炸德国北部城市吕贝克，这是盟军第一次对德国城市实行大面积轰炸。此后，德国其他城市也接连遭到轰炸。

⑨ 鲁道夫·奥格施坦因（1923-），德国记者，1946 年出任德国最大的时事周刊《明镜》的发行人。

1941

1941年

叙述者：参加过第二次世界大战的前战地记者

叙述事件：德国入侵苏联

叙述时间：1967 年 6 月 10 日之后

在我的记者生涯中，无论是在苏联或者后来在印度支那和阿尔及利亚，对我们这些人来说，战争一直都在继续，我只有很少几次成功地报道了轰动一时的事件，因为就像波兰战役和法国战役时一样，我在乌克兰也是大多数时间和步兵部队一起，跟在我们的坦克先头部队后面：最初是一个围歼战役接着一个围歼战役，越过基辅一直到了斯莫棱斯克，当泥泞季节开始的时候，我报道了一支工兵营，他们用截成一段一段的圆木头铺设道路，以便保障供给，他们还负责拖走损坏的车辆。就像已经说过的，是一些士兵短统靴散文和绑腿散文。我的同行们在这些方面要比我出名。有一个人，1941 年 5 月曾经随同我们的伞兵一起从克莱塔[①]上空跳伞下来的，他后来从以色列给那份为我们所有人办的大众报纸[②]报道了“闪电式的胜利”，就好像这场六日战争[③]是“巴巴罗萨行动”[④]的继续。“……马克斯·施梅林扭伤了脚……”还有一个人，从“欧根王子号”巡洋舰上目击了“俾斯麦号”在和一千多名将士一起沉没的三天之前如何击沉英国“胡德号”战列舰的全过程：“要不是一枚空投鱼雷击中了驾驶舱，使得‘俾斯麦号’丧失了行驶能力，也许它还不至于……”其他的故事也是遵循了这条座右铭：“假如这条狗没有去拉屎，它就会抓住那只兔子……”

壁炉战略家施密特也是如此，他的《水晶玻璃》系列，后来在乌尔施坦因出版社出成了厚厚一大本，他捞了好几百万。这时，他已经想明白，巴尔干战役本来应该给我们带来在俄罗斯的最终胜利：“只是因为一个名叫西莫维奇的塞尔维亚将军在贝尔格莱德发动了政变，我们不得不首先把当地整顿好，这使我们失去了五周宝贵的时间。假如我们的军队不是在 6 月 22 日，而是在 5 月 15 日就向东边发动进攻，假如古德里安将军的坦克不是在 11 月中旬，而是在五周之前，即在道路变得泥泞和严寒降临之前，就向莫斯科发起总攻……那么会怎么样呢？”

他又沉默不语地盯着壁炉里的火焰，继续思考“白白断送的胜利”，他试图事后再赢回那些输掉的战役，斯大林格勒和阿拉梅因后来也提供了机会。他独自在那里推测空想。但是没有人敢表示异议，我也不敢，除了他以外，还有两三个忠实的纳粹分子坐在我们这伙老资格的记者中间，他们当时和现在都是主编一级的人物。谁敢主动去惹自己的东家生气呢。

后来，我成功地逃出了这位伟大战略家的影响范围，和一个像我一样，总是从前线猪猡的角度进行报道的同伴，来到威斯特兰的一家酒馆，我们这才开始取笑这种“假如”哲学。我们俩是 1941 年 1 月认识的，当时我们接到出发的命令，随同隆美尔的非洲军团去利比亚，他是摄影记者，我是文字记者。他的沙漠照片和我写的收复北非的报道非常醒目地登在《信号》上，引起了相当大的关注。我们在酒馆的吧台旁边一边聊这些，一边猛灌烧酒。

后来，我们醉醺醺地来到威斯特兰的沙滩，迎着海风，身子摇摇晃晃的。开始我们还大声唱歌：“我们热爱狂风和翻滚的巨浪……”后来便默默地注视着大海，浪花单调地拍击着岸边。在穿过沉沉黑夜的回程路上，我试着用讽刺的口吻模仿那位从前的施密特先生，最好还是不要提他的新姓名："想象一下，丘吉尔在第一次世界大战刚刚开始的时候，就成功地实行了他的计划，把三个师空降到了济耳特岛上，那会怎么样。难道一切不是早有定局了吗？历史不是也就会有另外一种进程了吗？没有阿道夫，也没有后来所有倒霉的事情。没有铁丝网，也没有横穿全城的柏林墙。今天我们大概还会有一个皇帝和几个殖民地。我们也可能会过得更好，更好……"

注释：

① 希腊地名。1941 年 4 月 6 日，德国进攻当时是英国盟友的希腊，4 月 20 日占领了克莱塔，次日，希腊宣布投降。

② 德国发行量最大的报纸《图片报》。

③ 六日战争，指 1967 年 6 月 5 日至 10 日以色列对埃及、约旦、叙利亚发动的战争。

④ 1941 年 6 月 22 日，德国突然入侵苏联，代号为"巴巴罗萨行动。

1942

1942年

叙述者：参加过第二次世界大战的前战地记者
叙述事件：盟军空袭德国城市科隆
叙述时间：1967年6月10日之后

第二天上午，我们犹犹豫豫地聚在一起，可以说有些进退两难。云层透出了几缕阳光，朝凯图姆方向溜达溜达还是有可能的。但是，门厅里的壁炉已经又燃了起来，或许一直就是烧着的，门厅的乡下式样的房梁屋架保准可以支撑好几百年。我们的主人用大肚茶壶送上茶水。谈话的热情已经减弱。现实生活也没有提供新的话题。这些人围坐在一起却懒得开口，只有耐着性子才能从那些毫无关联的话语中找出几个关键词，它们最多只是提了一下沃尔朔夫包围圈、列宁格勒周围的包围圈或者北冰洋前线，而不是把它们作为重要事件。有一个人从旅游的角度报道了高加索地区。另一个人，也像是度假似的，参加了占领法国南部的整个过程。毕竟还是占领了卡尔科夫[①]：伟大的夏季战役就此开始。大量的特别报道。形势慢慢紧张起来。一位记者对拉多加湖畔冻伤者的报道和另一位对罗斯托夫缺少补给的报道，都被撤掉了。接着，在一次偶然出现的间隙，我才说上了几句话。

在此之前，我一直成功地克制自己。也可能是这几位名声显赫的主编有点震住了我。因为这一行人，连同那位艺术兼潜艇专家这会儿都还没有来，他们也许是在济耳特岛周围的名人城堡找到了更有吸引力的听众，所以我就利用这个机会说几句，不，是结结巴巴地自言自语，我的口头表达能力一直就不行："我从塞瓦斯托波尔[②]回科隆休假。住在新市场附近我姐姐家。一切看上去都很太平，几乎和从前一样。我去看了牙医，请他为我钻了钻左边的一颗痛得要命的龉齿。本来应该两天后再去补牙。但是我再也没有去成。因为在5月30日到31日的夜里……是个满月……就像抡起锤子似的……近千架英国皇家空军的轰炸机……先是密集轰炸我们的高炮部队，然后投下了大量燃烧弹、爆破弹、空中开花弹、装满磷化物的铅皮桶……不仅是投在市区，而且也投在郊区，甚至包括莱茵河另一侧的道伊茨和米尔海姆……没有固定的目标，地毯式的轰炸……整个城区……我们家的房子只是屋架着了火，隔壁的却被正好击中……我也经历了一些从未有过的事……帮助住在我们楼上的两位老太太灭火，她们卧室的窗帘和两张床铺着了火……我刚刚扑灭了火，一位老太太就问：谁给我们派来清扫房间的人手呢？这都是根本没法叙述的。也没法叙述那些被埋在下面的人……和烧焦的尸体……我看见在弗里森大街上，有轨电车的高架线挂在冒烟的废墟之间，唉，就像平时过狂欢节时用纸扎出来的长蛇。宽街上的四家大商店只剩下一些铁支架。有两个电影放映厅的阿格里帕之家被烧得一干二净。环形大道上的维也纳咖啡馆，我和后来成为我妻子的小希尔德曾经在那里……警察局大楼最上面的几层全部被炸飞……圣耶稣信徒教堂就像被一把斧子劈成了两半……但是，科隆大教堂仍然立在那里，冒着烟，而它的周围，包括通向道伊茨的那座桥……是啊，我的牙医在里面开设诊所的那栋房子，干脆就消失了。如果不算吕贝克，这是第一次大规模的毁灭性轰炸。其实是我们先从鹿特丹、考文垂开始的，华沙还没有计算在内。这样一直发展到德累斯顿[③]。总是有人先开头。上千架轰炸机，其中有近七十架是配置四个发动机的兰开斯特……我们的高炮部队虽然击落了三十几架……但是飞机越来越多……直到四天之后火车才恢复运行。我中断了休假，即使我的龋齿一直仍在疼痛。我想返回前线。我至少知道下面会发生什么事。我从道伊茨方向朝科隆望去，不禁放声大哭起来，我跟你们说吧，真的是放声大哭。仍然还在冒烟，只有大教堂依然矗立……”

大家都在听我说。这种情况并不常见，不仅仅是因为我的口头表达能力不行。然而这一次，敝人却定了基调。然后有几个人讲了达姆施达特、维尔茨堡、纽伦堡、海尔布隆等地发生的事。当然还有柏林、汉堡。大量的废墟……都是同样的故事……真是无法描述……快到中午的时候，我们的这个圈子渐渐扩大了，开始提到斯大林格勒，就剩下斯大林格勒，尽管我们中间没有人被困在包围圈里。所有的人都很幸运……

注释:

① 卡尔科夫，乌克兰城市，1942 年 5 月被德军攻占，6 月 28 日，德军开始夏季战役。

② 塞瓦斯托波尔，位于克里米亚半岛西南海滨的乌克兰城市。

③ 德国城市德累斯顿在 1945 年 2 月 13 日至 14 日夜里遭到盟军的毁灭性轰炸。

1943年

叙述者：参加过第二次世界大战的前战地记者
叙述事件：华沙犹太人区暴动
叙述时间：1967年6月10日之后

尽管我们的主人像圣父一样，置身于我们的谈话之外，可是他很善于安排，使我们废话连篇的交谈大致跟随着战争的进程，因此在斯大林格勒和阿拉梅因之后几乎只能谈撤退了，或者按照当时的说法，叫拉直战线。绝大多数人抱怨写作的困难，不仅仅是因为新闻审查机构删减或者篡改了他们的文章，而是总体性的困难：写包围战、在大西洋受到重创的护航舰队和香榭丽舍大街上的胜利阅兵[1]，实在要比写冻疮、撤出整个顿涅茨盆地[2]或者非洲军团的余部在突尼斯投降[3]顺手得多。充其量只有蒙特卡西诺保卫战提供了一些英雄事迹。“是啊，解救领袖的行动[4]被视为奇袭大肆炒作，但是其他还有什么呢？”因此，要求那些报道镇压华沙犹太人居住区的起义[5]和想把这次大屠杀也视为胜利的人，必须事先提出申请，这种申请发言的做法让人觉得有些难堪，虽然这样做并非不合时宜。

有一位先生一直没有开过口，长得胖嘟嘟的，穿着一身罗登缩绒厚呢猎人装，1943 年 5 月，在用围墙隔离起来的犹太人居住区里用炮击和火焰喷射器处决五万多名犹太人时，他正带着莱卡照相机在场。我后来听说，他拍摄的许多出色的动物照片和非洲旅行的图片报道，曾经愉悦了很多热衷打猎的读者。在此之后，华沙犹太人居住区几乎消失得无影无踪。

作为德国国防军一支宣传队的成员，他被派去当摄影记者：只是在清洗的这段时间。除此之外，或者换个更好的说法：在业余时间里，他用他拍的照片做成了那本黑色的、用有凹纹的皮革装订起来的摄影集，而且将三册样本分别赠送给了党卫军的帝国首脑希姆莱，克拉考的党卫军指挥官兼警察局局长克吕格，以及华沙的司令官、党卫军的旅长于尔根·施特罗普。后来它被作为“施特罗普报告”提交给了纽伦堡的军事法庭。

“我拍了将近六百张照片，”他说，“但是只选了五十四张收入摄影集。所有的照片都漂漂亮亮、整整齐齐地贴在布里斯托尔优质板纸上。实际上这是一件悠闲的工作，尤其适合那些追求细节的人。那些手写的照片说明文字，只有一部分是我写的。有一些是施特罗普的副官卡勒斯克提议的。在前面用花体字写的题词：“华沙不再有任何犹太人居住区！”是施特罗普的创意。最初只是为了清理犹太人居住区，据说是为了防止瘟疫流行。因此我用美术字体在这些照片下面写了：“从工厂里出来！”然而我们的人遭到了抵抗：有武器装备很差的小伙子，也有女人，其中有一些是臭名昭著的先锋运动的成员[6]。我们这边投入战斗的，是武装党卫军和国防军一支携带火焰喷射器的工兵分队，也有特拉夫尼基的人[7]，都是一些自愿报名的拉脱维亚人、立陶宛人和波兰人。当然，我们也有一些损失。但是我没有用照相机把它们记录下来。总而言之，出现在照片上的只有很少几个死人。比较多的是集体照片。有一张后来很出名的照片是“用武力从地下室里弄出来”。另一张同样出名的是“去转运中心”。所有的人都来到了转运装卸平台。然后就出发去特莱布林卡[8]。这个地名，我当时是第一次听说。将近十五万人被疏散。也有一些照片没有文字说明，因为内容一目了然。有一件事很有趣，当时我们的人曾经和一些拉比[9]亲切地交谈。战后最有名的一张照片是妇女和儿童高举着双手的。右侧和背景是我们的几个人端着枪。前景是一个可爱的小男孩，戴着一顶歪向一侧的鸭舌帽，穿着一双到膝盖的长袜。你们肯定见过这张照片。被转登了数千次。国内国外都登过。甚至还被做过图书的封面。一种真正的顶礼膜拜，一直都还是这样。但是，没有一次提到过拍照的人……我也没有得到过一分钱……没有一点儿辛苦费……更甭提什么著作权……根本没有稿酬……我曾经推算了一下……要是每刊登一次，我能得到五十马克，那么就因为这一张照片，我的账户上就会……不，我没有放过一枪，虽然总是在前线。你们当然也都知道。只有那些照片……当然还有手写的照片说明文字……都是用旧体德文字写的……人们今天认为，都是重要的历史文献……”

他又自说自话地瞎扯了很长时间。没有人认真听他讲。外面的天气终于好转起来。大家都盼望着呼吸一点儿新鲜空气。我们大胆地结伴或者单独出去走走，迎着仍然凛冽的狂风。沿着被人们踩出来的小径，穿过一个个被风吹成的沙丘。我答应过我的小儿子，捡几个贝壳带回去。我的确捡到了一些。

注释:

① 香榭丽舍大街是巴黎最主要的大街，法国在1940年4月22日签署投降协议，德国军队曾在此举行胜利阅兵。4月23日，希特勒到达巴黎。
② 1943年7月17日，苏联红军在乌克兰顿涅茨盆地向德军展开反攻，取得一系列胜利。
③ 1943年5月13日，德军的非洲军团向盟军投降。
④ 领袖是意大利法西斯独裁者墨索里尼（1883-1945）的自称，1943年7月25日，意大利军方以意大利国王的名义将其逮捕，9月12日，德国伞兵把他营救出来。
⑤ 1943年4月至5月，华沙犹太人居住区爆发起义，遭到德国党卫军的残酷镇压，约有五万犹太人被打死。
⑥ 一个主要由犹太妇女组成的抵抗纳粹的组织。
⑦ 特拉夫尼基是波兰的一个小镇，党卫军曾在此建立了一个专门训练外国特工人员的基地。
⑧ 特莱布林卡，位于华沙的东北部，党卫军在此建立了一个灭绝营，约有九十万人在这里被杀害，大部分是犹太人，其中有三十二万多来自华沙犹太人居住区。1943年曾经发生暴动，一千多人逃了出来。
⑨ 拉比，犹太教神职人员。

1944年

叙述者：参加过第二次世界大战的前战地记者

叙述事件：德军开始溃退，盟军从诺曼底登陆

叙述时间：1967年6月10日之后

不知什么时候总会发生争吵。不是因为有人酝酿争吵，而是这种形式的聚会本身就带着这种可能性。可以谈的只剩下撤退："基辅陷落，列姆贝格失守，伊凡[①]已经兵临华沙城下……" 涅图诺周围的防线全面崩溃，罗马不战而降，盟军登陆让那道牢不可破的大西洋墙沦为笑柄，国内也是一个城市接着一个城市

被炸成废墟，再也没有什么可以吃的东西，充其量只能拿那些偷煤人剪影和敌人在窃听的广告招贴来开开玩笑，即使是我们这伙老资格的记者也只能事后在一些坚持到底的笑话上卖弄一番。这时，有人说出了那个颇有刺激的词：“神奇武器。”他是那些当年从来没有下过部队的宣传机构的人，他们只会在轻松的岗位上，像坐在办公室的公马一样嘶鸣狂叫，然后又以略有变化的风格制造出一些畅销书。

狂叫代替了回答。那位畅销画报的大老板大声喊道：“请您不要给自己丢脸了！”甚至有人吹起了口哨。但是，这位已经上了年纪的先生并没有退让。在挑衅性的微笑之后，他表示相信那个“希特勒神话”拥有未来。他列举了萨克森屠夫卡尔[2]、腓特烈大帝和“猛兽拿破仑”作为证人，从而为“领袖的原则”建造了一座未来的纪念碑。他的那篇关于神奇武器的文章，1944 年

夏天，没有删去一个词，刊登在《人民观察员》[3]上面，曾经轰动一时，而且——这也是明摆着的——增强了那种坚持到底的意志。

他现在背朝着壁炉，挺直腰板站在那里，说道："是谁有预见性地为欧洲指明了道路？是谁一直到最后都在抵制布尔什维克的洪水，从而拯救了欧洲？是谁通过远程武器对发展能够携带核弹头的运载系统迈出了开创性的第一步？唯独他一人。这些经受得住历史考验的伟大业绩，也只有和他联系在一起。至于我发表在《人民观察员》上的那篇文章，我想问问所有在场的人：即使只是以这支可笑的联邦国防军的形象出现，我们作为士兵难道不又很受欢迎吗？难道我们不是既是矛尖又是堡垒吗？如今我们不是也在证明，即使有些迟了，实际上，是我们，是德国赢得了这场战争吗？整个世界怀着嫉妒和钦佩，注视着我们正在开始的建设。在彻底失败之后，从我们剩余的能量中，产生了强大的经济实力。我们又成为人物了。很快我们将居于领先地位。日本也同样成功地……"

下面的话被狂喊、大笑、讲话和反驳淹没。有人冲着他的脸大声呼喊："德国高于一切！"这也正好就是他的那本已经畅销了好几年的书的书名。那位大老板大声抗议着，挪动着他的高大身躯，离开了我们这个圈子。这位在场的作家对他的挑衅产生的效果感到高兴。他又坐下，装出一副颇有先见之明的样子。

我们的主人和我白费力气地企图引导大家开始一场比较有秩序的讨论。有几个人一定要为撤退承担责任，还想再次经历一下明斯克包围战的失败，另一些人对"狼穴"的行刺行动做出了各种推测："假如成功了的话，与西方盟国的停火一定会稳住东部前线，这样就可以和美国人一起对付伊凡……"然而，绝大多数人则在抱怨失去了法国，缅怀"巴黎的那些美好时光"，尤其是优越的"法国生活方式"，他们把诺曼底海滩的登陆看成是如此遥远、神话仙境里的事，仿佛他们直到战后，而且是从美国的宽银幕影片中，才得知了盟军大举登陆的消息。当然也有人瞎聊了几个有关女人的故事，比如我们的那位潜艇兼艺术专家，就曾经是冲着那些法国的码头新娘的背影哭完了，再下潜到海里，开始追寻敌舰的航行。

但是，那个心里一直惦记着"希特勒神话"的老家伙，坚持要让我们回忆诺贝尔化学奖颁发给一位德国人的事。消息是从壁炉边的长椅传过来的，看来他是在那儿打了一个盹:“诸位，这是发生在亚琛陷落之后不久，就在我们发动最后一次攻势即阿登山脉攻势的前几天，中立的瑞典向杰出的科学家奥托·哈恩颁奖，因为他第一个发现了原子核裂变。当然这对我们太迟了。不然我们可以在美国之前，即使是在最后一刻，拥有这种决定一切的神奇武器……”

没有任何喧闹。只有沉默，呆呆地沉思这个失去的可能性所造成的后果。叹息，摇头，轻声咳嗽，但是没有人发表有分量的见解。即使我们那喜欢吵吵嚷嚷、容易得罪人的潜艇水手，这会儿也想不出一段海员的天方夜谭。

然而，主人这时送来了按照佛里斯兰方式兑制的格罗格酒。喝了酒，大家又渐渐地来了情绪。我们挤坐在一起。没有人愿意出去，闯进早早降临的黑夜。预报将有暴风雨。

注释:

① 伊凡，指苏联人。
② 萨克森的屠夫卡尔，即神圣罗马帝国皇帝卡尔大帝（即查理曼，747-814），他在征服萨克森的时候曾下令处决四千五百名被俘的暴动者。
③ 《人民观察员》，纳粹党中央机关报（1920-1945）。

1945年

叙述者：参加过第二次世界大战的前战地记者

叙述事件：第二次世界大战结束

叙述时间：1967年6月10日之后

听我们的主人讲，一个飓风低压区正在从冰岛向瑞典方向移动。他听了天气预报。气压骤然下降。预计会有十二级的狂风。“但是，不用害怕，伙计们，这座房子顶得住任何狂风暴雨。”

在那个星期五，1962年2月16日，刚刚过了二十点，汽笛大作。就像是爆发了战争。飓风以排山倒海之势席卷整个小岛。当然，这个露天剧场也

让一些人格外活跃。在前线的那些年已经把我们练出来了，参与，而且尽可能是在最前列。毕竟我们都是专家，我也是。

不顾主人的警告，一伙从前的战地记者离开了这座不受任何气候影响的房子，正如主人向我们保证的那样。我们好不容易才从老威斯特兰来到了沙滩，费了很大的劲儿，蜷缩着身体，几乎是在匍匐前进；我们在那里看见了折断的旗杆、连根拔起的树木、掀掉的芦苇房顶，供人休息的长椅和栅栏在空中回旋飞舞。透过飞溅的浪花，我们预感到的要比我们可以看见的更多：像房子一样高的巨浪冲向小岛的西岸。我们后来才知道，这次飓风引起的涨潮随着易北河向上，在汉堡，尤其是在威廉斯堡区造成了什么后果：高出正常水位三点五米。好几处的堤坝决口。缺少沙袋。死了三百多人。联邦国防军投入了抗洪。有一个人在那里发布命令，防止发生最坏的事情，他后来当上了联邦总理[①]……

不，济耳特岛上没有死一个人。但是，西岸被冲低了近十六米。甚至在岛上的浅滩一侧，据说也出现了“土地下陷”，就连凯图姆的峭壁也受到了海水的冲刷。里斯特和赫尔努姆危在旦夕。火车已经无法经过兴登堡大坝。

在飓风减弱之后，我们看见了损坏的情况。我们想进行报道。这是我们学过的东西。在这一方面我们都是专家。当战争临近结束的时候，能够报道的只剩下损失和失败，最多还有坚持到底的呼吁还能受到欢迎，这种情况一直持续到了最后。我写过东普鲁士的难民[②]迁徙队伍，他们想从海利根拜尔经过结冰的泻湖赶到新岬，但是没有人刊登我的这篇苦难的报告，更别说《信号》。我看见超载的船只带着平民、伤员、党阀从但泽的新航道起程，我还看见三天后沉没的那艘“威廉·古斯特罗夫号”[③]。我对此没有写过一个字。当后来但泽所见之处全是处于大火之中的时候，我也没有成功地写出一篇令人震惊的哀歌，我挤在溃散的士兵和逃难的平民中，艰难地逃往维斯瓦河入海口。我看见如何腾空斯图特霍夫集中营，犯人们只要是在前往尼克斯瓦尔德的长途行军中幸存下来的，都被像牲口一样赶上平底驳船，然后又被装上停泊在河口外面的轮船。没有写过一篇恐怖的散文，没有再次演奏众神的末日[④]。我看见了这一切，但是一个字也没有写。我看见，在腾空的集中营里留下的尸体成堆地烧掉；我看见，来自艾尔宾和蒂根霍夫的难民们，带着全部家当住在那些空荡荡的简陋木板房里。但是却没有再看见一个看守。现在来的是波兰的农民。经常发生抢劫。一直还有战斗，因为维斯瓦河入海口的桥头堡一直坚守到了 5 月。

这一切都发生在最美丽的春季。我躺在海滩的松树之间，晒着太阳，但是没有把一行字写在纸上，尽管所有的人都没完没了地向我述说他们的苦难，那个失去了几个孩子、来自马祖里的农妇，一对从弗劳恩堡历经艰辛来到这里的白发苍苍的夫妻，一位波兰教授，他是少数留下来的集中营犯人中的一个。描述这一切，是我没有学过的。我找不到合适的词语。我就这样学会了隐瞒。乘坐最后几艘海岸巡逻艇中的一艘，我逃离了危险，这艘海岸巡逻艇从希文霍斯特出发向西航行，尽管遇到了几次深水炸弹的袭击，仍然在 5 月 2 日抵达了特拉维明德。

我现在站在这些同样是侥幸脱险的人中间，他们也和敝人一样经过训练，只报道进军和胜利，隐瞒其余的。我也和其他人一样试图记录风暴在济耳特岛上造成的损失，一边记录一边倾听了那些水灾受害者的抱怨。我们还能做些什么呢？我们这些人毕竟是靠写报道生活的。

次日，很多人都偷偷地溜走了。我们这些从前的同行中的老板们，反正都住在岛上名人住宅区那些坚固的海滨别墅里。最后，我终于还是在开始下霜但是有太阳的冬季，经历了一次无法描述的日落。

当火车恢复行驶之后，我也经过兴登堡大坝溜走了。不，我们再也没有在任何地方聚过。

我的下一篇报道是在远离德国的阿尔及利亚写的，经过七年持续的大屠杀，法国和阿尔及利亚的战争到了最后阶段，但是却不愿意停战。这说明了什么：和平？对我们这些人来说，战争从来就没有停止过。

注释：

① 即赫尔穆特·施密特（1918-），他在 1961 年至 1965 年任汉堡市内政部长，1974 年至 1982 年任联邦德国总理。

② 1945 年 1 月 26 日，东普鲁士被苏军包围，成千上万的难民只有乘船从海上逃往德国，许多船只被苏联飞机炸沉，三个多月里约有两百万难民逃到西方。

③ 这艘装载了六千多名难民的客轮在 1945 年 1 月 30 日被苏军潜艇发射的鱼雷击沉。

④ 《众神的末日》是德国作曲家瓦格纳的《尼伯龙根的指环》的最后一部分，当时德国电台经常播放这段音乐。

1945

1946年

叙述者：清理废墟的柏林妇女
叙述事件：柏林的废墟
叙述时间：1953年以后

碎砖屑，告诉您吧，到处都是碎砖屑！空气中，衣服里，牙缝之间，无处不在。但是，我们女人对这些根本就不在乎。重要的是，终于和平了[1]。今天他们甚至要为我们建造一座纪念碑。是真的！还有一个真正的立法动议：柏林废墟妇女！当年，到处都是废墟[2]，在踏出来的小路之间有大量瓦砾，我

还记得，每小时也就六十一芬尼。有一种比较好的食品证，叫二号证，是发给工人的。家庭妇女的证每天只有三百克面包和七克板油。我问问您，就这么一点点，够干什么。

真是苦活儿啊，清除废墟。我和洛特，就是我的女儿，我们分在一个小组敲砖头：柏林中区，那里几乎成了平地。洛特总是推着婴儿车去。小家伙叫费利克斯，得了肺结核，我想，就是因为这种没完没了的碎砖屑。1947 年小家伙就死了，还是在她丈夫从战俘营回来之前。父子俩就没见过面。是一种借助长途电话办手续的战争婚礼，因为他先是在巴尔干，然后又在东部前线作战。这桩婚姻也没有维持多久。嗨，因为他们彼此在精神上都很陌生。他什么事都不愿意帮忙，就连去动物园捡树墩都不肯去。总想躺在床上，眼睛直勾勾地盯着天花板上的几个窟窿。我想，他在俄罗斯，一定经历了不少相当恶劣的事。他总是诉苦，就好像那些轰炸之夜对我们女人来说纯粹是娱乐似的。诉苦抱怨是没有用的。我们行动起来：冲进废墟，冲出废墟。有的时候，我们要清除被炸毁的阁楼或者整个楼层的废墟。瓦砾装在提桶里，上下五层楼，因为我们那时没有运输滑道。

我还记得，有一次我们清理一个只受到部分破坏的无人居住的住宅。那里什么也没有，只有撕成碎片的糊墙纸。洛特在角落里找到了一个泰迪熊。上面全是灰尘，等她拍打干净之后，看上去就跟新的一样。我们大家都问自己，那个曾经拥有这个泰迪熊的孩子究竟怎么样了呢？我们这个小组没有一个人愿意要它，最后是洛特把它带回去给了她的费利克斯，当时这个小家伙还活着。我们用铲子把大部分瓦砾装上翻斗小推车，敲掉那些完好的砖瓦上的灰泥。起初是把瓦砾倒进炸弹坑，后来就用卡车运到废墟山上去，现在那里已经是一片绿色，可以眺望美丽的景色。

说得对！那些完好的砖瓦都被垛成堆。洛特和我做的是计件活：敲打砖瓦。我们这个小组很棒。其中有的女人肯定也曾经有过好日子，也有公务员的遗孀，甚至还有一位真正的伯爵夫人。我还记得，她姓封·土尔克海姆。我想，她曾经在东部拥有贵族领地。我们看上去是什么模样！裤子全是军用床单做的，套头衫是用毛线头织的。所有的人都用一条头巾在头上打一个结，是为了减少灰尘。据说，柏林就有近五万人。不，这仅仅是废墟妇女，没有男人。有也很少。那些男人即使在场，也只是站在一边，或者去搞黑市交易。

他们可不是干这种脏活的人。

有一次，这我还记得，当我们刚来到一堆废墟跟前，正要把一个铁支架抽出来的时候，我抓住了一只鞋子。真的，那里挂着一个男人。但是，脸已经认不出来了，只能从他的大衣上面的一个臂章知道他是国民突击队③的。这件大衣看上去完全还可以穿。纯毛的，是战前的东西。喔唷！我大叫了一声，在这个男人被运走之前，就顺手牵羊地拿走了这件好东西。甚至纽扣也一个不少。在大衣口袋里装着一只霍纳尔生产的口琴。我把它送给了我的女婿，为了让他高兴一些。但是他不愿意吹。即使吹的话，也尽是些悲伤的曲子。洛特和我完全是另外一种样子。不管怎么样总要朝前走，即使是一步一步来……

完全正确！我在逊内贝格区政府的食堂得到了一个工作。洛特在战争期间当过助理报务员，当废墟清除干净之后，她在业余大学学会了速记和打字。她离婚之后，很快也找到一个职位，就跟秘书差不多。我还记得，劳伊特④，就是当时的市长，曾经如何表扬我们大家。每次废墟妇女聚会，我基本上都要去，在陶恩齐恩大街的席林咖啡馆喝咖啡吃点心。总是很有趣。

注释：

① 1945 年 4 月 30 日，希特勒在柏林自杀；5 月 7 日，德国国防军最高统帅部总指挥约德尔大将宣布无条件向盟军投降；5 月 9 日，德国国防军总司令凯特尔元帅宣布无条件向苏联红军投降。

② 战争后期，德国一百多个城市遭到轰炸，大多数遭受了百分之五十以上的摧毁，“废墟妇女”清理了四亿立方米的废墟。

③ 一支由希姆莱在 1944 年根据希特勒的指示组建的保卫德国本土的武装，由免除兵役的十六岁以下六十岁以上男子组成。

④ 恩斯特·劳伊特（1889-1953），第二次世界大战前曾任马格特堡市长，后被关进集中营，1935 年流亡国外，1947 年任柏林市长。

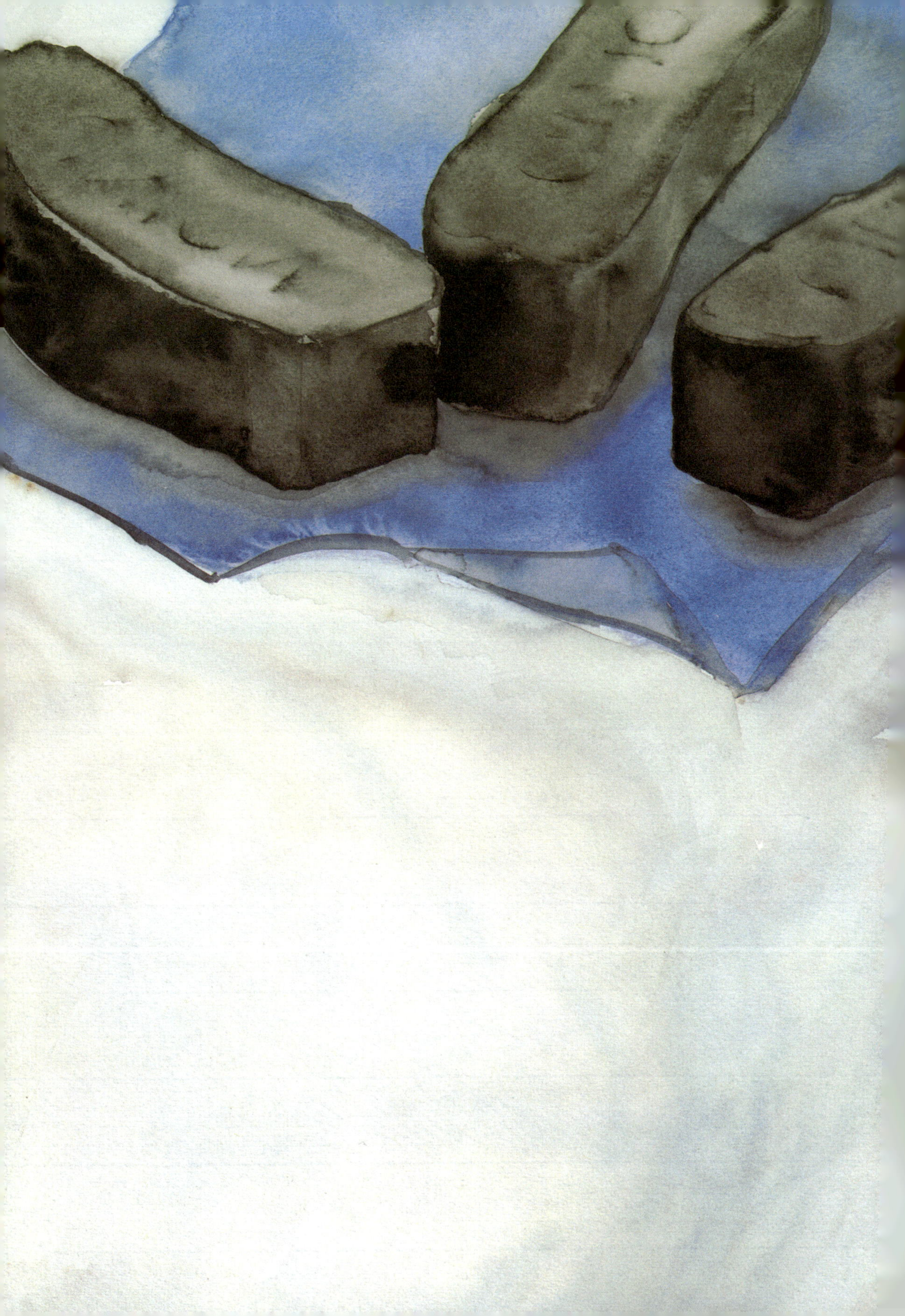

1947年

叙述者：汉堡市供电局长

叙述事件：严寒袭击汉堡，物资供应紧张

叙述时间：以后回忆，时间不确定

在那个前所未有的冬天，我们忍受着零下二十度的严寒，由于易北河、威悉河、莱茵河的水道全部结冰，在整个西方占领区[1]内部，用船运输鲁尔区的煤炭已经是不可能的，我当时担任汉堡市供电局的局长。正如布劳尔市长[2]在广播讲话中强调的那样，局势还从未这么毫无希望，甚至在战争的年代也没有到这一步。在持续不断的霜冻期里，共有八十五人被冻死。请您不要问我因为流感而死亡的人数。

由市政府建立的几个供取暖用的大厅，不管是在艾姆斯比特、巴尔姆贝克，还是在朗根霍恩和万德斯贝克，多少也提供了一些帮助。因为我们去年积攒下来的煤炭储备都被英国占领当局没收交给了军队，而汉堡的几家发电厂的库存煤炭只够再用几个星期，所以必须做出强制性限制用电的决定。在所有的城区实行拉闸断电。城际轻轨限制运行时间，有轨电车也同样如此。所有的餐馆，十九点就关门打烊了，而剧院和电影院则全部关闭。一百多家学校被迫停课。那些不是生产生活必需品的企业，则减少了工作时间。

是啊，确切地来说，情况越来越糟：甚至医院也受到限制用电的影响。卫生局不得不把在布莱纳大街的免疫中心进行的X光检查停了下来。另外，由于前一年的油料作物产量很低，本来就含热量很低的食品供应，实际上就仅仅停留在纸上：每人每月分配七十五克人造黄油。德国参加国际捕鲸船队的愿望，遭到了英国当局的拒绝，因此，从当地的几家隶属于荷兰乌尼莱维尔集团的人造黄油加工厂那里，也就没有希望得到援助。没有人提供帮助！到处都是饥饿和严寒。

您要是问我，谁是最大的受害者，我今天只能说，是那些房子被炸毁的人和从东边来的难民。他们不得不栖身在废墟中的地下室，或者住进棚屋式的职工宿舍和尼森式活动房[③]；对那些当时境况已经好起来的人不能不进行谴责。虽然我这个局长不是主管住房事务的，但是我也一定要亲自去检查一下，这些匆匆忙忙、用弯成拱形的波纹白铁皮在水泥地上搭起来的临时应急住处，还有瓦特斯霍夫的那些棚屋式职工宿舍。那里的情况简直无法用语言来表达。刺骨的寒风呼啸着从所有缝隙钻进屋里，绝大多数的圆铁炉却都没有生火。老人们不再离开床铺。谁还会感到奇怪呢，如果穷人中间最穷的人在黑市交易中再也没有任何可供交换的东西，黑市上用一个鸡蛋或者三根香烟可以换到四块煤球，那么他们就会绝望或者走上违法的道路；那些房屋被炸的人和被赶出家园的人的孩子，参加运煤火车抢劫的特别多。

我愿意承认，我当时就做出一个并不符合规定的决定。我和一些高级警官一起，在蒂夫斯塔克火车编组站，亲眼看见了这些违法的活动：在夜幕的掩护下，这些身影不怕任何危险，他们中间有青少年和小孩。他们带着口袋和背篓，利用每一个暗处，只是有时也被弧光灯照住。有一些人从车厢上往下扔，另一些人在下面捡。他们很快就消失了，可以设想，准是背着沉重的货物，高高兴兴的。

我请求铁路警察局主管这次行动的那位负责人，这一次就不要采取行动了。但是，大搜捕已经开始。探照灯把这块地方照得通明。扩音器增强了下命令的声音。警犬狂吠。直到现在我仿佛还能听见吹哨子的声音，看见那些孩子们憔悴的面孔。他们哪怕是哭也好啊，可是他们甚至就连哭也哭不出来。

不，请您不要问我当时的心情如何。对您的报道，还可以说的是：大概也没有别的办法。市政机构，尤其是警方，有义务，不能袖手旁观。直到3月，严寒才开始减弱。

注释：

① 德国战后被美国、英国、法国、苏联分成四个区占领，这里指的是美英法三国占领区。

② 马克斯·布劳尔（1887–1973），德国社会民主党人，1946年至1953年和1957年至1960年任汉堡市长。

③ 由加拿大人彼得·诺曼·尼森发明设计的一种用波纹白铁皮做成的简易活动房。

DM
1948

1948年

叙述者：波恩的普通退休职员
叙述事件：德国货币改革
叙述时间：以后回忆，时间不确定

实际上，我和我妻子是第一次真正想去度假。我们这些领退休金的小小老百姓必须省吃俭用，因为帝国马克已经几乎不值什么钱了。我们俩一直都不抽烟，所以我们可以用香烟票通过黑市为自己换点东西，甚至还能略有节余，当年什么东西都要凭票。

就这样我们去了阿尔高地区。但是一直都在下雨。我妻子后来为此、也为我们在山区的经历，以及发生的其他事情作了一首平仄押韵的诗，而且是用地地道道的莱茵兰方言,因为我们俩都出生在波恩。这首诗的开头是这样的:

“雨三天三夜下个不停。

看不见天，看不见山，看不见星……”

当时旅店里和外面到处都在议论终于就要发行的新钱，也就是说，在两天之后正式发行!

“这是一次美好的度假。

偏偏又突然来了新货币……”

这就是我妻子作的诗。虽然还不到理发的时候，我也赶紧让村里的理发师给理了个发，付的是旧的帝国马克，而且理得比平时要短一些。我妻子也让人把头发染成栗褐色，还新烫了长波浪，要多少钱就给多少钱。然后就不得不打点行装。结束度假！无论是去哪儿的火车，尤其是去莱茵兰地区的，全都挤得满满的，几乎就像仓鼠在囤积食物的旅途中，因为人人都想尽快回到家，安内莉泽为此作了下面两句诗:

“火车挤得满又满。

人人都为货币发了疯。”

回到波恩，我们就迅速赶到储蓄所，把剩下的那一点钱取了出来，因为在下一个星期天，即6月20日，正式开始兑换[①]。也可以说，开始排队。而且是在雨中。那是一个到处都下雨下得不停的日子，不仅仅是在阿尔高。我们排了三个小时，队伍可真长啊。每个人可以兑换四十马克，一个月之后再兑换二十马克，不再是帝国马克，而是德国马克，因为帝国的一切反正都已经结束了。这本来应该是一件公平的事，但却不是这样。肯定不是为了我们这些领退休金的小小老百姓。我们第二天看见的东西，完全可以让任何人头昏眼花。就像是有人念了一句咒语，突然之间，所有的橱窗都变得琳琅满目。香肠、火腿、收音机、不是木头鞋跟的普通鞋、各种尺寸的男式西装，而且是精纺全毛的。当然这一切都是囤积物品。都是那些货币投机商干的，他们像仓鼠一样囤积物品，直到真正的钱面市。后来人们都说，这一切我们应该感谢那个抽粗雪茄的艾哈德[②]。还有那些美国佬，是他们秘密地印制了这些新钱。他们还负责管理，让这种德国马克只在所谓的三国占领区[③]之内流通，不得流入苏联占领区。因此，苏联人马上也在那边印制了自己的马克[4]，关闭了所有通往柏林的道路，这样就出现了空中桥梁[5]，我们德国从此在钱上也被分成了两个。东西很快就变得紧张起来。对领退休金的小小老百姓本来就是如此。因此安内莉泽作了两句诗：

“他们给我们的绝对不是这个比率。

没有钱的生活真不好过……”

毫不奇怪，赫尔曼同志在我们地方协会骂骂咧咧地说：“这么多东西突然之间从何而来？私有经济不是为了满足需求，而只是为了利润……”他说得有道理。即使后来情况渐渐有所好转，但是对领退休金的小小老百姓来说，永远都是捉襟见肘。我们也就只能站在满满当当的橱窗前面发出叹息，其他什么也干不了。真正不错的只有一件事，那就是新鲜水果蔬菜上市的时候，樱桃每磅五十芬尼，花菜每颗六十五芬尼。尽管如此，我们还是必须精打细算。

幸好我妻子把她的这首押韵的诗，标题是《逃出阿尔高》，寄给了科隆广播电台，参加有奖比赛。真应该为“我最美好的度假经历”写上一首赞美诗。我该怎么说呢，她获得了二等奖。这就意味着到手二十个新马克。在《评论报》上发表，又是十个马克。我们全部存进了储蓄所。总而言之，只要可能，我们总是想法存点钱。然而，在这之后的这么多年，我们一直也没有存够一笔钱再去度一次假。我们的确是，就像当时人们说的，“货币的受害者”。

注释：

① 1948 年 6 月 20 日，在美英法三国占领区开始进行货币改革，用新的德国马克替代严重贬值的帝国马克，每个居民可以用四十帝国马克换四十德国马克，工资和退休金仍按一比一支付，但是其他的帝国马克则按十比零点六五兑换。

② 路德维希·艾哈德（1897–1977），德国政治家、经济学家，曾任联邦德国经济部长（1949–1963）和联邦总理（1963–1966），对德国战后经济复苏起了很大的作用。

③ 美国和英国的占领区在 1946 年合并之后又在 1947 年成立了联合经济区，1949 年 4 月，法国占领区加入。

④ 1948 年 6 月 23 日，苏联占领区也开始发行仅在该区流通的新货币。

⑤ 苏联占领当局在 1948 年 6 月 19 日封锁了西柏林和外界的公路交通，6 月 23 日切断向西柏林供电和西柏林与三国占领区的铁路交通，不久又切断了内河运输。美英法三国从 6 月 24 日开始向西柏林空运物资，截至 1949 年 5 月 12 日苏联占领当局结束封锁，总共空运了近二百万吨货物，是历史上最大的一次空运行动。

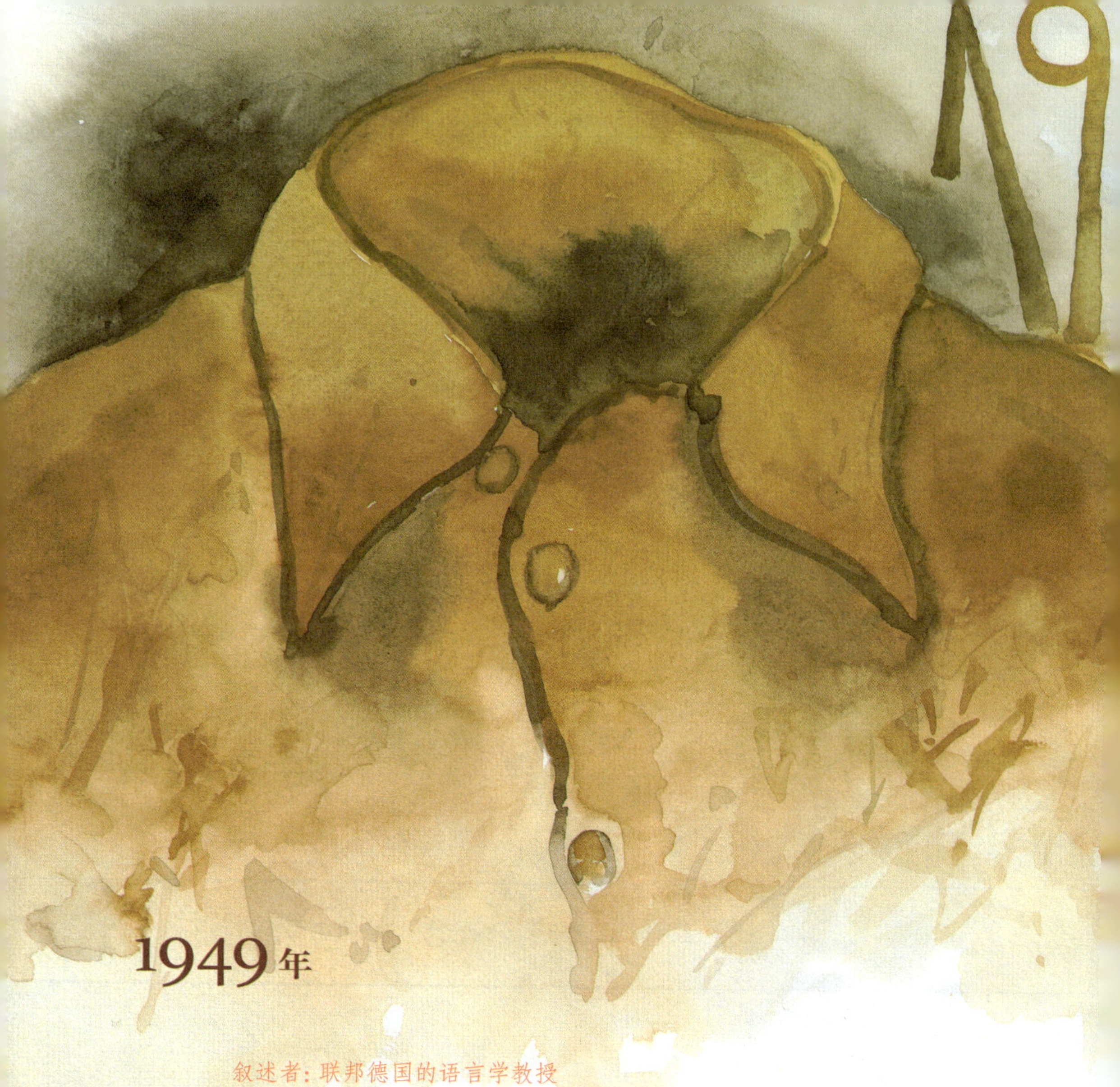

1949年

叙述者：联邦德国的语言学教授
叙述事件：德意志民主共和国成立
叙述时间：1989年民主德国发生变革之前

……你想象一下，我亲爱的乌利，世上还真是有征兆和奇迹，前不久，在我的晚年还会有一次特别的相遇：她还在，那个美丽的英格，当年，或者我是否应该说，在希特勒的时代？她每次冷静地出现（自然而又优美），总是极大地刺激了我们这些什切青的小伙子，让我们激动万分，有的连话都说不出来，反正是把我们搞得神魂颠倒；我现在甚至可以自我吹嘘，我当年曾经战战兢兢地来到离她只有一臂之隔的地方。不，不是在泻湖边上露营的时候，

而是在我们一起为冷得发抖的东部前线组织冬季援助的时候：在堆放和包装内裤、套头衫、保暖腕套和其他羊毛制品的时候，我们扑向了对方。但是最后只是一场充满痛苦的拥抱狂吻，躺在毛皮大衣和羊毛衫上。事后我们浑身都是樟脑丸的臭味。

重新回到现在的英格：尽管我们都已经满脸皱纹，银丝缕缕，年龄在她身上也发生了作用，然而，在这位施特凡博士的身上，仍然流动着那股青年运动的电流，当年正是这股电流把她带到了很高的位置。你一定还记得：一次提拔接着一次提拔。最后她在德意志女青年联盟[①]担任了大队长，我们俩则只是我当了少年团小队长[②]，你当了中队长。后来，当我们穿上了空勤人员制服时候，那个褐色衬衫、领巾、职务绦带（也被叫作猴子的秋千）的时代已经一去不复返了。然而英格却一直到战争的最后几天都把她的那些姑娘们团结在一起，她羞答答地在我的耳边说道：照料后波莫瑞的难民，在野战医院唱歌。直到苏联人来了以后，她才脱离了德意志女青年联盟，并未受到任何肉体上的伤害。

不要再苛求你阅读这封信的耐性了吧：我们是在莱比锡图书博览会期间相遇的，在图书博览会的框架计划里，有一次杜登协会[3]的、得到工农国家允许的专业会谈，协会的会员中，两个德国的人都有，我也是会员，不久也要（像你一样）成为退休教授，我在语言学方面发表的钻牛角尖的意见，在杜登西方阵营还是很受关注的。我们同杜登东方阵营的合作基本上没有任何问题，所以才有了这次聚会，英格作为卓有成就的语言学家，也是全德语言改革联合会的成员，在这个联合会里，奥地利和瑞士德语区也有发言权。我不想用我们在改革书写规则上的争执来烦你；这座大山早就在阵痛，总有一天会生下那只尽人皆知的小老鼠[4]。

有趣的只是我和英格的幽会私语，我们彬彬有礼地约好一起在梅德勒商业长廊喝咖啡吃点心，是她请客，我要了一份名叫“鸡蛋薄饼”的萨克森地区的特产，小口小口地啃了起来。在简短地扯了几句专业问题之后，我们谈起了什切青的青少年时代。开始只是那些中学生之间的平常事。她犹豫不决地在我们共同的希特勒青少年时代的那些记忆残片中翻寻，费力地找出一些隐喻，比如“在那些骗人的黑暗年代……”她还说：“我们的理想遭到了玷污，我们的坚定信念被人滥用了。”然而，当我提到1945年以后的时候，她毫不费力地把她转入社会主义阵营的体系变化同时也是色彩变化，解释成是“痛苦的皈依反法西斯主义”，这种变化在仅仅一年半的宽限时间之内得以完成。在自由德意志青年联盟的时候，她也是很快就青云直上，因为她在各个方面水平都很高。她讲起参加民主德国成立庆典，那是在1949年，众所周知，是在戈林当年的帝国空军部举行的。然后她又参加了世界青年文艺汇演、五一节游行，勤奋地对固执的农民进行过宣传鼓动，甚至还参加了农业集体化运动。然而在这种勉强的，按她的话来说，“全靠扩音喇叭进行的宣传鼓动”中，她渐渐地产生了怀疑。尽管如此，我们美丽的英格一直到现在仍然是德国统一社会党的党员，她向我保证，这个党员，她会一直当下去的，同时努力“用建设性的批评去面对党的失误”。

我们接着谈起各自家庭的逃难路线。她家是从陆路到了罗斯托克，在那儿扎了根，经过证实她是工人的孩子，英格的父亲曾经是火神造船场的电焊工，很快她就能够进大学读书，为后来的党内仕途铺平了道路。你知道，我的父母从水路先是到了丹麦，然后流落到了石勒苏益格－荷尔斯泰因，准确地说，是皮纳贝格。我对英格说："是啊，幸好易北河把我冲到了西边，让英国人抓住了我。"我向她列出了我的几个阶段：蒙斯特军营的战俘生活[⑤]，格廷根的姨妈，后补的中学毕业考试，在格廷根大学的最初几个学期，在吉森当助教，获得美国的奖学金，等等，等等。

在我们闲聊的时候，我突然发现，我们西边的发展过程，既有吃亏的一面，也有优惠的一面：褐色衬衫没有了，但是蓝色衬衫也不适合我们。"这都是表面现象，"英格说，"我们还有信仰，而你们在资本主义社会早就失去了任何理想。"我当然进行了反驳："从前也不缺少信仰，当年，我穿着褐色衬衫，你穿着雪白的衬衫和到膝盖的裙子，你可是深信不疑啊！""我们当时都是孩子，上了当受了骗！"这就是她的回答。在这之后，英格变得很固执。她过去也总是这样。她不会容忍我把手放在她的手上，这也是可以理解的。她更像是在对自己说话，低声道出了她的自白："不知道是在什么时候，我们那里出现了偏差。"我的反应就像是没有经过任何考虑："我们那里也一样。"

然后我们只谈专业，谈到了杜登协会及其全德的争执，最后谈到了书写规则的改革。我们俩的观点相同，这种改革必须彻底，否则根本不会见效。"只是不要搞任何半途而废的东西！"她大声说道，脸上的红晕一直到了发际。我点了点头，陷入对我的青年时代爱情的沉思……

注释：

① 纳粹党在1926年成立了它的青少年组织：十岁至十四岁男孩组成德意志少年团，十岁至十四岁女孩组成德意志少女团，十四岁至十八岁男青年组成希特勒青年团，十四岁至十八岁女青年组成德意志女青年联盟，这四个组织又被统称为希特勒青年团，1936年被宣布为国家青年组织。

② 少年团或少女团的干部由高年级的学生担任，一个小队约四十人，一个中队约一百六十人，一个大队约六百人。

③ 康拉德·杜登（1829–1911），德国语言学家，他编撰的《德语正字法词典》（1888）为统一德语书写规则奠定了基础，德国以后编撰的权威语言词典被定名为《杜登德语词典》。杜登协会是专门的研究德语语言学的学术机构。

④ 这句话出自古罗马诗人贺拉斯（前65-前8）的《诗艺》。

⑤ 蒙斯特军营，位于吕纳堡草原，是由英国军队控制的当时最大的德军战俘营。

1950年

叙述者：科隆的作曲家
叙述事件：科隆的狂欢节游行
叙述时间：以后回忆，时间不确定

科隆人都把我叫作“一块狂欢节的小饼干”[1]，因为我曾经当过面包师，那还是战前好多年的事。没有任何恶意，因为按照伟大的威利·奥斯特曼[2]的说法，我在所有其他人之前就成功地创作出几首最好的供人们手挽手摇来晃去的圆舞曲。1939年，当我们最后一次庆祝狂欢节，高喊“科隆万岁”的时候，“你这头活泼的小鹿，你……”是最受欢迎的歌，直到今天还能听见有人在唱“哈里哈喽，船长先生……”；就是靠这首歌，我让那条“小小的米尔海姆摆渡船”[3]永世留芳。

然后就没希望了。直到战争结束之后，我们可爱的科隆只剩下一片废墟，占领国当局[4]严格禁止我们庆祝狂欢节，未来的一切都显得凶多吉少，这时我靠《我们是三国占领区的土著人》这首歌一下子出了名，因为科隆狂欢节的小丑们绝对不会听从别人的禁令。越过废墟，用剩下的破衣烂衫打扮一下：红色火星[5]，全是孩子，甚至还有王子卫队[6]的一些残疾军人，就这样从雄鸡大门出发。1949 年，战后第一次狂欢节的三颗星[7]，就是王子、农夫、少女，动手清除完全倒塌的居尔策尼希里面的垃圾。这具有象征性的意义，因为最美好的聚会总是在居尔策尼希举行的。

直到下一年我们才得到许可，正式庆祝狂欢节。恰逢建城一千九百周年纪念。古罗马人在公元五十年建立了我们这座城市，命名为科隆。因此，主题词是“科隆的现在与过去，自 1900 年以来”。可惜这次狂欢节的主题歌不是我作的词，而且也不是我们这些专家作的词，不是尤普·施吕塞尔，也不是尤普·施密茨，而是一位名叫瓦尔特·施坦因的，据说他是在刮胡子的时候想出了《谁钱多，谁就该付钱》这首歌。必须承认，这正好符合当时的气氛：“谁有这么多钱，谁有这么多钱……”也有人在广播电台传播这支供人们手挽手摇来晃去的歌曲，他姓费尔茨。真是一个聪明的机灵鬼，因为那个施坦因和这个费尔茨实际上是一个人。虽然是一个恶意制造的地地道道的骗局，而且是一帮真正的科隆的小集团，但是，“谁就该付钱……”这首歌一直唱啊唱啊，因为这位施坦因或者说费尔茨找到了适当的调子。在货币改革之后，谁的口袋里都没有什么钱，至少普通老百姓没有。然而，我们的狂欢节王子彼得三世，他总是有足够的钱，他是经营土豆批发的！我们的农夫在艾伦费尔德区经营一家大理石加工厂。我们的少女威廉明妮，根据章程必须是一个男人，也是家境殷实，他是珠宝商兼黄金饰物制造商。在市场大厅和女小贩们一起庆祝女人狂欢节[8]时，这三颗星也正在向周围撒钱……

我想讲的是星期一的狂欢节游行。雨下个不停。尽管如此也来了一百多万人，甚至有从荷兰和比利时来的。就连占领军也一起庆祝，因为这时差不多什么都允许做了。如果在想象中干脆就把那些到处都阴森可怕地闯入视野的废墟撇开，整个情况几乎就跟从前一样。这是一支历史的游行队伍，有古代日耳曼人和古代罗马人。最前面是乌比尔人，据说科隆人就是起源于这个部落。然后是跳踢大腿舞的和为火神伴舞的小玛丽们，都有音乐开道。总共差不多有五十辆彩车。如果说前一年，“我们又来了，干我们可以干的事”只是说说而已，实际上并没有多少事“可以”干，这一次则从彩车上给孩子们和小丑们扔下来大量的糖果，大约有一千二百五十公斤。4711 公司从一个移动式自动喷泉里朝观众喷洒了几千升真正的“科隆香水”。人们开心地手挽手地摇来晃去：“谁就该付钱……”

这首流行歌曲风行了很久。在玫瑰星期一的狂欢节游行时，没有多少跟政治有关的内容，因为有占领国当局在盯着。只是在游行队伍中有两个假面具大头娃娃格外引人注目，而且总是紧贴在一起，甚至还相互亲吻，抱在一起跳舞，真可以说是情投意合。这当然也有些令人作呕，纯属恶作剧，一个假面具大头娃娃真真切切地勾画了上了年纪的阿登纳，另一个假面具大头娃娃则是东边的山羊胡子，就是乌布利希特。人们当然对狡猾的印第安酋长⑨和西伯利亚的山羊⑩开怀大笑。这也是在玫瑰星期一的狂欢节游行中唯一出现的有关整个德国的东西。反对阿登纳的人很多，科隆狂欢节的小丑们从来就不喜欢他，因为战前他在科隆当市长时曾经发表过反对狂欢节的讲话。他们真希望能够禁止他当联邦总理，而且是永久性的。

注释：

① “一块狂欢节的小饼干”，即当时德国有名的狂欢节作曲家卡尔·贝尔布尔。
② 伟大的威利·奥斯特曼，德国最著名的狂欢节作曲家。
③ 米尔海姆位于莱茵河畔，可以乘摆渡船到莱茵河对岸的科隆。
④ 科隆当时是英国占领区。
⑤ 科隆著名的狂欢节协会。
⑥ 科隆著名的狂欢节协会。
⑦ 王子、农夫、少女是科隆狂欢节的三个负责人，每年由不同的人担任，他们承担包括车辆、服装、道具以及抛撒糖果、花束等物品的费用，因此只有富人才可能出任。
⑧ 女人狂欢节，即狂欢节前的那个星期四。
⑨ 狡猾的印第安酋长，指阿登纳，因为他长着鹰钩鼻的外貌和擅长政治权术。
⑩ 西伯利亚的山羊，指乌布利希特，因为他蓄着山羊胡子和长期流亡苏联的经历。

1951

1951年

叙述者：前大众汽车厂工人的妻子

叙述事件：第二十五万辆大众牌轿车出厂

叙述时间：在1961年10月16日联邦德国法院裁定大众汽车公司给予赔偿之后

大众汽车公司尊敬的先生们：

我不得不再次申诉，因为我们一直也没有得到您的任何答复。难道就是因为，命运决定让我们居住在德意志民主共和国吗？我们的小屋在玛林波恩[①]，紧靠着边境，可惜，自从必须建起防护墙之后，我们就再也过不去了。

您不回信，这是不公正的！我丈夫从一开始起就在贵公司，我是后来才进去的。早在1938年，他就在不伦瑞克学习为大众公司制作工具，后来当了冶炼电焊工；战争快要结束的时候，还去帮助清除废墟，因为几乎一半都被炸掉了。后来，诺德霍夫[②]先生当了领导之后，重新开始装配，他甚至还是质量保障部门的检查员，而且还进了企业工会。在随信寄去的这张照片上，您可以看见，1951年10月5日，当第二十五万辆大众汽车从流水线上下来，我们举行庆祝的时候，他也在场。诺德霍夫先生作了一次很棒的讲话。我们大家都站在这辆甲壳虫的周围，当时还没有像第一百万辆那样喷成金黄色，在四年后也为第一百万辆举行了庆祝活动。这一次的庆祝活动要比三年前为第五万辆举行的要好得多，当时没有足够的玻璃杯，我们使用的是一种用某种合成材料做成的简易杯，许多来宾和职工都感到胃不舒服，有的甚至就在车间里或者外面呕吐起来。这一次全是真正的玻璃杯。遗憾的是，这一年，波舍尔教授[③]在斯图加特去世了，因此没能一起参加庆祝活动，他才是大众汽车真正的创始人，而不是那个希特勒。波舍尔教授要是看见我们从前的储蓄簿，他肯定会给我们回信的。

我是战争期间在沃尔夫斯堡的大众汽车厂开始干活的，就在斯大林格勒战役之后不久，大家都必须去工作。您一定也知道，当时制造的不是甲壳虫，而是为德国国防军批量生产的军用吉普车。在我干活的铁皮冲压车间，还有许多俄罗斯妇女在那里干活，她们不按工资表拿钱，也不准和我们说话。真是一个糟糕透顶的年代。我也经历过飞机轰炸。重新开工之后，我在装配流水线上得到了一份比较轻松的工作。我就是在那时认识了我的丈夫。1952年，我亲爱的母亲去世了，把她的那栋位于玛林波恩附近的带花园的房子留给了我们，这时我才搬到了苏占区。我丈夫又待了将近一年，直到他遇到那场严重的事故。也许这是我们犯的一个错误。因为命运就是希望我们和一切都断绝关系。就连我们的信，您也没有回。这是不公正的！

去年，我们准时递交了要求加入大众汽车储蓄调解④的申请，给您寄去了所有证明材料。首先，证明我丈夫贝恩哈德·艾尔森从1939年3月起每周至少存入五个帝国马克，在储蓄簿上面贴了四年之久，为了一辆蓝黑相间的“力量来自欢乐”⑤牌轿车，这是大众汽车当时的叫法。我丈夫总共存了一千二百三十马克。这是当时的出厂价。其次，寄给您了一份由纳粹组织“力量来自欢乐”的全省汽车管理员出具的证明。当时规定在战争期间生产的少量大众汽车只供给党的干部们，所以我丈夫什么也没有得到。因此，我们，也因为他现在残废了，要求得到一辆甲壳虫，而且要一辆淡绿色的大众1500型，不要增加任何特殊装置。

现在，当五百多万辆甲壳虫从流水线上开下来，贵厂甚至已经为墨西哥人建了一个汽车厂的时候，大概会有可能满足我们储蓄购买大众汽车的要求，即使我们的固定住址是在民主德国。难道我们不再被算作德国人了吗？

最近，你们的联邦法院在卡尔斯鲁厄与前大众汽车储蓄人员援助协会达成一项调解，因此，我们也有资格得到六百德国马克的降价优惠。余款我们愿意用我们的货币支付。这大概也是可以的吧，或者不可以？

期待着您的答复。顺致敬意！

艾尔弗丽德·艾尔森

注释：

① 玛林波恩，位于民主德国一侧，离大众汽车厂总部所在地沃尔夫斯堡约三十公里。
② 海因里希·诺德霍夫（1899–1968），在1948年出任大众汽车厂总经理。
③ 费迪南·波舍尔（1875–1951），德国汽车设计师，大众汽车的主要设计人，被称为“大众汽车之父”，曾任戴姆勒汽车厂总经理，战后创立了波舍尔股份公司，生产著名的“保时捷”跑车。
④ 1961年10月16日，联邦德国法院裁定大众汽车公司向1939年后参加大众汽车储蓄的人给予赔偿。
⑤ “力量来自欢乐”，参见1927年。

1952

1952年

叙述者：饭店老板的儿子
叙述事件：第一次电视转播
叙述时间：以后回忆，时间不确定

要是有客人问我们，我总是说：是这个魔镜——这是最初对电视机的叫法，不仅仅是在《倾听》杂志[1]上——先把我们聚在一起的，爱情则是后来一点一点产生的。那是在1952年的圣诞节。到处都有人拥挤在收音机商店的橱窗前面，从荧光屏上观看了第一次真正的电视节目[2]，在我们吕纳堡也是这样。我们站的那个收音机商店，只有唯一的一台电视机。

不过，也不是特别吸引人：先是讲了一个故事，与《平安夜，圣诞夜》这首歌和一位名叫梅修尔的教师和木头圣像雕刻工匠有关。然后是一个舞剧，根据威廉·布什[3]的作品自由改编，马克斯和莫里茨在剧中蹦来跳去。全是根据诺贝特·舒尔策的音乐，我们这些从前的士兵不仅感谢他的《莉莉·玛莲》，而且也感谢他的《伦敦上空的炸弹》。是啊，开始的时候，西北德意志广播电台台长还唠叨了一些表示祝贺的话，电视评论后来为这位普莱斯特博士找到一个和他的名字押韵的词："胡扯淡"。有一位女播音员穿着有花朵图案的裙子，刚露面的时候有些害羞，她面朝大家，特别是朝着我微笑。

她叫伊蕾娜·科斯，正是她以这种方式把我们俩撮合到了一起，因为贡德尔也站在收音机商店前面的人群中间，而且正巧就在我的旁边。她对魔镜呈现的一切都很喜欢。那个圣诞节的故事感动得她都流下了眼泪。她毫无拘束地为马克斯和莫里茨搞的每一个恶作剧鼓掌叫好。在每日新闻结束之后，我已经不记得除了教皇的福音之外还有什么新闻，我鼓起勇气，主动跟她说话："小姐，您注意到了吗？您长得和这位播音员非常像。"她只是愣头愣脑地说了一句："这我可不知道。"

尽管如此，我们第二天又见了面，事先并没有约好，还是在挤满了人的橱窗前面，而且是刚刚过了中午。尽管转播圣保利足球俱乐部和汉博恩07足球俱乐部之间的足球比赛让她感到很无聊，她却仍然待在那里。我们看晚上的节目，仅仅是为了那位女播音员。在此期间，我的运气还不错：贡德尔接受了我的邀请，"为了暖暖身子"，去喝了一杯咖啡。她向我介绍自己是来自西里西亚难民的女儿，在"蝾螈连锁鞋店"当售货员。我当时雄心勃勃，立志要当剧院经理，至少也要当个演员，我如实供认自己不得不在我父亲的那家勉强维持的饭店里帮忙，其实就是失业，但是却又有许多想法。我申明："这些想法并不只是空中楼阁。"

在每日新闻之后，我们站在收音机商店的橱窗前面看了一个我们觉得很滑稽的节目，全是和制作圣诞糕点有关的事。以和面团为主，配合了一些彼得·弗朗肯费尔德写的幽默文章，此人后来靠他的发现人才的节目"心想事成"很受大家欢迎。在此之后，我们还欣赏了伊尔泽·维尔纳边吹口哨边唱歌的表演，特别喜欢的是童星科内莉亚·弗罗贝斯，这个柏林的小女孩由于那首名叫《收起你的游泳裤》的流行歌曲家喻户晓。

就这样继续下去。我们总是在橱窗前见面。很快我们就手牵手地站在那里看。也仅此而已。直到第二年的年初，我才向我父亲介绍了贡德尔。他喜欢这个和播音员伊蕾娜·科斯长得很像的人，她也喜欢这家坐落在森林边上的饭店。简而言之：贡德尔为每况愈下的"海德酒家"带来了生机。她想办法说服了我的那位自从我母亲去世以后整天垂头丧气的父亲，设法搞到了贷款，在大餐厅里安置了一台电视机，不是那种台式的小玩意儿，而是菲利普公司生产的那种装在木头箱子里的大家伙，置办这玩意儿是一项很值得的投资。从 5 月份起，每天晚上，“海德酒家”没有一张餐桌、一把餐椅再是空着的。有些客人是从很远的地方来的，因为拥有私人电视机的人数在很长时间之后仍然微乎其微。

很快我们就有了一批忠实的固定顾客，他们不仅仅是看电视，而且也花钱好好地吃上一顿。当电视里的厨师克莱门斯·维尔门罗德大受欢迎的时候，贡德尔就采纳了他的菜谱，把它们列入“海德酒家”从前十分单调的菜单。这时，贡德尔已经不再当鞋店售货员了，而是成了我的未婚妻。从 1954 年秋天起，这时我们已经结了婚，电视连续剧《逊勒曼一家》④吸引了越来越多的观众。我们和客人一起经历了荧光屏上跌宕起伏的剧情，就好像电视里的这个家庭也影响了我们，让我们也变成了逊勒曼一家，也就是像经常可以听见有人轻蔑地说的那样，德国平均水平的家庭。是的，说得很对。我们已经有两个孩子，第三个正在怀着。我们俩都要忍受一点儿超重的痛苦。我早就已经把那些雄心勃勃的计划收收叠叠压在了箱底，现在也对自己当配角并非不满意。正是贡德尔，一边看着《逊勒曼一家》，一边经营着现在还兼作公寓的“海德酒家”。像许多不得不从头开始的难民一样，她做什么事都充满了紧迫感。我们的顾客也总是说：贡德尔知道自己想要什么。

注释：

① 《倾听》，联邦德国当时最大的广播电视节目杂志。
② 1952 年 12 月 25 日，德国第一次播放电视节目。
③ 威廉·布什（1832–1908），德国著名漫画家，马克斯和莫里茨是他笔下的两个滑稽形象。
④ 电视连续剧《逊勒曼一家》，一部从 1954 年到 1958 年连续播放的德国电视连续剧。

1953年

叙述者：作者本人

叙述事件：东柏林工人暴动

雨渐渐小了。刮起风来，碎砖屑在牙缝之间嚓嚓作响。有人告诉我们，这就是典型的柏林。安娜[1]和我已经在这里住了半年。她离开了瑞士，我经历了杜塞尔多夫的生活。她师从玛丽·维格曼[2]，在达雷默区的一座别墅里学跳赤脚的表现性舞蹈，我则在施坦因广场旁边的哈通[3]工作室，一直还在梦想当雕塑家。但是，在我站着、坐着或者和安娜躺在一起的时候，也开始写一些短诗和长诗。然后发生了一些和艺术毫不相干的事。

我们乘坐城际轻轨来到勒尔特火车站。铁支架仍然矗立在那里。经过国会大厦的废墟和勃兰登堡门，在勃兰登堡门的顶上缺了那面红旗。一直到了波茨坦广场，我们才从占领区边界的西边一侧看见，到底发生了什么事情，以及这时或者是从雨渐渐小了之后，正在发生的事情。哥伦布之家和祖国之家冒着浓烟。一个街头售货厅正在熊熊燃烧。烧成灰的广告招贴被风卷着浓烟扶摇直上，然后又像一片片黑色的雪花从空中纷纷扬扬地落下。我们看见人群没有目标地涌来涌去。没有民警。但是，有几辆苏制的T-34型坦克被夹在人群中间，我认识这种型号。

在一个牌子上面写着警告："注意！您正在离开美国占领区[4]。"然而，几个半大的孩子骑着自行车或者没骑自行车，仍然大胆地过去。我们留在了西边。我不知道，安娜是不是还看见了别的什么，或者看见的比我要多。我们俩看见那些苏联士兵的娃娃脸，他们正在沿着边界挖沟。我看见远处有人在扔石头。到处都有足够的石头。把石头投向坦克。我真应该把扔石头的姿势画下来，站着写一首诗，或长或短，为这种扔石头的行为写点什么。但是，我一笔也没有画，一个字也没有写，扔石头的姿势却始终铭记在心。

直到十年以后，安娜和我已经当了父母，被几个小孩折磨得够呛，我们看着波茨坦广场变成了真空地带，并且用墙隔开。这时我才写了一个剧本。这出名叫《平民排练起义》[5]的德国悲剧，让两个德国的神庙看守们都很生气。在这出四幕剧里涉及的是，权力和软弱无能，计划的和自发的革命，对莎士比亚是否允许改动的问题，标准的提高和一块撕碎的红布片，讲话和反驳，傲慢者和懦弱者，坦克和扔石头的人。这是一次阴雨绵绵的工人起义⑥，刚刚被镇压下去，日期是6月17日，被歪曲成人民起义，被美化成一个节日，在西边，每一次过节总是有越来越多的人死于交通事故。

然而，东边的死者却是被枪杀、处决和拷打致死的⑦。此外，还有一些人被判处有期徒刑。鲍岑监狱⑧严重超员。这一切都是后来才公之于众的。安娜和我只看见一些昏倒在地的扔石头的人。我们从西区看过去总隔着一段距离。我们俩相爱，也都非常热爱艺术，我们不是那些朝坦克扔石头的工人。从此以后，我们知道，这场战斗会经常重演的。有的时候，扔石头的人甚至也会获得胜利，即使是迟了好几十年。

注释：

① 安娜，即安娜・施瓦茨，瑞士出生的舞蹈演员，1954年与作者结婚。

② 玛丽・维格曼（1886–1973），德国著名女舞蹈家，现代表现性舞蹈流派的代表人物。

③ 卡尔・哈通（1908–1967），德国雕塑家。

④ 战后柏林被美国、英国、法国、苏联分成四个区占领，后来美英法三国占领区被称为西柏林，苏联占领区被称为东柏林。

⑤《平民排练起义》，作者在1966年写的剧本，剧中的一个重要情节就是暴动者们取下悬挂在勃兰登堡门顶上的苏联国旗。

⑥ 1953年6月16日，东柏林的建筑工人抗议德国统一社会党要求提高劳动指标，次日东柏林到处都罢工，人们要求自由选举和解散政府，苏军出动坦克镇压，罢工和抗议波及全国，6月19日方才完全平息。民主德国称之为反革命暴乱，西方称之为工人起义，联邦德国将其定为法定节日。

⑦ 据有关资料，6月16日事件中共有五百多人死亡，在莱比锡和比特费尔德等地，群众拷打统一社会党的干部，一些苏军士兵拒绝向示威者开枪而被处决，一千多名示威活动的参加者事后被判刑。

⑧ 鲍岑监狱，民主德国时期主要关押政治犯的监狱，因为它的墙砖是黄色的，故又有“黄色的苦难”之称。

1954年

叙述者：慕尼黑的大学生

叙述事件：联邦德国足球队获得世界杯冠军

叙述时间：八十年代或九十年代

虽然我当时不在伯尔尼，但是我从收音机里收听到舍费尔把球从边线长传到匈牙利队的禁区。那天，在慕尼黑我的那间学生宿舍里，收音机旁边围满了我们这些年轻的学经济的大学生。是啊，即使是在今天，作为一家总部设在卢森堡的咨询公司经理，上了年纪却仍在勤奋工作，我感到仿佛看见被大家称为“老板”的赫尔穆特·拉恩在奔跑中接球的情景。这会儿他一边跑

一边正要射门，没有射，晃过了两个上来阻截的对方队员，又绕过几名后卫，从十四米远的地方用左脚一记猛射将球踢进了球门的左下角。格罗西斯没有扑住。离比赛结束还有五六分钟，比分是三比二。匈牙利队猛烈反攻。科克西斯长传到前场，普斯卡斯抢到落点。但是，进的一球不算。抗议也无济于事。据说当时这位匈牙利人民军少校站在越位的位置。在最后一分钟的时候，齐波尔控制住球，从七八米的地方射向球门近角，但是被托尼·图雷克用双拳击出边线。匈牙利人又发了一次界外球。然后，林格先生就吹响了终场的哨声。我们是世界冠军，我们向全世界表明，我们又回来了，不再是被打败的，撑着雨伞在伯尔尼体育场载歌载舞；我们也在慕尼黑我的那间小屋里围着收音机怪声怪气地高唱《在全世界高于一切》。

我的故事并没有到此结束。实际上是从现在才刚刚开始。我的那些 1954 年 6 月 4 日的英雄，不叫齐波尔或者拉恩，也不叫希德格奎蒂或者莫洛克，几十年来我一直作为经济学家和投资顾问，从我的所在地卢森堡照管我崇拜的偶像弗里茨·瓦尔特和费伦茨·普斯卡斯的经济利益，即使都是白忙一场。他们不愿意别人帮忙。我所有的民族主义没有得到利用，一直只是停留在消除障碍的铺路架桥的工作上面。在那次重大比赛之后，这两个人立刻就成了死对头，这个匈牙利少校硬说那个德国足球运动员具有条顿人的狂妄自大，甚至还使用了兴奋剂。据说他是这么说的："他们踢球的时候口吐白沫。"直到一年之后，他这时已经和皇家马德里俱乐部签了约，然而仍然被禁止在德国境内参加比赛，他终于勉强地写了一封道歉的信，因此，实际上已经没有任何东西阻碍瓦尔特和普斯卡斯之间进行一次业务联系；我的公司也立刻就着手居间斡旋提供咨询。

白辛苦了一场！虽然弗里茨·瓦尔特获得了勋章，被称为"贝岑贝格的国王"，但是，他为阿迪达斯和一家香槟酒酿造厂做广告被估价过低，一直拿很低的报酬。这家酿造厂甚至还获准用他的名字作商标，比如"弗里茨·瓦尔特荣誉饮料"；直到他的几本关于国家队塞普教练和瓦尔特率领的十一名队员软磨硬缠得来的世界冠军的畅销书，给他带来了丰厚的收入，他才能够在卡尔斯鲁厄紧靠着古堡废墟的地方建起了一家简陋的电影院，休息厅里还有代售彩票的小卖部。实际上收入很可怜，因为这一行没有多少利润。五十年代初，他本来可以在西班牙交上好运的。竞技马德里俱乐部派出了一个说客，文件箱里装了二十五万定金。可是，谦虚而且总是过分谦虚的弗里茨拒绝了，他愿意留在普法尔茨，在那里而且只是在那里当国王。

普斯卡斯则完全不同。在流血的匈牙利起义之后，他留在了西方，他当时正和国家队在南美比赛，他放弃了自己在布达佩斯的一家经营良好的饭店，后来入了西班牙国籍。他和佛朗哥专制政权没有麻烦，因为他从匈牙利带来了一些与此有关的经验；在匈牙利，执政党曾经把他颂扬为"社会主义的英雄"，就像捷克人对他们的查托佩克那样。他为皇家马德里踢了七年之久，捞了好几百万；他把这些钱投进一家生产意大利香肠的工厂，"普斯卡斯香肠"甚至还出口到外国。同时，这个食量很大而且一直在同超重抗争的家伙，还经营了一家品位很高的饭店，名字叫作"普斯卡斯酒家"。

当然，我崇拜的这两个偶像都走向了市场，但是他们却不懂得把他们的利益绑在一起，也就是说作为双料产品出售。例如，把普斯卡斯少校的意大利香肠配上“弗里茨·瓦尔特的加冕”高级香槟酒一起出售。但是，即使是我和我的这家专门搞企业合并的公司，也没有能够促成这个来自布达佩斯郊区的从前的工人子弟，和那个来自普法尔茨的从前的银行学徒成为业务伙伴，让这个乡下的英雄和那个世界公民在双方都有利可图的基础之上和解。两个人都怀疑任何形式的合并，表示拒绝或者让人表示拒绝。

人民军少校大概还一直认为，当时在伯尔尼不是越位在先射进的那一球，而是被扳成了平局：三比三。他可能会认为，那个裁判，林格先生，是在进行报复，因为前一年匈牙利成功地在神圣的温布利体育场注定了英国的第一场主场失利：匈牙利人以六比三获胜。弗里茨·瓦尔特的女秘书甚至拒绝接受我亲自转交的一份作为礼物的“普斯卡斯意大利香肠”，她不给一点情面地保护着那位贝岑贝格的国王。这是一次我一直还在咀嚼的失败。也许就是因此，我有时才会产生这个想法：要是裁判在普斯卡斯射进那个球之后没有吹“越位”，我们在延长时间里比分落后或者输掉了那场应该进行的复加赛，最后又是作为被打败的而不是世界冠军离开球场，那么德国的足球会怎么样呢……

195

1955年

叙述者：海德堡一个官员的女儿

叙述事件：西方强国进行的代号为“白色卡片行动”的军事演习

叙述时间：1983年以后

早在前一年，我们那栋独门独院的房子就建成了，一部分是由建房储蓄协议提供贷款，我想是和威斯滕罗特签的，爸爸是公务员，他认为同这家公司签这种协议，按照他的说法，还是“相对有保障的”。这栋房子有五间半房间，即使没有防空洞，我们三个女孩，还有妈妈和奶奶，很快都感到很舒适，但是爸爸总是一再强调，他是不惜为此额外花钱的。还在制定建房计划的时候，他就一封信接着一封信地给施工的那家公司和官方主管建筑的机构写信，里面还附寄了一些美国核试验区上空的蘑菇云的照片,还有广岛和长崎的——按照他的说法——“相对没有受到损害的应急防空洞”的照片。他甚至还寄了一些没多少用处的设计草图,供他们参考:一个可以容纳六至八个人的地下室,闸门式进口,外推式的门以及一个紧急出口。当这些,按照他的说法,“在原子时代对于相当大一部分平民百姓绝对必要的防护措施”没有得到重视时,他的失望相当之大。据官方主管建筑的机构说,是因为没有国家方面的规定。

爸爸从来都不是特别反对原子弹。他承认原子弹是一种必不可少的坏东西,只要世界和平受到苏维埃势力的威胁,人们就必须认可原子弹。他肯定会热情地对联邦总理后来为了禁止任何关于民防的讨论所作的各种努力吹毛求疵。“这都是选举策略上的花招,”我听见他在说,“不想让人民感到不安,把原子弹仅仅看成是炮兵的继续发展,还自以为很狡猾,这个老狐狸。”

无论如何,我们的那栋小房子立在那里,邻居们很快就把它叫作“三个女孩之家”。花园也可以订制。我们被允许帮忙栽种水果树。不仅是妈妈,而且我们几个孩子也注意到,爸爸设法在园子里背阴的地方留出了一块相当大的正方形。直到奶奶按照她的一贯做法严厉地对他进行盘问,爸爸才泄露了他的计划。他承认,要按照最新的从瑞士民防机构获得的知识,建造一个地下的,按照他的说法,“成本相当低”的防空洞。夏天,好些报纸披露了一次核演习的令人吃惊的细节:1955年6月20日,所有西方强国都参加了这次代号为“白色卡片行动”的演习,整个德国,不仅仅是我们联邦德国被作为核战场;根据粗略估计列出的清单,要有将近两百万人死亡,三百五十万人受伤,当然,东德的人还没有计算在内。这时,爸爸开始行动起来。

可惜,他不让别人帮忙完成他的这个计划。与官方主管建筑的机构有许多麻烦,这导致他只愿意相信,按照他的说法,“自己的力量”,就连奶奶也无法阻止他。后来又公布了这些年来哪些危险是由围绕地球飘游的云层带来的,这些云层怀疑被染上了放射性的尘埃,预计随时都有可能突然爆发,即所谓的“脱落”;更糟糕的是,早在1952年就在海德堡及其周围地区的上空发现了这种受到污染的云层,也就是说,正好在我们的头顶上。这时,对于爸爸来说,再也没有任何原因可以阻止他了。这时甚至奶奶也对这种她称之为“没完没了的挖掘”深信不疑,而且还出钱买了好几袋水泥。

爸爸在土地登记局当处长,他没有找人帮忙,自己利用下班后的时间挖出了一个四点五米深的洞。他也没有找人帮忙，又利用一个周末用混凝土浇铸了圆形的地基。他也会用混凝土，把进口、出口与闸门室浇灌在一起。平时不怎么喜欢表扬别人的妈妈，也过分地对他大加赞扬。也许正是因此，他后来在给我们的，按照他的说法，“相对防原子辐射的家庭防空洞”加上一层木板的顶，再浇上一层新和的水泥的时候，也放弃了找人帮忙。看上去已经大功告成了。事故发生的时候，他正在这个圆形建筑里面检查防空洞的内部情况。木板的顶塌了下来。他被大量的水泥压在了下面，任何帮助对他来说都太迟了。

不，我们没有完成他的计划。不仅仅是奶奶反对。我从此以后一直参加复活节的反核游行，这肯定是爸爸不愿意看到的。很多年来我一直反核。甚至成年之后，我还带着几个儿子在穆特朗根和海尔布隆参加过反对部署潘兴导弹的活动。但是，大家都知道，这也没有帮上多少忙。

1956

1956年

叙述者：曾经学过日耳曼语言文学的大学生

叙述事件：布莱希特和贝恩在克莱斯特墓前见面

叙述时间：以后回忆，时间不确定

在悲伤忧郁的那一年的3月，我在克莱斯特墓地遇到①了这两个人。他们俩同一年相继去世②，这一个在7月，刚刚度过七十周岁的生日，那一个是在8月，还不到六十。我感到世界空落落的，舞台空荡荡的；我当时正在大学攻读日耳曼语言文学，在这两位巨人的阴影下勤奋地写诗，从墓地的那个偏僻的地方可以眺望万湖，在这里曾经有过一次方式罕见的会面，不管是偶然的，还是事先约定的。

我假设，他们是秘密地约定了地点和时间，也可能是靠那些居间安排的女人们。只有我是偶然在那里的，我这个没有露面的可怜的大学生，认出了这个像菩萨似的光头和那个弱不禁风的、从第二眼就可以看出有病在身的人。我很困难地与他们保持一定的距离。那是3月的一天，出太阳但却很冷，没有一丝风，因此，他们的声音传得很远，一个声音柔和，唠唠叨叨，另一个声音洪亮，有一点假声假气。他们说话不多，时常出现冷场。两人一会儿彼此靠得很近，就像是站在同一个基座上，一会儿又只是关心那个为他们规定的空隙。这一个被城市的西半部视为文学的无冕之王，那一个则是城市的东半部随时可以求援的主管人物。那些年里，东部和西部之间正在交战，即使只是冷战，所以人们把他们俩也弄得矛盾尖锐。只有凭借双倍的狡猾，才能为他们在这种战争制度之外的会面找到一个地点。我崇拜的这两个偶像大概也很高兴能够摆脱一个小时他们的角色吧。

可以看见他们俩，也可以听见他们俩的说话。我听见的那些完整的句子和连听带猜自己补上的那些半个句子，都不带有敌意，也不是针对对方的。两个人引用的话，都不是要求自己而是要求别人信守诺言。他们的选择从双重含义上来说是在寻找消遣。这一个随口说出那首名为《后代》的短诗，津津有味地背诵了结束的那几句，就好像这首诗是他自己写的：

当错误耗尽的时候，虚无坐在我们的对面作为最后的一个股东。

那一个则有一些漫不经心地背诵了对方早期的诗歌《男人和女人穿过癌症病房》里的最后几句：

这里农田膨胀，已经围住了每一张床。肉体平展入土。炎热消退。汁液正要流淌。土地在呼喊。

两位行家就这样饶有兴致地相互引用对方的诗句。他们在引文之间也相互赞扬，有时也开玩笑地滥用一些我们大学生耳熟能详的词句。“您成功地表现了陌生化效果。”这一个大声说道。那一个则假声假气地说：“您的那个西方的尸体陈列室，以独白的方式，从辩证法方面，支援了我的叙事剧。”还有一些相互取笑和讽刺挖苦。

然后他们又取笑前一年去世的托马斯·曼，他们讽刺地模仿他的“结实耐用的主题”。下面轮到贝歇尔和布洛内恩，他们的名字可以用来玩语言游戏。对于他们的政治过错的衍生物，他们只是进行了短暂的相互攻击。这一个嘲讽地引用了那一个的一首偏袒的赞美诗中的两行诗句：“……苏维埃人民的伟大的总指挥，约瑟夫·斯大林，谈论谷子，谈论肥料和季风……”那一个则将这一个对元首国家的短暂热情，与他的宣传文章《多立克式的世界》和向法西斯的未来主义者马里内蒂表示敬意的一次讲演联系在一起。这一个再反过来用讽刺的口吻赞扬那一个的《措施》是“一个真正的托勒密的表达世界”，为的是立刻以引用那首名诗《致后代》的诗句来减轻两个在克莱斯特墓地碰面的有罪之人的罪责。

你们，你们将从洪水中浮出水面我们已经沉没思念吧当你们提到我们的弱点还有那个你们已经逃离的黑暗时代的时候。

这个“你们”大概指的是我这个后来出生的正在一边偷听的人。这个告诚对我肯定就足够了，虽然我期待着我所崇拜的偶像能够对他们为人指路的错误有更加清醒的认识。然而没有更多的。两个人都在隐瞒方面经过训练，这时开始谈起他们的健康。这一个作为医生很担心那一个，一位姓布鲁格施的教授前不久还建议那一个去医院住上一段时间，因此那一个边解释边捶着自己的胸脯。这一个很关心随着他的七十诞辰庆典即将来临的“公开的热闹”，“对我来说，一杯冰镇啤酒足矣！”那一个坚持预先安排遗嘱：任何人都不允许把他公开安葬，即使是国家也不行。他的墓前不要任何人讲话……这一个虽然对那一个表示赞同，但是他却也有顾虑：“预先安排固然好。但是谁在我们的子孙后代面前保护我们呢？”

根本没有谈论政治局势。没有一句话提到西部的国家和东部的国家的重新武装。最后几个关于死者和生者的笑话引起哈哈大笑，然后两个人离开了克莱斯特墓地，没有提到这位被注定要在这里永垂不朽的作家或者引用他的诗句。在万湖火车站，住在逊内贝格区巴伐利亚广场附近的这一个乘的是城际轻轨；有一辆轿车等候着那一个，还有等候着的司机，可以相信，司机要把他送到布科夫区或者送到造船工人大坝街[③]。夏天来到的时候，两位都在不久前相继去世。我决定，烧掉我的那些诗，放弃日耳曼语言文学，从此以后在工业大学勤奋地学习机械制造专业。

注释：

① 克莱斯特墓地，位于柏林近郊的万湖湖畔，德国作家海因里希·封·克莱斯特（1777–1811）与女友亨丽特·弗格尔在这里自杀。

② 他们俩同一年相继去世，即当时住在联邦德国的作家戈特弗里德·贝恩（1886–1956）和住在民主德国的作家贝托尔特·布莱希特（1898–1956）。参见1902年和参见1930年。

③ 布莱希特和他的夫人、著名演员海伦娜·魏格尔（1900–1971）当时在布科夫有一座别墅，他们共同主持的著名的“柏林剧团”就在造船工人大坝街。

1957

1957年

叙述者：民主德国设计钢盔的工程师
叙述事件：西德扩充国防军
叙述时间：民主德国设计钢盔的工程师的信

亲爱的朋友：

在这么长时间从事同一种工作之后，我迫切地要给你写这封信。即使我们已经各走各的路，但是基于你我之间一直延续的战友情谊，我也相信，我的这封说知心话的信会到你手上的；可惜的是，这种小心谨慎的做法在我们分裂的祖国是必不可少的。

现在借此机会友好地向你通报一下：在你们那一边的联邦国防军[①]和我们这一边的国家人民军[②]组建完毕之后，我在这一年的5月1日被授予国家人民军的铜质功勋奖章。在隆重褒奖我的工作的时候，我意识到，这一荣誉有不小的一部分也是属于你的：我们曾经共同为发展德国的钢盔做出了贡献。

令人遗憾的是，在庆祝活动时（出于可以理解的原因）却忘了提到M-56型钢盔以前的发展情况；我们俩在上一次世界大战期间就已经在塔勒股份钢铁厂负责制造钢盔，我们作为主管工程师更加完善了由弗莱教授和亨塞尔博士研制的、后来通过射击试验的B-1型和B-2型钢盔。你肯定还记得，最高军事统帅部不准我们淘汰M-35型钢盔，尽管这种钢盔的缺陷——两边的内壁太硬，着弹点的角度接近九十度——已由大量士兵伤亡得到了证明。上述两种新型钢盔，1943年就已经在杜伯利茨步兵学校试用，改为平坦的倾斜角，证明可以提高射击强度，在操作二十毫米反坦克枪和被称为“烟囱筒”的八十毫米火箭筒时，也被证明完全可靠；在使用潜望镜和“多拉”报话机时也是如此。除此之外，还有其他一些通过专家鉴定证明的优点：钢盔自重很轻，在使用任何武器和器械时，头部有更大的活动空间，略去其他杂音不计，提高了听觉能力。

可惜的是，你也知道，一直到战争结束仍然是用M-35型钢盔。直到现在，随着国家人民军的建设，我才获准在塔勒国营钢铁厂继续研制经过多次试验的B-1型和B-2型，并且作为国家人民军的M-56型钢盔投入成批生产。我们预计第一批生产的数量为十万。钢盔内部的充填工作，委托给了陶莎国营皮革马鞍饰品厂。我们的钢盔完全可以拿出来展示，在这件事上我驳斥了在有些地方某些人的那种嘲笑，说是很像捷克的几种型号，这完全是偏见。

恰恰相反，亲爱的朋友！你也看见了，在我们的共和国（即使并不那么明显），人们在钢盔的造型以及军装的式样方面，是以普鲁士为榜样，甚至继承了久经考验的士兵短筒靴和军官长筒靴，而你们那边的名声不佳的“布朗克局”[④]则显然更愿意告别任何传统，因此就乖乖地认可了一种美国的钢盔式样。军灰色的制服也被洗褪了色，变成了波恩的蓝灰色[⑤]。如果我在这里强调说明，但愿不会伤害你：这支联邦国防军虽然对外竭力以随意的、尽可能是民事的方式出现，但是仍然不可能将它的侵略意图隐藏起来，而且它的伪装也显得非常可笑。然而，在军队的指挥人选方面，总还是不得不动用那些有功勋的纳粹德国国防军的将军们，我们这边也是这么做的。

现在我还想再提一下给予我的（原则上来说同时也是给予你的）荣誉，因为在五一劳动节庆祝活动期间向我颁发铜质勋章的时候，我想起了我们汉诺威工业大学的施威尔德教授。毕竟是他在1915年研制成功了那种首先在凡尔登然后在所有前线投入使用的钢盔，然后用它取代了那种低劣的尖顶头盔。我们在当他的学生时就相处得很好。当给予我（同时也是秘密地给予你）这么多荣誉的时候，至少我的心里是充满了感激之情。然而，我的快乐并不是纯洁的：可惜的是，我们两支德国的军队相互对峙。我们的祖国遭到分裂。外来的统治者希望这样。只好寄希望于，在不太遥远的一天，我们肯定会重新获得国家统一。那时，我们又可以像年轻时那样一起漫游哈尔茨山，再也不受任何边界的阻碍。那时，我们联合起来的士兵将戴上在两次世界大战中已经发展成为一种可以最大限度地弹开射来的枪弹、同时也继承了德国传统式样的钢盔。亲爱的朋友和战友，我们有幸为此做出了贡献！

你的埃里希

注释：

① 联邦德国在 1955 年 5 月组建联邦国防军，从 1957 年起实行义务兵役制度。

② 民主德国在 1956 年将 1952 年组建的人民警察部队扩建成国家人民军。

③ 1957 年 5 月 1 日，民主德国工程师基善（全名不详）因为对研制钢盔做出杰出贡献而获得国家人民军的铜质功勋奖章和两千马克奖金。

④ 1950 年，阿登纳任命特奥多尔·布朗克（1905-1972）为负责有关盟军部队事务的“联邦总理特派专员”，1953 年约有七百多人为“布朗克局”工作，该局成为后来联邦德国国防部的核心，布朗克在 1956 年出任国防部长。

⑤ 波恩在战后是联邦德国的首都和政府所在地，因为军灰色的军服会使人立刻联想到德国对外侵略的黑暗历史，因此了选择了蓝灰色的军服。

1958

1958年

叙述者：凯斯勒孪生姐妹的发现者和提携者
叙述事件：凯斯勒孪生姐妹
叙述时间：以后回忆，时间不确定

这些是肯定的：就像在吃喝浪潮之后是旅游浪潮一样，随着经济奇迹[①]也出现了德国小姐奇迹。最早出现的是哪些封面女郎？谁在1957年就已经成了《明星》周刊[②]的头条新闻？当小姐奇迹漂过大西洋，《生活》杂志[③]用大幅照片把“来自德国的轰动”登在封面时，在许多正在成长的美女中间，哪些被提到了名字？

作为最早的观众，我在五十年代就看上了这一对孪生姐妹[④]，她们当时刚从对面的萨克森过来，利用放假的时间看望她们的那个并没有娶她们母亲的父亲。经过我的介绍，她们俩开始在“帕拉丁杂耍剧院”表演杂耍，她们留在了西方，但是对她们莱比锡的芭蕾舞学校还是有一些念念不舍，因为爱丽丝和艾伦有更高的追求，梦寐以求的是有机会在杜塞尔多夫歌剧院表演《天鹅湖》什么的。

很有魅力，滑稽有趣，就像她们说起萨克森方言一样，每次我领着穿着紫丁香色长袜的姐妹俩漫步，从国王大街[⑤]的橱窗前面经过的时候，起初是引人注目，很快就引起了轰动。因此，她们被两位四处旅行寻找人才的丽都剧场的经理[6]发现，然后，多亏我向孪生姐妹的父亲说情，她们才能应聘前往巴黎。因此，我也打点了行装。杜塞尔多夫的大惊小怪本来就烦死我了。因为我在妈妈去世之后不愿意和我们繁荣兴旺的洗涤剂生产企业的监事会结婚，公司就通融地付给了我一笔钱，这样从此以后我任何时候都有钱花，可以出门旅行，住得起最好的饭店，买一辆克莱斯勒，再雇一个司机，稍后在靠近圣特罗佩茨的山上买了一个牧人小屋，也就是说，可以过一种典型的花花公子的生活；其实，我是因为凯斯勒这对孪生姐妹才钻进了这种只有外表上看很有趣的角色。她们双份的美丽吸引着我。这两个萨克森的优良品种把我给迷住了。她们的极端单调无聊也给了我这个无用的存在提供了一个从未达到过的目标，因为爱丽丝和艾伦，艾伦和爱丽丝仅仅把我看成是一条有很强支付能力的哈巴狗。

在巴黎要想接近她们俩是很困难的。那个“风铃草”，就是风铃草小姐[7]，一只真正的母老虎，实际上是姓莱博维奇，她对待她的那十六个表演歌舞剧的长腿姑娘，就像是对待修道院的修女：不准任何男人进入剧院的更衣室！不准与丽都的客人交往！演出之后送她们回旅馆的出租车司机必须超过六十岁。在我的朋友圈子里，我当时交往的是一伙国际好色之徒，有人说：“撬开一个银行的保险箱，也比把一个风铃草的姑娘弄到手还要容易。”

然而，我还是找到了机会，或者说，严格的女管教允许我把我爱慕的孪生姐妹带到香榭丽舍大街散步。此外，她还交待给我一个任务，就是要不断地开导安慰她们俩，因为，管更衣室的女人，由于她们俩的条顿人的出身对她们不理不睬，法国姑娘们则以卑鄙的方式对她们进行攻击。她们俩必须以自己超过常人的苗条、身高，为“德国猪”犯下的所有战争罪行负责。多么痛苦啊！她们为此而伤心地痛哭！我像一个收藏狂似的轻轻擦去她们的泪水……

后来，也有一些效果，攻击减少了。在美国，对“来自德国的轰动”的赞赏没有受到任何谩骂的损害。最后巴黎也对她们崇拜得五体投地。不管是毛里斯·切瓦里尔，还是弗朗西斯·萨甘，摩纳哥的格拉齐娅·帕德里齐亚或者索菲娅·罗兰，我只要把凯斯特这对孪生姐妹介绍给他们，所有的人都惊喜若狂。唯独丽茨·泰勒大概是嫉妒地看着我的这两朵萨克森的百合花的腰身。

啊，爱丽丝，啊，艾伦！有多少人想要得到她们啊，但是，那些发情的公马大概谁也没有真的有机会做什么。即使是在拍摄影片《空中飞人》的时候，托尼·柯蒂斯和伯特·兰卡斯特不知疲倦地试图想在她们俩这里着陆，结果也没有成功,而我根本就不必扮演监督者的角色。尽管如此,大家都是好朋友，也互相逗乐。拍片休息期间，只要艾伦和爱丽丝出现，那些好莱坞的明星们就逗乐地高喊“来份冰淇淋!”，而我的这两个美人则回答“来份热狗！来份热狗!”。即使是伯特·兰卡斯特，他后来声称曾经在她们俩中的一个旁边躺下休息了很长时间，但是也没有占到多少便宜，甚至几乎就没搞清楚，究竟是躺在她们俩中的哪一个的旁边。

她们也仅仅是看上去才非常美好。我获得了这种许可，任何时间，任何地点。也仅仅是我可以这么做，直到她们走上自己的道路，那是成功为她们铺平的。她们的光芒使一切都相形见绌，甚至包括那个经常被引用的、仅仅是议论德国经济时才这么说的奇迹，因为，由爱丽丝和艾伦开始的那个萨克森的小姐奇迹，直到今天仍然让我们感到惊讶。

注释:

① 战后，在美国的欧洲重建计划的帮助下，联邦德国的经济在五十年代迅速发展，被称为经济奇迹，当时的联邦德国经济部长艾哈德被称为“经济奇迹之父”。

② 《明星》周刊为德国最重要的画刊,凯斯勒孪生姐妹是1957年5月18日出版的该刊的头条新闻。

③ 《生活》杂志为美国重要刊物，1963年2月22日出版的该刊对凯斯勒孪生姐妹作了重点报道。

④ 这一对孪生姐妹，即爱丽丝·凯斯勒和艾伦·凯斯勒，1936年8月20日出生在德国，后来成为国际著名的歌舞演员和电影演员。

⑤ 国王大街，杜塞尔多夫的主要街道。

⑥ 丽都剧场是巴黎著名的歌舞剧场，于1948年开办，这两个经理是路易·桂灵和雷内·弗拉迪。

⑦ 风铃草小姐，即当时已经六十岁左右的玛加蕾特·莱博维奇，出生在爱尔兰，丽都剧场的创办人，因为眼睛碧蓝而被称为“风铃草”。

⑧ 《空中飞人》，美国故事片，摄制于1956年。

⑮ 托尼·柯蒂斯（1925-），美国男演员。

⑯ 伯特·兰卡斯特（1913-1994），美国男演员。

1959年

叙述者：作者本人

叙述事件：《铁皮鼓》出版

就像我们俩，安娜和我——那是1953年——如何互相在寒冷的1月，在柏林的“鸡蛋壳”舞厅找到对方那样，我们欢快地翩翩起舞，因为只有离开书展大厅及其展出的两万种新书[①]和数千名喋喋不休的圈内人士，才可能得到解脱；花的是出版社的钱（鲁赫特汉德出版社，或许是在S. 菲舍尔出

版社那栋刚刚落成的“蜂箱”办公大楼，肯定不是在苏尔坎普出版社那些擦得锃亮的过道里，不对，是在鲁赫特汉德出版社租借的一个场所），我们每次总是这样，安娜和我，一边跳舞，一边寻找对方，找到对方，伴着一支与我们年轻时代的韵律相符的曲子，迪克西兰爵士乐，似乎我们只有跳舞才能逃避这种闹哄哄的场面，逃避书的洪水，逃避所有这些重要的人物，才能步伐轻盈地摆脱他们的议论——“成功！伯尔[2]，格拉斯，约翰森[3]，获得了成功……”——同时也才能够在快速的旋转中排斥我们的预感，现在停下来了，现在又开始了，现在我们有了名气，而且是两腿富有弹性，紧贴在一起或者只是保持指尖的接触，因为这种书展大厅里的低声细语——“台球，推测，铁皮鼓[4]……”——以及这种舞会的窃窃私语——“现在终于出现了德国的战后文学……”——或者还有军事上的诊断——“尽管有西布尔格和《法兰克福总汇报》，但是现在终于取得了突破……”——仅仅是由于跳舞成瘾和得意忘形而一律遭到忽略，因为迪克西兰爵士乐和我们心跳的声音更响，它为我们增添了翅膀，让我们进入失重状态，以至于那本厚书的重量——厚厚的七百三十页——在跳舞中消失了，我们从一个版次又上升到另一个版次，十五万册，不对，二十万册，有人高喊“三十万册！”还有人猜测和法国、日本、斯堪的纳维亚签订了几项版权合同，我们也超越了这一成功，正在脚不沾地地跳着，这时，安娜的那条下沿钩织了许多齿形花边、中间有三道褶的衬裙掉了下来，松紧带绷断了或者是我们失去了任何顾忌，因此，安娜毫无拘束地从掉下来的衬裙里面飘然而出，用光着的脚尖将衬裙挑起，扔向看着我们的人群，书展的观众，其中甚至还有读者，他们和我们一起由出版社出钱（鲁赫特汉德出版社）为这本已经非常畅销的书庆祝，高喊“奥斯卡！”，“奥斯卡在跳舞”；但是，这并不是那个和电话局的一位女士伴着《老虎杰米》的曲子翩翩起舞的奥斯卡·马策拉特，而是舞跳得非常默契的安娜和我，把弗兰茨和劳乌尔这两个小儿子托付给朋友们，乘火车长途旅行，而且是从巴黎过来的，我在那里的一个潮湿的小屋里，为我们的两间陋室添煤取暖，面对漏雨渗水的墙壁，写出了一章又一章，而安娜则在克里齐广场的诺拉女士那里每天把脚架在芭蕾舞练习杠上汗流浃背，那条掉下来的衬裙还是祖母留下来的遗产，直到我打完了最后几页，把清样寄往诺伊维德，再用毛笔画完了这本书的封面[5]，上面是蓝眼睛的奥斯卡，出版商（他姓莱费尔赛德）邀请我们去法兰克福参加书展，为了让我们俩能够一起经历、享受、品味、咀嚼这一成功;但是，安娜和我一直在跳舞，后来当我们出了名以后仍然一块儿跳舞，可是跳来跳去我们之间可以谈的话则越来越少。

注释:

① 书展大厅及其展出的两万种新书，即法兰克福书展，1959 年 10 月 6 日开幕。

② 海因里希·伯尔（1917–1984），德国作家，获得 1972 年诺贝尔文学奖。

③ 乌韦·约翰森，德国作家。

④ 台球，推测，铁皮鼓……，指的是伯尔的长篇小说《九点半的台球》（1959），约翰森的长篇小说《关于雅各布的推测》（1959）和作者本人的长篇小说《铁皮鼓》（1959）。

⑤ 书的封面由作者设计绘制，他以后的绝大部分著作也都是由他自己设计绘制的。

1960年

叙述者：阿迪达斯公司老板阿道夫·达塞尔

叙述事件：哈里获奥运会100米冠军，阿迪达斯公司和彪马公司分裂

叙述时间：八十年代初期之后

多么不幸啊！虽然在罗马仍然还是以一支全德联队参加奥运会[1]，但是，阿迪达斯[2]则最终分裂了。这都是因为哈里。他并不是故意要挑起我们兄弟俩之间的进一步争吵，但是，他却使我们俩的不和更加尖锐化。我们在生意

上早就各走各的路，我弟弟同样也是在这儿，离菲尔特不远的地方，开设了他的竞争企业彪马[3]，但是从来没有达到甚至仅仅是接近阿迪达斯的产量。

不错，两家公司控制了跑鞋和足球鞋的世界市场。但是，阿尔闵·哈里[4]让我们俩相互争斗，自己从中渔利，同样也是事实，他在创造纪录的赛跑中，有时是穿着阿迪达斯跑鞋，有时则是穿着彪马跑鞋，走向起跑线的。两家公司都为此付钱。他在罗马比赛时，穿的是我弟弟的跑鞋，但是后来当他以难以置信的奔跑夺得金牌之后，则是穿着阿迪达斯站在领奖台上的。是我在苏黎世的十秒世界纪录之后，把他的那双跑鞋收藏在我们的博物馆里，并且研制出“九秒九”的未来型号，以便让哈里可以在罗马穿着这双九秒九的跑鞋走向起跑线。

不幸啊！他被我弟弟拉了过去，这对于我们兄弟之争是很典型的，就在获得金牌之后——哈里在四乘一百米接力赛中也很成功——立刻就向体育新闻界介绍了八种以他的姓氏命名的彪马式样。从“哈里起跑”和“哈里冲刺”开始，最后以“哈里胜利”结束。真不知道彪马必须为此付出多少钱。

然而，回心转意与和好如初都已经太迟了，公司被卖给了外国，我弟弟也死了，所有的敌视与仇恨都已经被埋葬，我既痛苦也清醒地认识到，我们俩真不应该同这个完全有理由被称为灵缇的家伙交往。为我们的慷慨开出的账单很快也就放在了办公桌上。他刚刚跑出了那个最终得到确认的世界纪录之后，一件接一件的丑闻就追上了他。在罗马，这个被宠坏了的捣蛋鬼就和体育官员吵了起来，是为了接力赛的事。在下一年里，他作为短跑运动员的生涯差不多就算结束了。也就是在飞速上升之后。啊，不是像有人说的那样，原因不是交通事故，而是粗暴地违反了业余运动员规则。说是我们，即阿迪达斯和彪马，诱使这个可怜的年轻人走上了这一步。这当然是无稽之谈，虽然我也不得不承认，我的那位卑鄙的贤弟总是很擅长把赛跑运动员拉走，不管采用什么方式。无论是菲特勒，还是格尔玛，或者劳厄[5]，没有一个，他没有去试探过。然而，他却在哈里身上狠狠地栽了一个跟头。我今天仍然认为，体育法庭做出的判决太吹毛求疵，就这样阻止了这个无可比拟的非凡的短跑选手继续再获得胜利和打破纪录，甚至黑人杰西·欧文斯也曾经和白人阿尔闵·哈里握手，表示赞赏。

我坚持认为：真是不幸啊！即使这个短跑天才的发展过程表明，他的天才在道德方面是多么的营养不足，他后来不管是当房地产中间商还是企业老板，总是经常被卷入丑闻，最后在八十年代初被拖进了那个由工会的企业“新家乡”⑥和慕尼黑教区最高主管机构的阴谋诡计设下的泥坑，导致他被以不诚实和欺骗的罪名判处了两年的徒刑。然而，我的眼前却始终出现这个高大的小伙子，从前出现在我弟弟眼前的大概也是这样一个小伙子，以世界纪录的时间，跑完了一百米的距离，跨了四十五步，最大的一步测量出来是二米二九。

他的起跑真棒！刚刚离开起跑器，他就已经超过了所有的人，也包括那些有色人种运动员。在许多年里，这是由白人保持的最后一项短跑世界纪录。多么不幸啊，他无法亲自把他的这个十秒整的纪录再缩短一些。要是阿尔闵·哈里留在了阿迪达斯，没有转到彪马和我的弟弟混在一起，他肯定会跑出九秒九的。据说，杰西·欧文斯甚至相信他可以跑出九秒八。

注释：

① 联邦德国和民主德国组成一支德国队参加了1960年8月至9月在罗马举行的奥运会。
② 阿迪达斯，由德国人阿道夫·达塞尔创办的著名体育用品公司，阿迪达斯这个名字是由创始人的名字（阿道夫的昵称是阿迪）和姓氏的前三个字母合成。
③ 阿道夫·达塞尔的弟弟鲁道夫·达塞尔因与哥哥不和，创办了自己的公司彪马，也生产体育用品。
④ 阿尔闵·哈里（1937-），德国著名短跑运动员，1960年成为世界上第一个在十秒内跑完一百米的人，并将该项世界纪录一直保持到1968年。
⑤ 海因茨·菲特勒、曼弗雷德·格尔玛、马丁·劳厄均是德国著名短跑运动员。
⑥ “新家乡”，汉堡的一家隶属于工会的房地产公司，曾经是西欧最大的城市住宅建筑公司，八十年代初陷入债务危机，最后被迫宣布破产。

1961年

叙述者：帮助东柏林人逃往西柏林的大学生

叙述事件：建柏林墙

叙述时间：1989年11月9日之后

即使今天几乎没有人再想做这种事，甚至不会有人感兴趣，我也会对自己说，准确地来说，这是你最美好的时光。你当时很热门，有人求你帮忙。有一年多，你生活得很冒险，由于害怕甚至折断了手指甲，你冒了许多风险，从来也不问是不是会把下一个学期也搭了进去。当那堵横穿全城的墙在一夜之间建起来的时候[1]，我是工大的学生，而且已经开始对远程供热技术感兴趣。

这件事引起了骚动。许多人上街示威，在国会大厦前面或者其他什么地方抗议，我没有去参加。8月份，我还把艾尔克接了过来，她在那边学的是

教育学。用的是一本西德的护照，事情经过相当简单，护照上面的数据资料以及照片，对她一点问题也没有。但是，在月底的时候，我们就不得不对通行证进行修饰，而且分成小组操作。我是联络人。用我的那本联邦德国护照，一直到9月底都很顺利，是在希尔德斯海姆签发的，实际上我就是在那儿出生的。但是，在此以后，每次离开东区时都必须交出通行证。只要有人及时向我们提供那些典型的东区纸张，我们大概也可以搞出这种通行证。

但是，如今已经没有人还想知道这些事。就连我自己的几个孩子也不想知道。他们根本不愿意听，或者干脆就说：“好啦，爸爸。你们当时要比我们好一个等级，这是人人都知道的。”唉，也许将来我的孙子们会愿意听我讲讲，当年我是怎样把他们当时陷在对面的奶奶接过来的，然后一块儿参与以“旅行社行动”[2]之名作为掩护的事情。我们中间有几个人是用煮硬的鸡蛋伪造印章的专家。还有几个人可以用削尖的火柴棒搭出很复杂的小玩意儿。我们几乎都是大学生，很左倾，有学生社团的成员，也有像我这样对政治一点儿也不感兴趣的人。我们虽然也参加西区的选举，柏林的执政市长是社民党的候

选人，但是我既没有投票给勃兰特和他的同志们，也没有选上了年纪的阿登纳，因为靠意识形态以及自我吹嘘，在我们这里是行不通的。只是实践才能算数。我们必须“更换”护照照片，这是当时的说法，也有外国护照，瑞典的，荷兰的。或者通过联络人安排一些与护照上的照片和数据资料——头发颜色、眼睛颜色、身高、年龄——相近的。还有合适的报纸，零钱，旧车票，典型的零碎杂物，就是那些人们通常装在手袋里的东西，比如，一位丹麦的年轻女人。需要做大量的工作。一切都是不计报酬的，或者说只收成本价。

但是，在已经没有任何不计报酬的今天，不再会有人相信，我们这些大学生当年是不收钱的。肯定也有一些人后来在挖隧道时伸手要钱要东西。贝尔瑙大街那个项目办得很愚蠢。那是一个三人小组，收了一家美国电视台的三万马克，就让他们在隧道里面拍电视，对此我们一无所知。我们挖了四个多月。全是边境地区的沙子！这个隧道有一百多米长。拍电视的时候，我们已经把将近三十个人，其中有老奶奶和小孩子，偷渡到了西边，我当时想，这肯定是一部以后才放映的文献纪录片。可是，并不是这样，很快就在电视里播放了，假如隧道不是在播放前不久就被地下水淹掉了，尽管有昂贵的抽水设备，肯定也会有人立刻开闸向隧道里面放水。尽管如此，我们仍然在别的地方继续挖。

不，我们那里没有死一个人。我知道。这些故事往往夸张。要是有人从边境的一栋房子的三楼窗户向下跳，下面有消防队撑开帆布接着，可是偏偏擦身而过，扑通一下摔到旁边的石子路上，报纸准会连篇累牍，没完没了。一年以后，彼得·费希特③在查理检查站④想跑过来的时候，被枪击伤，因为没有人营救，最后流血过多而死。这种消息我们是不会提供的，因为我们从不冒风险。尽管如此，我也可以告诉您几件当时就有人不愿意相信的事。例如，我们通过下水道把许多人接了过来。那下面弥漫着氨气的臭味。有一条逃跑的路线，是从市中心通到克劳伊茨贝格，我们称它为“钟巷 4711”，因为所有的人，逃亡者和我们，都不得不淌过淹到膝盖的臭水。我后来充当了盖阴沟盖的人，就是负责在所有的人都上了路之后，再把入口的那个阴沟盖按原样盖好，因为最后面的几个逃亡者往往都很紧张，常常会忘记还要关上后门。在城市北部的广场大街下面的排水沟就是这样，有几个人刚刚来到西边，就大呼小叫起来。高兴嘛，这是当然的啦。但是，这样也让那些在对面站岗的民警们恍然大悟。他们往下水道里扔催泪弹。还有公墓的故事，公墓的围墙是整个墙的一部分，我们在沙质土壤里挖出了一个只能爬行的隧道，里面总往下掉泥土，紧贴着安放骨灰坛的墓穴，我们的顾客，都是一些带着鲜花和其他墓前饰物、看上去心地善良的人，突然之间，就消失得无影无踪。有几次进行得非常顺利，直到有一天一个年轻妇女想带着小孩过来，把她的童车留在了盖住的隧道入口旁边，这样一下子就引起了别人的注意……

必须预料到这种失误。现在，如果您愿意，我再讲一个一切顺利的故事。您听够了？明白啦。人们已经听腻了这些，对此我也习惯了。几年前，当那堵墙还立在那儿的时候，完全不是这样。有一些和我一起在这里的远程供热厂工作的同事，星期天早上在工棚里会问："当时是怎么事儿，乌利？说说你把你的艾尔克弄过来时的前后经过……"但是，今天已经没有人想听与此有关的任何事，在斯图加特这儿肯定更不会有，因为施瓦本人早在1961年那会儿就几乎没有参与，当时在柏林正横穿着……后来当墙突然之间被拆掉的时候⑤，参与的人就更少了。假如还有这堵墙，他们恐怕会更高兴，因为那样就会取消统一附加税，自从墙倒以来，他们不得不掏钱交这种税。好啦，我不说这些了，即使这是我最美好的时光，在下水道的淹到膝盖的臭水里……或者穿过那个只能爬行的隧道……无论如何还是我妻子说得对，她说："你当时完全不是这样。我们当年可是真正地生活过……"

注释:

① 1961年8月13日，民主德国为了防止它的公民逃往西方，在华沙条约国的帮助下，在东西柏林之间建造了一堵横穿全城的高墙，高约三米，全长45.1公里。
② "旅行社行动"，截止1962年该组织帮助六百多名民主德国公民逃往西方。
③ 彼得·费希特，东柏林的一个瓦工，1962年8月17日在企图逃往西柏林时被东柏林边防战士开枪打死。据统计，在柏林墙存在的一万零三百一十五天里，共有一百七十八人因为企图越墙逃往西方而丧生。
④ 查理检查站，由美军管理的一个东西柏林边界检查站。
⑤ 后来当墙突然之间被拆掉的时候，即1989年11月9日。
⑥ 统一附加税，德国统一后征收的一种与工资收入联系在一起的特殊税，用于发展前民主德国地区的基础设施。

1962年

叙述者：在战争中失去亲人的犹太人
叙述事件：审判前纳粹分子艾希曼
叙述时间：事后不久

就像现在的教皇踏上旅途，去非洲或者波兰视察他的臣民那样，为了免遭不测，这个名气很大的运输队长[①]，当他在我们那里坐在法庭面前的时候，也被塞进了一只笼子，不同的是它只有三面是封闭的。朝法官席这一面，他的玻璃小屋是敞开着的。这是安全部门的规定，所以我只给这个大箱子的三面装上了特种玻璃，是那种很贵的防弹玻璃。我的公司很幸运地接到了这项委托，因为我们总是有一些特殊要求的顾客。喏，整个以色列的银行分支机构，迪岑格夫大街[②]上的珠宝店，他们在橱窗和玻璃柜里展示的全是贵重物品，希望确保安全，不会受到可能出现的暴力行动的威胁。早在纽伦堡的时候，我父亲就是一家玻璃店的师傅，它曾经是一座美丽的城市，我们全家从前都

1962

住在那里，店里的业务一直延伸到施魏因富特和英格尔施塔特。喏，在1938年到处都被砸碎之前，一直都有的是活干，您可以想象得出是为什么。公正的上帝，我是小孩子的时候，曾经咒骂这一切，因为父亲很严厉，我每天都必须加夜班。

全凭一点点运气，我们才逃了出来，我和我弟弟。全家就我们俩。所有其他的人，其中有我的两个姐妹和所有的堂姐妹，在战争爆发的时候，先是都去了特蕾辛城[3]，然后，我知道，可能去了索比伯尔[4]，奥斯威辛[5]。只有妈妈是在这之前，就像人们说的那样，完全自然地去世的，即心脏功能缺损。但是，格尔松，就是我弟弟，后来也没有弄到详细情况，在终于和平了之后，他曾经在弗兰肯地区到处了解打听。他只了解到是在什么时候被运走的，因为那一天从我们家一直定居的纽伦堡开出了一些挤得满满的列车。

喏，他，这个在所有报纸上被称作“死亡的运输者”的人，现在就坐在我的那个玻璃箱子里面，这个箱子必须防弹，它也的确是防弹的。请原谅，我的德语可能有一点儿差劲，因为当年我拉着我弟弟的手、搭船去巴勒斯坦的时候只有十九岁，但是那个坐在箱子里总在摆弄他的耳机的家伙，德语说得更差劲。所有的法官先生都能说很好的德语，他们也认为，每次他说的句子长得就像绦虫，没人能听得明白。但是，我坐在普通听众中间也能够基本听懂，他做的一切都是奉命行事。还有许多人也是奉命行事，但是却靠着一点点小运气仍然一直逍遥自在。他们拿很高的工资，有一个甚至当了阿登纳的国务秘书[6]，我们的本－古里安[7]不得不和他为钱进行谈判。

我对自己说：注意听好，扬科勒！你真应该做出一百个，不对，一千个这样的玻璃箱子。你的公司再多雇一些人手，你就一定能够办到，只要不是一下子就需要所有的箱子。喏，要是提到一个新出现的人的名字，大概是叫阿诺伊斯·布鲁纳[8]，总是可以再把一个很小的、里面只有姓名牌的玻璃箱子，象征性地放在艾希曼的玻璃箱子和法官席之间。放在一张完全特别的桌子上。最后很快就会放满的。

人们对此已经写了许多东西，喏，关于罪恶，也有一些是老一套。直到他被套上脖子吊死之后，人们才写得少了一些。但是，在审理这个案子的整个过程中，所有的报纸都报道这件事儿。只有加加林[9]，这个坐在宇宙舱里的受到赞美的苏联人，才和我们的艾希曼形成了竞争，以至于我们的人和美国人都非常嫉妒这个加加林。但是，我当时就问过自己：小雅各布，你难道不认为这两个人处在相似的位置吗？每一个人都是完全封闭，与外面隔绝的。只不过这个加加林更加孤独罢了，因为我们的艾希曼总是可以得到一些可以交谈的人，我们的人是从阿根廷把他弄回来的，他在那里养鸡。他自己也喜欢讲话。他最喜欢讲的是，他最愿意做的事，就是把我们这些犹太人送到马达加斯加去，而不是送进毒气室。而且他一点儿也不反对犹太人。他说，他甚至很赞赏我们关于犹太复国主义的思想，因为人们可以为这一个好主意做一些组织性的工作。假如他没有接到负责运输的命令，犹太人今天很可能还要感谢他呢，因为他曾经亲自处理过大量移民的事务。

我对自己说：喂，扬科勒，你真应该感谢这个艾希曼带给你的一点儿运气，因为格尔松，就是你弟弟，还有你，在1938年还被允许出国。只是你不必为全家的其他人表示感谢，父亲，所有的姨婶叔伯，所有的姐妹和你的几个漂亮的堂姐妹，总共近二十个人。我很愿意同他谈谈这件事，因为他知道详情，喏，关于运输的目的地，我的姐妹和严厉的父亲最后到底去了哪里。但是我没有得到许可。有足够的证人在场。除此之外，我也很满意，我能够获准为他的安全负责。他可能也很喜欢他的防弹玻璃的小屋子。当他露出一些微笑的时候，看上去是这样。

注释：

① 阿道夫·艾希曼（1906-1962），党卫军军官，1939年起担任德国安全总局犹太人事务专员，负责安排将犹太人运送到设在东欧的灭绝营；战后逃往阿根廷，1960年被以色列秘密警察发现后绑架到以色列，1961年12月15日被以色列法庭判处死刑，1962年6月1日被处决。

② 以色列城市特拉维夫的主要商业街。

③ 特蕾辛城，即现在位于捷克的特蕾青，1941年至1945年，这里有一个纳粹集中营。

④ 索比伯尔，位于波兰，1942年至1943年，这里有一个纳粹灭绝营。

⑤ 奥斯威辛，位于波兰，第二次世界大战期间，德国在这里建立了许多集中营和灭绝营，大批犹太人在此被成批地用毒气毒死。

⑥ 指汉斯·格罗卜克（1898-1973），德国法学家，曾在纳粹政府内政部任处长，战后在联邦德国总理府任副局长和国务秘书（即副部长）。

⑦ 达维特·本·古里安（1886-1973），以色列政治家，曾任以色列总理。

⑧ 阿诺伊斯·布鲁纳（1912-），党卫军军官，艾希曼的助手，参与安排将犹太人运送到设在东欧的灭绝营，战后逃往叙利亚。叙利亚拒绝把他引渡给以色列。

⑨ 尤里·安德烈耶维奇·加加林（1934-1968），苏联宇航员，1961年4月12日成为第一个遨游太空的人。

1963

1963年

叙述者：临时在衣帽间帮忙的女大学生
叙述事件：柏林音乐厅的首场演出
叙述时间：仍在上大学学习建筑期间

一个可以居住的梦。一种保持不变的、固定抛锚停泊在那里的现象。啊，我是多么兴奋啊！一条船，一条设计独特的帆船，同时也是音乐船，橙红色的，搁浅在那堵隔开一切、非常难看的墙的旁边，周围是一片荒地，它大胆地耸起船头对抗野蛮，就像人们后来所见，它与附近的其他一些仍然显得很现代的建筑相比，成为超现实的东西。

有人说我的欢呼是少女的天真，黄毛丫头的夸张，然而我并不为我的兴奋感到羞愧。我耐心地或许也是出于目空一切的冷静，忍受着那些上了年纪的衣帽间女人的嘲笑，我毕竟知道，我这个来自维尔斯特沼泽地的农民女儿，没有权利狂妄自大、自以为是，现在多亏了有奖学金才能成为一个发奋学音乐的大学生，只是有时为了挣这笔小钱才来看管衣帽间。况且，我那些成熟的女同事在衣帽间的长条桌后面讲的那些讽刺话，也是善意的。“我们的笛子姑娘又在练习那几个最高音。”她们一边说一边试着吹吹我的那把乐器——横笛。

实际上是奥雷勒·尼科莱特[①]，我崇拜的艺术大师，是他给我这个如痴如醉的女学生鼓足勇气，敢于动人地表达出兴奋之情，不管是对一种为人类服务的理想，还是对一条名叫“音乐厅”的搁了浅的船；他也是一个热情活泼的人，鬈发像火焰似的，我当时觉得，配上他的脸有一种诱人的吸引力。不管怎样，他把我对那条搁浅的船的比喻立刻翻译成了法语：“Bateau échoué。”

那几个柏林女人却又开始运用她们的幽默，把这座建筑的帐篷似的基本特点与乐队指挥的中心位置混在一起，毫不犹豫地把这个伟大的设计称为是蹩脚的“卡拉扬[②]的马戏团”。有人赞扬，也有人挑刺儿。建筑师之间的同行嫉妒也表现了出来。只有那位我同样崇拜的尤里乌斯·波塞纳教授说了一些符合实际的话，他说：“只有萨洛恩[③]才有资格建造一种皮拉内西式的空间，他把监狱特征转变成一种壮观华丽的……”然而我坚持认为：它是一条船，在我看来，是一条监狱船，它的内心充满音乐，在我看来，充满了在此空间里捕获到、同时马上又释放出去的音乐，音乐居住在这里，赋予这里灵魂，掌控这里的一切。

音响效果如何？所有的人，几乎所有的人，都对此表示赞扬。进行音响测试的时候，我也在场，我也被允许在那里。在隆重的首场演出之前，——卡拉扬当然是指望由他来指挥贝多芬的“第九交响乐”——我没有请求批准，就擅自悄悄地溜进了光线昏暗的音乐厅。只能隐隐约约地看出有几层楼厅。只有几盏强光照明灯照亮了位于最低处的舞台。这时从黑暗中有一个声音有点不耐烦地，但实际上是出于好意地冲着我高喊：“不要傻站着，姑娘！我们需要帮忙。快站到舞台上去！”我这个来自沼泽地的倔强农民的女儿，平时从来不会找不到反驳的话，这时却赶紧跑下台阶，绕了几个弯之后站在了灯光下，有个男人，后来我才知道他是音响师，把一支左轮手枪塞在我的手里，简单地解释了几句。从像蜂房堆砌成一层一层的黑暗的音乐厅，又传来了那个不耐烦的声音：“把五发子弹全部连续射出。不要害怕，姑娘，只是空包弹。现在开始，我说，现在开始！”

我听话地举起左轮手枪，一点儿也不害怕，据说看上去“像天使一样美丽”，这是别人事后告诉我的。我就站在那里，连续扣了五次扳机，为了能够进行音响效果测试。瞧，一切都很顺利。那个从黑暗中传来的声音，是建筑大师汉斯·萨洛恩，从此以后，我崇拜他也像从前崇拜我的笛子老师一样。因此，也许是听从了一种内心的呼唤，我放弃了音乐，满腔热情地开始学习建筑。因为现在没有了奖学金，因此我偶尔也仍然在音乐厅的衣帽间打工。我就这样从一场音乐会到另一场音乐会，亲身经验到，音乐和建筑是多么的相辅相成啊，特别是当一位“造船工程师”捕捉同时又释放音乐的时候。

注释：

① 奥雷勒·尼科莱特（1926-），瑞士著名长笛演奏家，曾在柏林交响乐团供职。
② 赫伯特·卡拉扬（1908-1989），奥地利指挥家，1955 年至 1989 年任柏林交响乐团首席指挥。
③ 汉斯·萨洛恩（1893-1972），德国著名建筑设计师，柏林工业大学城市建筑专业教授，1955 年至 1968 年任柏林艺术学院院长。

1964

1964年

叙述者：偶尔参加审判过程的年轻妇女
叙述事件：法兰克福的奥斯威辛审判
叙述时间：以后回忆，时间不确定

确实，所有那些可怕的事情，曾经发生过的，与此有关的，我都是后来才明白的，那是在我们不得不赶紧办理结婚手续的时候，因为我已经怀了孕，我们在“罗马人广场”真的走错了门，在我们法兰克福，户籍登记处就设在那里。不错，那么多台阶，心情激动。可是，人们告诉我们：“你们找错了地方。在下面两层。这里正在进行审判。”我问了一句：“什么审判？”“嗯，就是控告奥斯维辛的作案人[1]。难道您不看报纸吗？所有的报纸上都是这件事。”

这样，我们又来到了楼下，几位证婚人已经等在那里。我的父母没有来，因为他们起初是反对这桩婚事的，但是海纳的父母来了，而且非常激动，还有长途电话局的两个女朋友。事后我们所有的人都去了棕榈园，海纳已经在那里预定了一张桌子，我们好好地庆祝了一番。但是，在结婚之后，我就摆脱不了这件事，总是经常去那里，虽然我已经有了五、六个月的身孕，司法当局已经把审判改到了弗兰肯大街，在那里的加鲁斯市民之家有一个很大的厅，可以提供更多的座位，特别是提供给听众的座位。

海纳从来没有一起去过，他就在附近的铁路货运站工作，下了夜班之后，完全是可以去的。但是我把一切可以讲的都对他讲了。所有那些可怕的数字，竟然上了好几百万，简直无法理解，因为总是有人说，其他数字才是事实[2]。确实，据说被毒气毒死的或者以其他方法丧命的人数是三百万，然后又说最多只有两百万。在法庭上发生的事情同样糟糕，甚至更糟糕，因为就在眼前，我对海纳讲了这些，直到他嚷嚷了起来：“别再说啦！这些事发生的时候，我才四岁，最多五岁，你当时才刚刚出生。”

这话不错。但是，海纳的父亲和叔叔库尔特都当过兵，他叔叔其实真是一个很讨人喜欢的家伙，他们俩一直到了俄罗斯的腹地，这是海纳的母亲有一次对我说的。然而，在贝娅特的洗礼仪式上，全家终于团聚，我想对他们俩讲讲加鲁斯市民之家的审判以及卡杜克[3]和博格[4]的事，却只是听见了这样的话：“我们一点儿也不知道这些事。是在什么时候？1943年？那时在我们那儿只剩下撤退了……”库尔特叔叔说：“我们当时被迫撤出克里米亚半岛，我也终于可以回家休假，在我们这里已经被炸平了。但是，却没有任何人提到美国佬和英国人对我们进行的这种恐怖行为。当然，因为他们胜利了，有罪的总是其他的人。别再说啦，海蒂！”

但是，海纳却不得不听。我真的是强迫他听，因为，我们登记结婚的那天在“罗马人广场”走错地方，闯进了奥斯维辛，更糟糕的是，闯进了有焚尸炉的比尔克瑙[5]，这一切绝对不是偶然的。起初他不愿意相信这些，例如，一个被告命令一个犯人亲手把自己的父亲摁在水里淹死，此后这个犯人完全疯了，因此，也就是因此，这个被告当场就枪杀了这个犯人。或许是在十区和十一区之间的小院子里，靠着一堵涂成黑色的墙进行的。枪决！估计有好几千人。在审理此事的时候，没有人知道准确的数字。况且，要回忆也是很困难的。当我对海纳讲起那个秋千的时候，他一开始根本就不想搞明白，秋千是这个威廉·博格的叫法，是他发明了这样一个让囚犯开口说话的器械。我在一张纸上详详细细地为他画出了一位证人借助模型向法官们演示的过程，这个模型是这位证人专门为这次审判自己动手做的。一个穿着条纹囚服的犯人被高高地吊在一根杆子上，就像是一个木偶，而且被绳子捆绑成特定的姿势，以便这个博格可以准确地不断地击中两腿之间的睾丸。是的，准确地击中睾丸。“你想象一下，海纳，”我说，“当这个证人向法庭陈述这一切的时候，博格竟然暗暗笑了起来，咧开了嘴角，他坐在被告席靠右边的地方，也就是这个证人的后面……”

不错！我也扪心自问。这是人干的事吗？尽管如此，也有一些证人声称，这个博格平时举止还是挺中规中矩的，他总是关心在司令部里放上鲜花。据说，他真正仇恨的是波兰人，对犹太人的仇恨则要少得多。是啊，那些在集中营和比尔克瑙的毒气室和焚尸场的事，要比这个秋千更难搞明白，大量的吉卜赛人在比尔克瑙特别建造的木板房里被毒气毒死。这个博格和海纳的叔叔库尔特有一点相似之处，特别是当他和蔼地东张西望的时候，这些我当然没有对别人讲，因为这样对库尔特叔叔就太卑鄙了，他是一个心地善良的人，是和蔼亲切的化身。

尽管如此，这些有关秋千和其他事实的事情，一直影响着海纳和我，以至于我们每到结婚纪念日总是不得不想起这些，也是因为我当时正怀着贝娅特，后来我们对自己说:“但愿这个孩子对这一切什么也没有听见。”去年冬天，海纳对我说:“夏天，如果我能获准休假，我们也许去克拉科夫和卡托维兹旅行。母亲早就想去，因为她实际上是来自上西里西亚地区。我已经去过奥尔比斯。这是一家波兰的旅行社……”

但是，我不知道，这对我们是否合适，会不会因此引出什么事，即使现在很容易就可以得到签证。不错，据说克拉科夫离奥斯维辛不远。这份旅游广告里面介绍，甚至可以去那里参观……

注释:

① 1964 年到 1981 年，在美茵河畔的法兰克福先后对在奥斯威辛集中营参与迫害犹太人的部分纳粹分子进行了六次审判并且判处长期至无期徒刑。

② 战后德国曾经有人对纳粹分子在奥斯威辛集中营迫害犹太人的罪行进行否认和辩护，被称为“奥斯维辛谎言”。1985 年联邦德国修改的《刑法》第 194 条规定，散布“奥斯维辛谎言”的人将受到法律制裁。

③ 奥斯瓦尔德・卡杜克（1906-），奥斯维辛集中营的党卫军军官，1947 年被苏联占领当局判处二十五年强制劳动，1956 年获释后在联邦德国当医院护理员，1965 年在法兰克福被判处无期徒刑，1988 年获释。

④ 威廉・博格（1906-1977），奥斯维辛集中营的党卫军军官，1965 年在法兰克福被判处无期徒刑，死于狱中。

⑤ 比尔克瑙是奥斯维辛集中营的一部分。

1965年

叙述者：作者本人

叙述事件：作者为社会民主党候选人勃兰特竞选联邦总理游历全国

朝后视镜望上一眼，又飞快地驶出了几公里。在帕骚和基尔之间[1]旅行。跑了许多选区。为了获得选票。驾驶我们这辆借来的DKW轿车的是古斯塔夫·施特芬，他是明斯特的大学生，因为不是出生于太好的家庭，而是在信奉天主教的无产阶级的环境中长大的，父亲从前还参加过中央党，所以只好选择了第二种受教育的途径，一边做机工学徒，一边上夜校补习，因为他和我一样也想为社民党人吹嘘叫好，“我们与他们不一样。我们从不迟到！”合情合理地，准时按点地，为我们竞选旅行的每一个日程安排打上钩：“昨天在美茵兹，今天去维尔茨堡。众多的教堂和钟声。黑漆漆的巢穴，只是在周围有一些亮点……”

我们在胡滕会堂前面把车停好。从后视镜里，我看见了一块横幅标语牌上面的文字，青年联盟那些总是梳着整齐的中分头的小伙子们，高举着这块横幅标语牌，就像是举着一块发布圣灵降临的福音牌，我先看见的是镜子里的反字，然后才看见了正面：“这个无神论者在圣人基连的城市[2]寻找什么？”

在挤满了人的会堂里，前面的几排全被占据了，从他们身上的标志可以看出，都是大学生联谊会的学生们，这时我才作了一个平息嘘声的回答："我在寻找蒂尔曼·里门施奈德[3]！"指的是那个雕塑家兼该市的市长，在农民战争期间，有侯爵封号的主教当局，把他的双手都弄残废了，他现在，显然是使用了魔法，使我的讲演一段话一段话地获得了空间或许还有听众："我赞美你，民主！"这是沃特·惠特曼的诗句，为了竞选的目的，稍微做了一些改动……

不必从后视镜里看，而全凭记忆的东西是：这次旅行是由社会民主党高校联盟和自由民主党大学生联盟的学生们组织的，不管是在科隆，还是在汉堡或者蒂宾根，他们都是迷惘的一大群，当一切还只是充满希望的计划的时候，我还在弗里德瑙区的尼德大街[4]为他们煮了一锅藏着阴谋诡计的扁豆汤。到那时为止，社民党一点儿也没有预感到自己受之有愧的幸运，但是后来当我们踏上旅途的时候，它至少也认为我们的那张宣传画很成功，即我的那只啼叫着"社民党"三个字的雄鸡。虽然我们收门票，会堂仍然挤得满满的，同志们也感到很吃惊。只是有一些内容并不合乎他们的口味，比如，我到处被别人援引的要求：最终承认奥得河－尼斯河的边界，也就是说公开宣称放弃东普鲁士、西里西亚、波莫瑞和那个让我特别心痛的但泽。这些都已经偏离了党代会的决议，还有我的那些反对第二百一十八条款的论争；然而，另一方面，人们也看见来了许多年轻的选民，比如在慕尼黑……

今天，拥有三千五百个座位的皇冠马戏剧场座无虚席。我的那首即兴诗《蒸气锅炉效应》有助于抵抗一个右翼外围小集团也在这里发出的嘘声，这首诗，每一次，同样也在这里，让大家情绪高涨："……瞧瞧这个民族，在嘘声中团结一致。嘘你，嘘我，嘘他，因为嘘声使一切相同，花的钱少，还发出热气。但是，培养这些充满才智、发出嘘声的精英，花的是谁的钱……"多好啊，我在皇冠马戏剧场，从后视镜里，看见了几个朋友坐在那里，他们中间有的现在已经去世。汉斯·维尔纳·里希特，我的文学养父，他最初，在我开始这次旅行之前，曾经表示怀疑，但是然后就说："干吧。这一切我都经历过：格吕恩瓦德团体，向核死亡宣战。现在你也可以去磨损一下自己……"

不，亲爱的朋友，没有任何磨损。我为此学习，探测长期积聚的污浊空气，追踪蜗牛的足迹[5]，来到那些一直还在进行三十年战争[6]的村镇，比如现在是去克劳彭堡，这里要比维尔斯霍芬或者里斯河畔的比伯拉赫更加保守。古斯塔夫·施特芬一边吹着口哨一边开车,带着我们穿过平坦的明斯特地区。奶牛,到处都是奶牛,它们在后视镜里越来越多,形成了一个问题:这里的奶牛是不是也信奉天主教。装得满满的拖拉机越来越多,和我们一样,也是开往克劳彭堡方向。都是一些家庭人口较多的农民,当这个有血有肉的人在我们租用的明斯特地区大厅里讲演的时候,他们也愿意在场……

为了这个《任君挑选》的讲演,我用了两个小时,平时则不到一个小时就哗哗哗地读过去了。我也可以抛开讲稿,高唱我的那支“赞美维利的颂歌”⑦,或者读一遍《皇帝的新衣》;然而,即使是朗读一段《圣经·新约》也不能让这种喧闹平静下来。对于扔鸡蛋,我的反应是,提示一下“浪费”政府对农业的补贴。这里没有人发出嘘声。这里发生的是更加具体的事。几个农民的儿子有目标地掷鸡蛋,并且命中了目标,四年以后,他们作为新加入的青年社民党党员,邀请我去克劳彭堡参加第二次选举;这一次,我根据像沼泽洞一样深的天主教知识,告诫那些扔鸡蛋的人:“算了吧,小伙子们!不然的话,你们下个星期六必须对着神甫先生的耳朵忏悔……”

我们离开作案现场的时候,人们赠送了满满一筐鸡蛋,维希塔和克劳彭堡以拥挤不堪的家禽饲养场而出名,我满身污点地坐到司机旁边,几年以后在一次车祸中丧失了年轻生命的古斯塔夫·施特芬,看了看后视镜说道:“大选肯定失败。但是,这里会捞到一些选票。”

返回柏林以后,我们的房门被人点火烧了,当时我睡得很沉,安娜和孩子们吓得要死。从那时以来,德国也发生了一些变化,只是在纵火这件事上没有改变。

注释:

① 帕骚和基尔,德国南部和北部的两个城市,相距一千多公里。
② 圣人基连的城市,指维尔茨堡,爱尔兰传教士基连于公元六八九年在此被绞死。
③ 蒂尔曼·里门施奈德(1460–1531),德国雕塑家,曾任维尔茨堡市长,在德国农民战争(1524–1526)期间支持农民一方被贵族拷打断臂。
④ 弗里德瑙区的尼德大街,柏林地名,作者曾经住在这条大街的十三号。
⑤ 作者在1972年写了《蜗牛日记》,追述参加竞选活动的经历。
⑥ 三十年战争,十七世纪欧洲的一次许多国家由于宗教对立和反对哈布斯堡王朝的战争(1618–1948)。
⑦ “赞美维利的颂歌”,即社会民主党候选人维利·勃兰特。

1966

1966年

叙述者：德语文学教授

叙述事件：柏林第一次反对越战示威游行

叙述时间：1998年

存在（Sein）或者存在（Seyn），这两个崇高的词，用y或者不用y，突然之间不再有任何意义。突然之间，本质、原因、一切存在和否定的虚无，似乎只不过是一些好听却毫无意义的字眼，我觉得自己也产生了怀疑，可以说是被叫到这里来做证人的。在相隔这么多年之后，因为在当前的这种喧闹声中，各种各样相互矛盾的值得纪念的事件，比如五十年前开始启用的德国马克[①]，还有1968年这个名声不好的年份，就像是在冬季或夏季大甩卖时一样，都被人们通过庆祝的形式加以告别，所以我写下在这个夏季学期的一天下午遇到的事情。我小心翼翼地介绍了一下在《死亡赋格》和《托特瑙山》[②]这两首诗之间与文本有关的信件往来，作为我在星期三的这堂讨论课的开场白，但是却暂且省略了这位哲学家[③]和那位诗人[④]之间值得纪念的会面，当我的学生们的第一批讨论发言还处在对概念进行任意选择的时候，我突然感到在内心深处受到许多问题的纠缠，这些问题的出现与时间太有关系了，以至于不可能按照现状来确定它们的重要性：我当时是谁？我今天是谁？那个从前忘记存在的、总是很激进的“六八分子”如今变成了什么？早在1968年的前两年，他就已经投身其中，即使就像是偶然碰上的，当时在柏林第一次出现了反越战的抗议示威。

不对，不对，不是五千，而是大概不到两千人，他们经过申请并且得到批准，手挽手，高呼口号，从施坦因广场出发，经过哈登贝格大街，来到美国之家。各种各样的组织和派别发出了参加抗议示威的号召，如德国社民党大学生联盟，社会民主党高校联盟，自由民主党大学生联盟，论证俱乐部以及基督教大学生教区。事先有几个人，当然也有我，跑到布特－霍夫曼食品连锁店，买了一批最便宜的鸡蛋。我们把鸡蛋投向，当时的说法是，“帝国主义的分店”。当时，不仅仅是倔强的农民们，而且在大学生圈子里，扔鸡蛋成了时髦的事。噢，当然，我也扔了，而且高呼：“美国佬滚出越南！”“约翰逊是杀人凶手！”本来是应该进行辩论的，美国之家的负责人是一位宽容大度的先生，他甚至也准备进行辩论，但是这时飞来了许多鸡蛋，警察保持克制的态度，在集体扔完鸡蛋之后，我们开始撤退，经选帝侯大街，然后是乌兰德大街，回到施坦因广场。我还记得几个横幅标语牌上面的文字，例如：“美国海军陆战队打起包裹滚回去！”“团结反战！”但是，令人遗憾的是，从那边过来的一些德国统一社会党的干部也加入了抗议示威的队伍，为了对我们进行宣传鼓动，即使是徒劳的。然而，他们的出席被证明恰恰是施普林格的新闻媒体求之不得的事情。

但是我呢？我是怎么加入到游行队伍里去的呢？怎样让别人挽起了我的手？怎样高呼口号喊哑了嗓子？怎样和其他人一起扔鸡蛋？我是在中产阶层、可以说是比较保守的环境下长大的，跟随陶贝斯学习宗教学，还学了一点儿哲学，品尝胡塞尔，享受谢勒，吮吸海德格尔，我觉得自己被允许走上了他的那条田间小路，我讨厌所有的技术，讨厌光秃秃的“框架”，我在此之前对于所有容易理解的东西，比如政治，都作为“忘记的存在”不屑一顾。但是，这时，我突然一下子理解了政党，谩骂美国总统和他的同盟者——南越的独裁统治者阮文绍和他的将军阮高基，但是我还不准备高喊着“胡……胡……

胡志明”，让自己完全失去自制力。当时，在三十年前，我究竟是谁？

讨论课上的发言，两三个简短的报告，只需要我不及一半的注意力，而这个问题却一直纠缠着我不放。我的学生们大概注意到他们的教授有一些心不在焉，有一个女学生直接向我提了一个问题，为什么作者删改了在《托特瑙山》这首诗的第一稿中有的“希望，今天，为了一位思想家的下一句（毫不迟疑的下一句）话”，因为这首收入诗集《诗的束缚》的诗在最后定稿时，放在括号里的那几个字已经没有了，这个重要的问题把我重新召回到大学的日常工作之中，因为问得如此生硬，如此直截了当，可以说是用魔法招来了一种我在年轻的时候曾经感到自己置身其中的处境：在 1966 年至 1967 年的冬季学期开始之前，我离开了喧闹的、立刻又被越来越大的抗议游行搞得更加热闹的柏林的城市生活，为了在弗莱堡安安心心地上大学。

我是从那儿到这里来的。另外，日耳曼语言文学家鲍曼对我也很有吸引力。我试图把我的回归作为海德格尔的“转折”加以阐释。然而，对那个以挑衅性的提问迫使我做出“毫不迟疑的”回答的女学生，我通过提示这位有争议的哲学家与元首的国家保持的临时性的接近和他的隐蔽所有罪行的沉默，给了一个足够的同时肯定也是不充分的回答，因为我在此之后立刻又开始自己向自己提问。

是啊，是啊，当我逃到弗莱堡的时候，我要寻找的就是接近这位伟大的萨满法师。他或者他的魅力吸引着我。我早就熟悉这两个崇高的词，因为当我还是小孩子的时候，在黑森林的一家疗养院当主治医师的父亲，总是在空闲时四处漫游，每次带着我从托特瑙走到托特瑙山，从来没有忘记指点一下这位哲学家住的那个简陋的小屋……

注释:

① 即 1948 年的联邦德国货币改革。参见 1948 年。
② 《死亡赋格》和《托特瑙山》，均为保罗·策兰的诗歌。
③ 这位哲学家，指德国哲学家马丁·海德格尔。参见 1927 年。
④ 那位诗人，指奥地利诗人保罗·策兰（1920–1970）。他自 1948 年起住在巴黎，后来自杀。

1967年

叙述者：德语文学教授

叙述事件：柏林反对伊朗国王的示威游行，策兰会见海德格尔

叙述时间：1998年

我的这堂星期三的讨论课继续进行，如果忽略一只迷失了方向、从开着的窗户飞进来的蝴蝶不计，课堂气氛似乎也只是由适度的兴趣来维持，然而，我却有足够的时间不断地让自己回到我那昔日的存在，让自己面对一些重要

的问题：究竟是什么促使我离开柏林的？难道6月2日[1]那天我不应该在场吗？难道我没有必要在逊内贝格市政厅前面的抗议者中间寻找自己的位置吗？我这个自认为仇恨伊朗国王的人，不也会成为那些拥护国王、手持房顶木板条冲进来打架斗殴的伊朗人的一个合适的目标吗？

所有这些都可以给予肯定的回答，只有一些微不足道的限制。我当然也可以打出一块上面写着“立刻释放伊朗学生”的标语牌，表明自己团结一致的态度，也让警察可以鉴别。因为在市政厅里，就在伊朗国王来访的同一时间，议会的一个委员会正在讨论有关提高大学学费的问题，和其他示威游行的人一起齐唱《谁应该付钱？》这首可笑的狂欢节流行歌曲，对我只是一桩轻松的事。晚上，当伊朗国王和法拉赫·迪巴王后在柏林执政市长阿尔贝茨的陪同下，来到俾斯麦大街的德意志歌剧院时，我要不是胆小怕事地逃到弗莱堡去了，警方的行动队也会把我赶进克鲁莫大街和泽森海默大街之间的狭长地段。迎宾的演出在歌剧院里正式开始之后，他们也开始使用警棍。是啊，我也问过自己，或者我也在内心深处被问到过，当警察执行“猎狐”计划的时候，从近距离开枪射中的，是不是完全有可能是我，而不是那个学日耳曼语言文学和罗马语族语言文学的大学生本诺·奥纳索格？

他和我一样也把自己视为和平主义者，也是基督教大学生教区的成员。他和我一样也是二十六岁，和我一样也喜欢在夏天穿无跟的凉鞋。的确，真的是有可能让我遇上，死的真有可能是我。但是，我逃跑了，在一位自从他的转折之后醉心于宁静心态的哲学家的帮助下，让我自己保持本体学的距离。这样，他们用警棍殴打的是他而不是我。这样，便衣刑警库拉斯用他的那支打开保险的公务手枪，型号PPK，瞄准的不是我的脑袋，而是击中了本诺·奥纳索格的右耳上方，穿透了他的大脑，掀掉了他的天灵盖……

突然，我大声嚷了起来，破坏了我的学生们沉浸在阐释这两首重要诗歌的幸福的极乐世界，把他们搞得惊慌失措：“岂有此理！这个警察库拉斯在两次审理中均被宣告无罪，然后一直在柏林警察局的通讯指挥中心干到退休……”此后我又沉默下来，虽然看见那个前面提到过的女学生望着我的那种挑衅性的嘲讽的目光，甚至觉得它包含着一些最最隐秘的东西，但是心里却仍然充满了那些把我的自童年时代起就被吓坏了的存在逼入困境的问题。我的转折是在什么时候发生的呢？是什么让我与单纯的存在告别的呢？准确地说，是从什么时候开始，在岁月流失的过程中，崇高的东西抓住了我，尽管也有短暂的偏离，但是却永远也没有再把我放走呢？

可能是发生在一个月之后，在那年的7月24日，那位诗人在久病痊愈之后来到弗莱堡，他在这里战胜了最初的犹豫，在为我们大家隆重地朗读他的诗歌之前，会见了这位哲学家，此人名声不好的过去曾经让他顾虑重重。但是，保尔·策兰不愿意让人看见他和海德格尔在一起照相。后来他还是同意拍照，但是，在这期间却没找到时间来拍一张有益于这次值得纪念的会面的照片。

我把这样一些名人轶事讲给参加我的那堂在下午进行的讨论课的学生们听，现在我已经摆脱了内心的审问，因为，尤其是这一位女学生以巧妙的发言，成功地将我从向回倒退的精神压力之中解脱了出来，让我可以作为那次错综复杂的双峰对垒的见证人开始随意闲聊；因为当时正是我按照鲍曼教授的指示，把弗莱堡各家书店的橱窗认认真真地查看了一遍。应这位哲学家的请求，书店都郑重其事地展出了那位诗人的全部诗集。我在那里看见，从早期的集子《罂粟和记忆》，一直到《语言栅栏》和《无人的玫瑰》，一切都伸手可及，却又难以理解；由于我的努力挖掘，甚至一些罕见的特殊版本也被展示出来。

也还是我，应该在第二天清晨就来到黑森林的山上，细心地为诗人的拜访做好准备，哲学家的小屋就在那里。然而，策兰却再一次地对海德格尔在那些黑暗年代的行为表示异议，他甚至引用自己的诗句，把他称为是“来自德国的大师”，以此把死亡也拉进了这场游戏，即使并未提到这两个字。他是否会接受邀请，也就一直不能肯定。诗人犹豫了很久，他的态度也令人难以接近。

尽管天空乌云密布，我们仍然在一大早就驱车上了路。在拜访了小屋和那次值得纪念的谈话或者沉默——任何人，也包括我，都不准在场——之后，大家又在圣布拉辛碰面，一家咖啡店热情地接待了我们所有的人。似乎没有任何东西使人感到奇怪。诗人显然接受了思想家。两人立刻又上路去霍尔巴赫沼泽，我们大家从沼泽的东边顺着一条用圆木铺成的小路漫游。但是，因为天气一直很恶劣，诗人的鞋也太城市化，或者按他自己的话来说，“不够乡土化”，所以漫游随即中止，然后我们在一家客栈的摆放圣像的角落里舒舒服服地吃了一顿午饭。没有，没有，一点儿也没有提到时政问题，比如柏林的骚乱和不久前报道的一个大学生的死亡；他们谈论的是植物世界，事实表明，诗人可以立刻说出许多草本植物的名称，即使不比思想家更多。此外，保尔·策兰不仅知道一些小草的拉丁语学名，而且还知道罗马尼亚语、匈牙利语甚至依地语的说法。他出生在克策诺雅茨，众所周知，它位于流通多种语言的布科维纳。

这一切以及其他一些值得纪念的事，我都讲给我的学生们听了，但是那个由特殊的一方提出的关于在小屋里究竟谈论了什么或者隐瞒了什么的问题，我只能以提示读一读《托特瑙山》这首诗作为回答。可能会发生一些事情。例如，“山金车花”就可以有各种各样的解释，知识渊博的人知道，用在诗歌里可以理解成“唯一的欢乐”。小屋前的那口水井见多识广，井台上有一颗独特的星形立方体。此外，在中心位置，也可以说是作为核心部分，放着诗中提到的那本来宾题词纪念册，诗人带着“谁的名字在我的名字之前写进去过”这个忧心忡忡的问题，把自己的名字写在了上面，当然是怀着“一种希望，今天，为了一位思想家在心中酝酿的下一句话……”，在这件事上必须再说一次，括号里的文字，即后来被诗人删掉的“毫不迟疑的下一句”，表达了他的愿望的迫切性，人们知道，这种愿望始终也没有得到满足。但是，除此之外，在小屋里可能谈论了什么或者隐瞒了什么，人们一概不知，一直都搞不清楚，也几乎无法猜测，似乎就是要让这个伤口敞开着……

我就是这样对我的学生们说的，没有向他们或者前面提到过的那个人透露，我经常猜想小屋里的谈话;因为在居无定所的诗人与来自德国的大师之间，在戴着看不见的黄色星标的犹太人与戴着被遮起来的圆形党徽的弗莱堡大学前任校长之间，在命名者与隐瞒者之间，在经常宣布自己已经死亡的幸存者与存在和未来上帝的宣告者之间，非语言所能表达的东西肯定会找到一些词语，但是却连唯一的一个也没有找到。

这种沉默一直继续。我也对参加讨论课的学生避而不提我逃离柏林的原因，无动于衷地听任那个女学生的目光对我进行试探，我没有泄露，是什么使我暂时疏远了崇高的东西，在接下来的一年里再次仓促地离开了弗莱堡，闯进了法兰克福的喧嚣之中，而且就是保尔·策兰在离开我们那个小小的大学城之后立刻写下了《托特瑙山》这首诗第一稿的地方。

注释:

① 1967年6月2日，在伊朗国王访问柏林期间，反对伊朗国王的学生举行抗议示威，来自汉诺威的大学生本诺·奥纳索格被当时三十九岁的警察库拉斯开枪打死。

1968年

叙述者：德语文学教授

叙述事件：大学生运动领袖杜施克遇刺，批判阿多诺的公开辩论会

叙述时间：1998 年

讨论课似乎得到了满足，但是我却一直忐忑不安。借助于小心谨慎获得的威信，我终于勉勉强强地听出那首茅屋诗歌是对后来的《死亡赋格》的回响，也是对那位重要的、但同时也被作为死神化身的“来自德国的大师”的挑战，因此我再次经历了使自己面对问题的处境：是什么驱使你在第二年的复活节之后立刻离开了弗莱堡？你在此之前一直倾听词与词之间的沉默，参与崇高的未完成的作品，参与荷尔德林[1]的逐渐出现的沉默，究竟是哪一种转折把你变成了激进的“六八分子”？

或许，如果不是大学生本诺·奥纳索格被杀的消息在迟了一段时间之后，把你变成了革命者，那么肯定就是对鲁迪·杜茨克[2]的谋杀行动，至少是在说话方面，你放弃了原来的行话[3]，开始以另外一种行话，即辩论的行话，到处瞎说。我是这样向自己解释的，但是并不能肯定我的语言转变的更深一层的原因，在星期三的讨论课期间，我一直在试图平息我的这些错误突然引起的内心激动。

不管怎样，我首先是带着日耳曼语言文学来到法兰克福的，就像是为了证明我的再次转折，注册学习社会学专业。我听哈贝马斯和阿多诺的课，但是，我们——我很快就加入了德国社民党大学生联盟——几乎不让阿多诺有说话的机会，他被我们看作是可以攻击的权威。到处的学生都造老师的反，法兰克福尤其激烈，出现了占领大学的情况，因为阿多诺，这位伟大的阿多诺，觉得迫不得已才叫来了警察，学校很快又被腾空了。汉斯－于尔根·克拉尔是我们那些最善言辞的发言人中的一个，他的口才甚至就连这位否定大师都很佩服，他在几年以前还是法西斯组织“鲁登道夫联盟”的成员，后来又是反动组织“青年联盟”的成员，这时，在绝对的转折之后，把自己视为杜茨克直接的继承人和反抗权威的权威，这个克拉尔被抓了起来，几天之后又被释放，他从此变得非常活跃，不管是抵制紧急状态法，还是批斗他的那位无论如何都是极受尊敬的老师。9月23日，即书展的最后一天，在1965年曾经结束了第一次奥斯威辛审判的加鲁斯市民之家，一次公开辩论会被一片闹哄哄的喧嚣所淹没，最后，阿多诺成为这次公开辩论会的牺牲者。

多么动荡的时代啊！在我的风平浪静的讨论课上养尊处优，只是被一位特别固执的年轻女士提出的挑衅性问题搅得有一点儿心烦，我试图越过三十年的岁月流逝，进入这场变成了法庭的辩论会。对使用暴力的词句是多么乐此不疲啊！我也在人群中高声呼喊，找出一些只字片语，认为必须超过克拉尔的热情，和他以及其他人一起，热衷于彻底揭露这个提出将一切溶解在矛盾之中的辩证法的圆脑袋大师，显然也获得了成功，他这时狼狈不堪，不知所措，一言不发。一些女大学生挤在一起坐在这位教授的脚前，不久以前，她们还在他的面前裸露出自己的乳房，强迫阿多诺中断他的讲座课④。现在，她们也想看看这个敏感的人赤裸的样子。他，结结实实，胖乎乎的，衣着样式普通但却结实耐穿，可以说是正要被人一层层地剥去外衣。更加尴尬的是：他不得不将保护着他的理论一件一件地脱下来，并且按照克拉尔和其他人的要求，把他的刚刚被撕得粉碎的权威，在这场革命的、被修补得不够完善的状态中再次交付使用。这就是说，他应该使自己成为有用的人。人们还需要他。立刻就在各地前往波恩的进军中派上了用场。面对统治阶级，人们觉得自己被迫从他的权威中获得了好处。然而，从原则上来讲，他属于被废除之列。

最后这句话大概是我喊的。是什么人或者什么东西，让我从心中喊出来的呢？是什么原因让我支持暴力的呢？只要我又看见我的那些正在眼前进行的策兰讨论会上勤奋地积攒学分的学生们，我就会对自己当年的激进表示怀疑。也许我们，也许我，只是想允许自己开一次玩笑。或许我是一时糊涂，错误地理解了一些过于繁琐的空洞言词，比如关于压制的容忍，就像我从前曾经曲解了大师对所有存在的遗忘的判决。

克拉尔被认为是阿多诺最有才华的学生，他喜欢兜一个大圈子然后设下最后的圈套，把刚才还很模糊的概念推向极端。当然，也可以听到反对的意见。譬如，哈贝马斯，但是，他的那些自从汉诺威大会以来一直不绝于耳的关于左翼法西斯主义威胁的警告，在我们这里已经不再获得承认。或许还有那个蓄着髭须的作家[5]，他把自己出卖给了社民党，这会儿自以为可以出来指责我们“狂怒的行动主义”。大厅里乱作一团。我不得不假设，曾经乱作一团。是什么促使我提前离开了那个挤满了人的大厅呢？是缺少过激行为吗？是不是我无法继续忍受克拉尔的外貌，因为只有一只眼睛，他总是戴着一副墨镜？或许我是要避开看见受到侮辱的特奥多尔·W·阿多诺的那副耶稣受难的样子？

在靠近大厅出口的地方，始终挤满了听众，有一位上了年纪、显然是来看书展的先生，带着一点地方口音对我说：“您都胡扯些什么啊。在我们布拉格，一个月以来，到处都是苏联的坦克[6]，您却在这儿瞎扯人民的集体学习过程。您赶紧去一趟美丽的波西米亚吧。您就会在集体中学会，什么是权力，什么是软弱无能。你们什么都不知道，但是却自称对什么都知道得更清楚……”

“是啊，”我突然自言自语起来，毫不理会我的那些正在埋头对两首诗进行文本阐释、这时吃惊地抬头看着我的学生，“1968 年夏末还发生了其他一些事。捷克斯洛伐克遭到占领，德国的士兵也参加了。不到一年之后，阿多诺去世，据说是心脏功能缺损。另外，1970 年 2 月，克拉尔在一次交通事故中丧生。同一年，保尔·策兰没有从海德格尔那里得到那句希望得到的话，在巴黎从一座桥上跳入水中，结束了自己的余生。我们不清楚是在哪一天……”

在这之后，听我的星期三讨论课的学生越来越少。最后坐在那里的只剩下了那个前面提到过的女学生。她显然也没有任何问题要提，所以我也一声不吭。她大概也很满足和我单独待上一段时间。就这样我们都沉默不语。直到她离开的时候，她才说出两句储备已久的话：“我现在走了。从您这儿反正也不会再得到什么东西。”

注释：

① 约翰·克里斯蒂安·荷尔德林（1770–1843），德国诗人，1808 年得了精神分裂症。
② 鲁迪·杜茨克（1940–1979），德国 1968 年学生运动领导人，1968 年 6 月 2 日遭到谋杀。
③ 指阿多诺在 1964 年发表的论文《原来的行话——论德国的意识形态》。
④ 当时的确发生过女学生在课堂裸露出自己的乳房，强迫阿多诺中断讲座课的事情。
⑤ 那个蓄着髭须的作家，指作者本人。
⑥ 即 1968 年 8 月 21 日，华沙条约国出兵镇压捷克斯洛伐克的“布拉格之春”。

1969年

叙述者：出生于无产者家庭的妇女

叙述事件：勃兰特当选联邦总理，人类首次登月

叙述时间：九十年代后期

肯定是一个有魅力的时代，即使我当时被归在难对付的一类人。经常都有人说："卡门难对付"或者"特难对付"或者"卡门是个让人头痛的孩子"。不只是因为我母亲正在闹分居，我父亲大多数时间都是离家在外干活。在我们这个托儿所，还有其他几个让人头痛的孩子，甚至还有几个实际上已经是

成年人，比如我们的那几个鲁尔大学的学生，最初他们只是为了单身抚养孩子的女大学生们开办了这个托儿所，想把一切都按照反权威的方式搞定，甚至和几个无产者的孩子一起，这是在我们进托儿所之后别人对我们的称呼。先是出现了争吵，因为我们更习惯于严厉的手腕，我们的父母反正都是这样。我母亲后来负责打扫这两间房子的卫生，这里曾经是办公室或者类似的机构，因为大学生母亲太高贵，不适宜来做这种事，据说我母亲对住在附近的几位母亲说："让这些红色分子试验一下怎么弄这些事吧。"在波鸿，那个发起建立这家为所谓社会下层孩子服务的托儿所的小组，具有极左的思想倾向，因此总是会分成一些派别，这是当时的说法，家长会总是一直开到午夜之后，每一次差不多都是不了了之，这都是我母亲讲给我听的。

据说当时总的来说到处都很乱，不仅仅是在我们孩子这里。社会上不管在什么地方看见的都是吵架。另外还在搞竞选。在我们托儿所的前面，挂着一个横幅标语，我母亲还记得上面写的是："以阶级斗争代替竞选[①]！"我们后来也经历了阶级斗争。经常有人打架，因为每一个人，尤其是我们这些无产者的孩子，都想把那些左派大学生为我们托儿所募集的玩具据为己有。特别是我，我母亲说，相当贪心。但是，对竞选我们几乎是什么也不知道。大学生们只带我们参加过一次游行，就在大学的前面，整个大学就像是一个巨大的水泥块。我们在那里也必须和其他人一起高喊："是谁出卖了我们？社会民主党！"但是，他们在他们的维利[②]带领下取得了这次选举的胜利。我们这些孩子当然不知道这些，因为整个夏天电视里放的完全是其他内容，即登月行动。这对我们来说要比竞选有趣得多，我们所有的人在家或者我在邻居皮茨克夫人那里，整天就是盯着电视机。因此，我们用大号彩笔和可以调和的锡管彩色颜料，以完全反权威的方式，也就是说每个人以他自己愿意的方式，把登月行动画在了托儿所的四面墙壁上。当然，那两个登上月球的小人是穿着他们的奇装异服。另外，那个登月舱的德文名字叫作"鹰"。这一定是很有趣的。但是，我这个令人头痛的孩子，据说又引起了人们在家长会上的一番争吵，因为我不仅把那两个小人——他们是阿姆斯特朗和奥尔德林——画在墙上涂上颜色，而且还画上了我在电视里清清楚楚看见的那面飘扬在月球上的有许多星星和条纹的美国国旗。这种事当然不合我们那些大学生的心意，至少是那几个特别左的。伟大的教育行动！但是，说好话在我身上是毫无作用的。

我母亲还记得，家长委员会做出决定，必须把我的那幅画，我母亲总是把它叫作“星条旗”，完全彻底地从托儿所的墙壁上洗掉，当时只有少数几个纯粹的反权威的大学生表示反对，他们并不是毛主义分子或者其他什么反动分子。没有，我一点儿也没有因此而号哭大叫。但是，据说，有一个大学生，对了，他如今在波恩当某一个部的国务秘书，想说服我把一面鲜红的旗帜插到月球上去，我当时可犟了，就是不肯。这种事我根本就不会考虑的。不，我一点儿也不反对红色。只是因为电视里不是红色的，而是其他颜色的……因为这个大学生也不让步，所以我肯定是把一切都搞得乱七八糟，把所有漂亮的彩色蜡笔，所有的粉笔和锡管彩色颜料，也包括其他孩子的，统统踩得稀烂，以至于我母亲后来真是费了好大的劲，才把所有乌七八糟的彩色斑点从地板上一点一点地刮掉，当时她每天打扫托儿所，由那些也是母亲的女大学生们付工资，因此她现在每次遇到当年的那些母亲们，仍然总是说：“我的卡门当年真是一个令人头痛的孩子……”

不管怎样，要是我有了孩子，我肯定会用其他的方式教育他们，也就是说，用正常的方式，即使是登上月球和我母亲投票选举维利的那一年，正处在一个有魅力的时代，即使我今天仍然经常会清晰地梦见我们的托儿所。

注释：

① 另外还在搞竞选，即 1969 年 10 月联邦德国的议会选举。

② 他们的维利，即德国社会民主党的总理候选人维利·勃兰特。参见 1961 年。

1970年

叙述者：右翼报纸记者

叙述事件：勃兰特在波兰犹太人纪念碑前下跪

叙述时间：事后不久

我们报社绝对不会要我写这种东西。他们想要的是任何一些好听的话。比如“他承担所有罪责于一身……”或者“总理突然跪下[1]……”或者更加夸张：“他为德国下跪！”

不可能是突然的举动。是精心策划的。我敢肯定，就是那个狡猾的家伙[2]唆使他表演了这个特别的节目，他也是他的中间传话人和谈判代表，他擅长在国内有利可图地兜售那种放弃从前德国的土地的可耻论调。他的上司，这个酒鬼，现在按照天主教的方式行事。下跪。但他什么都不信。纯粹是在表演。但是，确实是头条标题，纯粹从新闻角度来看，是一个轰动事件。就像一颗炸弹。完全偏离了礼仪规定。所有的人事先都以为，就跟平常一样：放下丁

香花圈，整理饰带，后退两步，低下头，再抬起头，凝视远方。马上就要警车开道去维拉诺夫宫了，那是一个豪华宾馆，酒瓶和白兰地大腹杯已经准备就绪。但是他却选择了一个特别的方式：不是在几乎没有任何风险的第一个台阶上，而是直接在潮湿的花岗岩上，既没有用这一只手也没有用另一只手支撑，完全只靠膝盖跪了下去，双手合抱在腹部，一副耶稣受难的表情，就好像他比教皇更教皇，在摄影记者们咔嚓咔嚓一阵拍照之后，又耐心地跪了足足一分钟，然后又是没有选择安全的方式——先直起一条腿，再直起另一条腿，而是猛地一下站了起来，仿佛事先已经在镜子前面训练了好多天，迅速起立，站在那里，目光越过我们所有的人，似乎他觉得圣灵亲自到场，就好像他不仅必须向波兰人，而且还要向全世界证明，赔罪道歉也是可以搞成很上相的。唉，的确很熟练。甚至就连鬼天气也帮忙。但是，这种在玩世不恭的钢琴上狂热地乱弹一通的东西，我们报社是绝对不会要的，即使我们的领导层更愿意今天而不是明天就把这位下跪的总理赶走，无论是推倒还是选掉或者以其他的方式，只要是赶走就行！

好吧，我再重新起个头，让管风琴发出声音：在曾经是华沙犹太人区的地方，1943 年 5 月，它被以失去理智的灭绝人性的方式摧毁并且野蛮地抹掉，在这里，在一座纪念碑的前面，从两座青铜的枝形烛台里窜出的火苗，每天都被风吹得呼呼作响，在 12 月的这个又冷又湿的日子里亦是如此，德国总理独自一人跪下了，他表示悔过，忏悔所有以德国的名义犯下的罪行，他将过多的责任担在自己的身上，他，这个本身并没有责任的人，却跪下了……

就这样吧。这样写的，谁都会印出来的。这个身负重压的人，这个忍受痛苦的人！也许再附加一点儿地方色彩？几句小小的恶毒话。不会有什么害处的。比如写写波兰人的惊讶，因为这位尊贵的国宾不是在这里的国家圣地——无名将士纪念碑前面，而是偏偏在犹太人那里下跪。人们只要打听打听，稍微深入一些，就会知道，真正的波兰人是反犹太人的。还没有过去多久，也就是在整整两年之前，这里的波兰大学生以为也可以像我们那里或者巴黎的大学生那样发疯地玩闹。但是后来，以这里的内务部长莫茨查尔[3]为首的民警，按照人们的说法，让这些“犹太复国主义的捣乱分子”互相打斗。被抓起来的有好几千人，有党的干部、教授、作家和其他知识界名人，绝大多数是犹太人，打点行李，立刻动身，去瑞典或者以色列。这里没有人再谈起这件事。但是，把所有的责任推到我们身上，这才是符合礼仪的。瞎扯一通“每一个正直的波兰人都深受感动的天主教姿态”，这个穿着挪威制服和我们德国人打仗的叛国分子④，带着大批随行人员来到这里，其中有克虏伯的经理拜茨，几个左翼作家⑤和其他一些智囊，把我们的波莫瑞、西里西亚、东普鲁士装在托盘上端给波兰佬，然后再扑通一声跪倒在地，就像是马戏场里的加演节目。

毫无意义。不会被印出来的。我们报社更愿意对此保持沉默。发一条通讯社的通稿就算完事儿。再说，这跟我有何相干？我出生在克雷费尔德，是一个莱茵河地区的乐天派。我有什么好生气的呢？布雷斯劳，什切青，但泽？我反正对此也无所谓。还是简单地写写气氛吧：关于波兰的吻手礼，漂亮的老城，重建的维拉诺夫宫，除此之外，这里又重建了一些豪华建筑，尽管目光所到之处，经济形势一团糟……橱窗里什么也没有……每一家肉铺前都排着长队……因此整个波兰都希望得到一笔数十亿的贷款，这个下跪的总理一定向他的共产党朋友们许了诺。这个流亡分子！我真讨厌他。并不是因为他不诚实……这种事人人都会发生……而是别的……他整个装模作样的做派……当他在蒙蒙细雨里跪下……令人作呕……我真恨他。

瞧吧，他回到家的时候，将会大吃一惊。他们会把他和他的那些东方协议撕得粉碎。不仅仅是在我们的报纸上。但是，真的很熟练，干脆利索地就这么跪下了。

注释：

① 1970 年 10 月 7 日，新当选的联邦德国总理勃兰特访问波兰，签署了承认奥得河－尼斯河边界的文件，在访问华沙前犹太人居住区时在一座犹太人纪念碑前下跪。

② 那个狡猾的家伙，指艾贡·巴尔（1922–），1969 年至 1972 年任总理府国务秘书，参加制定联邦德国新的“东方政策”。

③ 内务部长莫茨查尔，即米齐斯拉夫·莫茨查尔。

④ 勃兰特在 1933 年流亡挪威，1938 年被纳粹政权褫夺德国国籍后加入挪威国籍，1947 年恢复德国国籍。

⑤ 其中有作者本人和德国作家西格弗里德·伦茨（1926–）。

1971年

叙述者：空中小姐

叙述事件：三百七十四位妇女在《明星》周刊公开承认堕胎

叙述时间：七十年代中期

真是可以写成一部长篇小说。她曾经是我最好的女朋友。最稀奇古怪的事情，即使是有危险的，我们都想得出来，但是却没有想到会有这种不幸。这是从各地开了许多迪斯科开始的，其实我更愿意去听音乐会，充分利用我母亲的剧场年票，她当时已经体弱多病，是我说服了乌希跟我一起去体验一

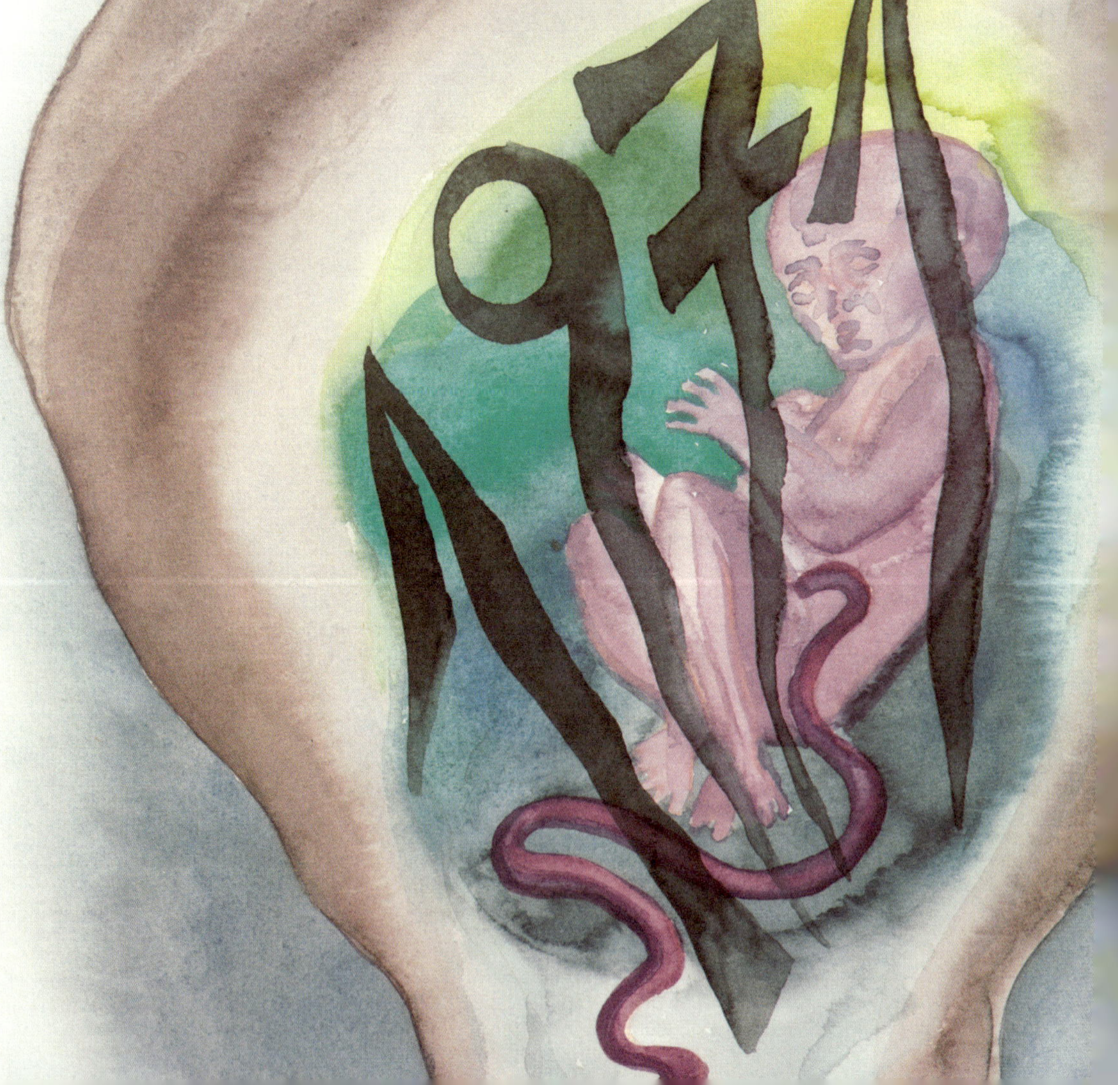

下完全不同的东西。我们事先说好，只是进去瞧一瞧，可是却立刻就在进去的第一家迪斯科待着不走了。

她长得真是娇小玲珑，狐红色的鬈发，小巧的鼻子上面有几颗雀斑。她说的是施瓦本方言，对不对。有一点放肆，但总是很幽默。我真羡慕她和小伙子们搭讪、自己却又不当真的本事；在乌希的身边，我常常觉得自己就像是一个必须慎重考虑每一句话、忧郁迟缓的蠢丫头。

我满脑子全是闹哄哄的歌声："拉住那列火车……"，当然是鲍勃·迪伦。还有桑塔娜乐队，深紫色乐队。我们特别喜爱平克·弗洛伊德。它使我们多么激动啊。"原子，心，母亲……"但是，乌希更喜欢荒原狼乐队："生来就野性……"，这样她就可以完全放松自己。这种情况我可是从来就没有过的。

不对，也并不是真的很过分。在旁边吸上一支卷着大麻的香烟，再吸一支，仅此而已。说实话，当时谁没有吸过大麻呢？谈不上真正的危险。我总是过于拘谨，而且马上要进行空姐培训的结业考试，不久就要开始飞国内航线，因此几乎没有时间去迪斯科，和乌希的联系也少了一些，这虽然令人遗憾，但也是不可避免的，特别是因为我从 1970 年 8 月开始经常跟不列颠欧洲航空公司的飞机飞往伦敦，回斯图加特的次数也越来越少，每次回去还总是有一些其他的问题等待着我，因为我母亲越来越年迈体弱，我父亲则……我们不提这些了吧。

不管怎样，乌希在我不在期间吸上了更厉害的毒品，可能是尼泊尔大麻。然后又突然迷上了针头，注射海洛因。我很迟才从她的父母那里了解了整个经过，他们真是和蔼可亲，一点儿也不起眼。当她怀了孕而且不知道是跟谁怀的，她的情况可真是糟糕透顶。可以说，这真是她的不幸，因为这个女孩还在接受培训，上的是翻译学校，实际上她也想跟我一样当空姐。"出门远行，周游世界！"我的上帝，这就是这个孩子对我的这份苦差事的概念，尤其是长距离的飞行。乌希曾经是我最好的女朋友。因此我为她鼓足勇气："你也许能办到，毕竟还年轻，对不对……"

于是就发生了这件事。虽然乌希愿意把孩子继续怀下去，但是由于注射了海洛因，她希望堕胎，跑去找了一位又一位大夫，当然全是白费力气。我想帮她，想把她送到伦敦，因为那里可以花上一千马克把不满三个月的做掉，事成之后再补加一笔钱。我从一个女同事那里了解到几个地址，比如十字街的“护理之家”，另外我还向她提供来回机票，当然还有在那里的其他费用再加上住宿。她一会儿想去，一会儿又不想去，而且在个人交往方面变得越来越困难，这当然不是我的原因。

在施瓦本地区山里的某个地方，她让人为她堕胎，找的是那些江湖郎中，据说是一对夫妻，男的有一只眼睛里是玻璃的假眼球。肯定是非常极端的手段，用的是一种酪皂溶液，用一支大号注射器直接插进子宫颈。没有持续多长时间。在胎儿出来之后，所有的东西立刻就倒进了抽水马桶。就这么简单地用水冲走了。据说是一个儿子。

这一切对乌希的折磨要比注射海洛因更加严重。不对，大概必须这么来看，这两件事，她摆脱不了的那个针头和去找那些江湖郎中堕胎，几乎彻底毁了这个女孩。尽管如此，她也尝试过勇敢地进行抗争。但是，她并没有真的彻底戒掉吸毒，直到我最后通过平等互利福利联合会①，搞到了一个在博登湖附近乡下的地址。这是一个治疗村②，不对，实际上更像是一个较大的农家大院，这里有一些真正可爱的人类学家，他们创立了一个治疗机构，在那里尝试采用鲁道夫·施泰纳③方法，也就是说，通过治病的韵律舞蹈、绘画、无农药无化肥地种植蔬菜以及采用相应的方法饲养牲畜，从而使第一批吸毒者扔掉了针头。

我为乌希安排好住处。她也挺喜欢那里。她又有了笑容，真正地重新振作了起来，尽管在这个农家大院里是以另外一种方式走极端。牛经常逃出牛棚。践踏所有的东西。还有厕所！因为斯图加特的州议会拒绝给予任何补贴，所以缺少最必需的东西。除此之外，也有许多不成功的事，尤其是在小组谈话方面。这倒没有妨碍乌希。她对此只是笑笑。甚至在治疗站的主楼失火被烧掉之后，她仍然留在那里，帮忙在谷仓里建起了临时住所。后来查明，是因为老鼠建了一个窝，扒拉稻草堵住了炉子通向烟囱的通道，因此出现阴燃，最后导致失火。实际上，一切都进行得很好，直到，是啊，直到有一家画报登出爆炸性的新闻④：“我们做了堕胎手术！”

我相信，如果好几百名妇女通过一张张护照照片自我介绍，其中许多还登了真名真姓，萨比娜·辛吉恩，罗密·施奈德，圣塔·贝尔格，等等，都是电影明星，在我们那里都是排在贵宾名单上的，这可能会对这个女孩有所帮助，可惜，不是我在探视日把刊登这篇图片很多的文章、封面很棒的画报给她带去的。当然，检察机关肯定会进行调查，因为这种事是违法的。也的确进行了调查。但是,那些承认此事的妇女一点事儿也没有。都是太有名的人。这件事就这么过去了。但是，我的乌希却得到了如此之多的勇气，正像她自己说的那样，“真正的情绪高昂”，她也想参与这次行动，因此她给编辑部写了一封信,还寄去了护照照片和个人履历。退稿信来得很快:您的详细叙述——关于海洛因和江湖郎中——过于偏激。报道一个如此极端的事件，会让这件好事遭受损失。也许以后再说。反对第二百一十八条款的斗争⑤还远远没有结束。

他们不理解这些。这种冷漠无情的例行公事。这对乌希也太过分了。她在收到那封退稿信的几天之后失踪了。我们到处都找过，她的父母和我。工作之余,我总在外面转,找遍了每一家迪斯科。这个女孩始终没有出现。最后，人们在斯图加特中心火车站找到她的时候，她正躺在女厕所里。常见的毒品剂量过大，就是人们说的“金色的一针”。

我当然责备自己，现在仍然总在责备。她毕竟曾经是我最好的女朋友。我应该紧紧地拉着乌希的手，带着她飞到伦敦，把她交到十字街，预先付款，事后再去接她，搀扶着她，在精神上给她支持，对不对，乌希？我们的女儿本来是要叫乌希的，但是，我丈夫，他真是善解人意，总是那么令人感动地照料我们的这个孩子，因为我还在不列颠欧洲航空公司飞，他认为，我更应该写一写乌希……

注释：

① 平等互利的福利联合会，即德国平等互利福利联合会，致力于帮助老弱病残和青少年。

② 该治疗村位于萨勒姆，名叫“七个小矮人”。

③ 鲁道夫·施泰纳（1861-1925），德国教育学家，人智学的创始人，长期参加编撰《歌德全集》自然科学部分。他摒弃传统的培养教育人才的方法和考试，主张采用艺术和手工专业开发青少年的智力，1919 年创办了第一所被称为瓦尔道夫学校的实验学校，目前全世界约有七百所这种学校。

④ 在 1971 年 6 月 6 日出版的《明星》周刊上，三百七十四位妇女公开承认曾经堕胎，这次由联邦德国著名女记者和妇女人权领袖阿丽瑟·施瓦尔策发起的行动引起了极大的轰动。

⑤ 联邦德国《刑法》（1970 年版）第二百一十八条款规定，怀孕妇女如果堕胎或者企图堕胎以及协助怀孕妇女堕胎均是违法行为，可以判处五年徒刑，情况特别严重的，最高可以判处十年徒刑。

1972

1972年

叙述者：让迈因霍夫在家里住过一夜的小学教师
叙述事件：恐怖组织“红色旅”成员迈因霍夫被捕
叙述时间：事后不久

我现在是他。他是小学教师[①]，住在汉诺威的朗根哈根。他——现在不再是我——从来就没有过过轻松的日子。在文理中学，上完七年级就不上了。然后又中断了商业学徒。当过卖香烟的售货员，在联邦国防军一直干到二等兵，又试着上了一家私立商业学校，但是却没有获准参加结业考试，因为没有初中文凭。为了提高英语水平，去了英国。在那里擦洗汽车。曾经想去巴塞罗那学西班牙语。但是，直到在维也纳，一个朋友尝试通过成功心理学给他鼓劲打气，他才重新获得了勇气，再次振作起来，在汉诺威上了管理学院，而且毕了业，即使没有高中文凭，也可以上大学，通过了教师国家考试，现在是教育与科学工会的会员，甚至还当上了青年教师委员会的主席，是一个实用主义的左派，在他那个从什么地方的旧货商那里便宜买来的高背靠椅里，梦想着要一步一步地改变社会。这时，他家的门铃响了，瓦尔斯罗德大街，三楼右侧。

我，这里指的是他，把门打开。一个留着栗色长发的姑娘[②]站在那里，想和我，也就是和他，说话。“有两个人可不可以临时在你们这里过夜？”她说“你们”，是因为她从什么人那里知道，他或者说我，和一个女朋友同居。他和我回答说可以。

他说：我后来起了一些疑心，吃早饭时，我的女朋友也有些怀疑。她说：“也只能进行推测……”但是，我们先去了学校，她和我一样也是教书的，但是在另外一所综合性学校。我的班级正准备出发去鸟类公园郊游。就在瓦尔斯罗德附近。在此之后，我们总是还有怀疑：“他们可能已经搬进去了，因为我把住房的钥匙交给了那个长发女孩……”

因此他和一个朋友谈了此事，我肯定也会对一个好朋友说的。这个朋友说的话，恰恰也正是我女朋友在吃早饭时已经说过的：“给110打电话[③]……”

他（在我的同意下）拨了这个号码，要求接通 BM 特别指挥部[4]。特别指挥部的人仔细听了之后说：“我们将会对您提供的情况进行调查。”他们确实也穿上便衣开始行动。他们立刻和门房一起监视楼梯间。在这个时候，他们迎面遇到一个女人和一个年轻男人正要上楼。门房想知道他们找谁。他们要去教师家。“是在这里，”门房说，“他住在三楼，但是现在不在家。”年轻男人后来又回来了，在外面找了一个电话亭，当他正要投硬币时，被抓了起来，他身上带着一只手枪。

教师在政治上肯定是站在我的左边。有的时候，他坐在从旧货商那里买来的高背靠椅里，总是前瞻性地梦想着未来。他相信一个“下层社会的解放过程”。汉诺威的一位教授[5]在左派圈子里几乎就像哈贝马斯一样出名，涉及到 BM，据说他曾经说过：“他们想用炸弹发出的信号，实际上只是鬼火。”他相当赞成这种观点：“这些人为右派提供了理由，从而全面诽谤左派的整个丰富多彩的计划。”

这也符合我的观点。因此他和我都拨了 110，他作为教师和工会会员，我作为自由职业者。因此，州刑事警察局的几位警官出现在一套住房门前，这是教师的住房，里面有一张从旧货商那里买来的高背靠椅。警官们按了门铃之后，打开房门的那个女人，看上去体弱多病，留着散乱的短发，骨瘦如柴，她的样子一点儿也不像那张通缉令上的照片。也许她并不是被通缉的那个人。已经多次传说她死了。据说是死于脑癌，这是报纸上登的。

“你们这些猪猡！”她被捕的时候[6]高声叫骂。当警官们在教师的住房里找到一本打开的画报[7]，上面登了被通缉的这个人的一张头颅 X 光照片，这时特别指挥部才确信抓住的人是谁。警官们后来又在教师的住房里找到了更多的东西：弹药、射击武器、手榴弹和一个“皇家牌”的化妆箱，里面装着一枚四点五公斤的炸弹。

“不是的，”教师后来在接受采访时说，“我不得不这么做。”我也是这么认为的，不然的话，他和他的女朋友就会一起陷进去。他说：“尽管如此，我逐渐产生一种令人不快的感觉。毕竟我过去经常和她持同一种观点，那是在她开始摆弄炸弹之前。比如，在袭击法兰克福的施奈德百货大楼[8]之后，她在《具体》杂志上撰文[9]写道：‘总的说来，纵火的不利之处在于有可能伤及无辜……’但是，她接着就在柏林参加了解救巴德的行动[10]，当时有一位普通职员受了重伤。在此之后，她就躲了起来。在此之后，双方都有人死亡。在此之后，她就上我这儿来了。在此之后，我就……其实我已经想到，她已经不在人世了。”

他，教师，我把他看作是我，现在想把那笔因为拨打110而有权利从国家得到的高额赏金，用于即将进行的诉讼，为的是让所有迄今被捕的人都能够得到公正的审判，也包括在汉堡走进一家时装店而引起别人注意的古德龙·恩斯林[11]，正像他说的那样，在这种审判中，“将展现一些社会的相互关联……”

要是我就不这么做。可惜了这么多的钱。这几个律师，席利和其他几个人，为什么应该从中获利呢？他更应该把这笔钱投入他的学校和其他一些学校，这对那些他一直关心照料的下层社会的人有好处。然而，不管他将把这笔钱给谁，这个小学教师总是心情沉重，因为他现在一辈子都是这个拨打了110的男人。我的心情也与此相似。

注释：

① 小学教师，即弗里茨·罗德瓦尔特。
② 即乌尔利克·迈因霍夫（1934-1976），德国女记者，曾任《具体》杂志主编，恐怖组织“红色旅”中的巴德－迈因霍夫小组的领导人之一，1976年在狱中自杀。
③ 德国的报警电话号码。
④ 为了侦破“红色旅”中的巴德－迈因霍夫小组，联邦德国警方成立的特别指挥部，BM是巴德和迈因霍夫两人姓氏的第一个字母。
⑤ 即奥斯卡·内格特（1934-），德国社会学家，汉诺威大学教授，“法兰克福学派”代表人物之一。
⑥ 1972年6月15日，警方在汉诺威的一套私人住房里逮捕了乌尔利克·迈因霍夫。
⑦ 一本打开的画报，指1972年6月的一期《明星》周刊。
⑧ 1968年4月3日，巴德、恩斯林等“红色旅”成员在法兰克福的施奈德百货大楼制造爆炸事件。
⑨ 即1968年11月18日出版的《具体》杂志。
⑩ 安德列亚斯·巴德（1943-1977），恐怖组织“红色旅”中的巴德－迈因霍夫小组的领导人之一。
⑪ 古德龙·恩斯林，当时是大学生，恐怖组织“红色旅”的重要成员。
⑫ 奥托·席利（1932-），德国律师，当时为恐怖组织“红色旅”成员的辩护律师，现任德国内政部长。

1973年

叙述者：有四个已婚女儿的寡妇

叙述事件：因石油危机而提倡的第一个无汽车的星期日

叙述时间：事后不久

绝对不是有益于健康的震惊！你可不太了解我的女婿们，所有四个人，都不怎么样。他们不是同我的女儿们结了婚，而是极其秘密地和他们的汽车结了婚。总是擦个不停，甚至星期天也在擦。再小的凹痕也要抱怨半天。没完没了地谈论价格昂贵的汽车，对保时捷这种车垂涎欲滴，就像是对一些想偷偷带出去幽会的漂亮姑娘。这会儿所有的加油站前面都排起了长队。石油危机！我告诉您吧，这可是一次沉重的打击。更准确地说，是一次震惊，但不是有益于健康的。当然，他们也赶紧囤积。所有四个人。格哈德平时说话就像是一个崇拜健康的信徒："天哪，不要加肉！千万不要加动物脂肪！"发誓只吃格雷厄姆全麦面包，在把汽油换装到他的那几个用来囤积汽油的油桶里时，他用嘴吸着橡皮管，差一点汽油中毒。恶心，头痛。他喝了好几升牛奶。海因茨－迪特甚至把浴缸都装满了，家里到处都是汽油的臭味，把小索菲都熏得昏了过去。

我的这几位贤婿啊！另外两个也没有好多少。总是抱怨一百公里的限速。霍尔斯特的办公室只允许室温不超过十九度，他就以为肯定会长冻疮。而且还总是骂骂咧咧："这些赶骆驼的家伙，都是这些阿拉伯人的责任！"应该是以色列人的责任，因为是他们又开始打仗，激怒了那些可怜的沙特人。"可以理解，"霍尔斯特大声说道，"他们拧紧了石油开关，为的是让我们这里的油变得紧张起来，也可能会一直紧张下去……"海因茨－迪特几乎就要掉下眼泪，接着说："如果大家都只允许以一百公里时速在高速公路上，以八十公里时速在普通公路上，慢慢地爬行，也就不值得再去攒钱买一辆新的宝马……""这是社会主义的平均主义。这大概只会对这个自称是交通部长的劳里茨合适……"艾伯哈特高声斥责起来，他是我的大女婿，这时真的和霍尔斯特吵了起来，因为他是社民党的同志，但是同样也对汽车爱得发疯："等着瞧吧，肯定会重新选举的……"他俩都辱骂了对方。

这时我说话了："大家都听着，你们的独立自主的丈母娘，手脚一直都还挺利落，现在有一个绝妙的主意。"自从老伴去世之后，我就是一家之主，那时，我的几个女儿都还不能自立，如果迫不得已，我也只是发发牢骚，总还是一直维持着这个家，必要的时候也说说该朝哪个方向走，比如，当罗马俱乐部的人已经发过紧急警告的一场真正的能源危机降临到我们的头上，大家都以为可以疯狂地轻率对待的时候。"大家都听着，"我在电话里说，"你们都知道，我已经看见经济增长的终结正在慢慢临近。现在我们真的倒霉了。但是，也没有理由愁眉苦脸的，即使明天是安息星期日。反正明天是严禁开车的日子，今后每个星期日都会这样。因此我们来一次全家郊游。当然是徒步。我们先乘三路有轨电车，从终点站开始步行，在我们卡塞尔周围有这么多美丽的森林。就去哈比希特森林吧！”

一阵狂喊乱叫。“要是下雨怎么办？”“要是真的下大雨，我们就只去威廉高地城堡，看一看伦勃朗等人的画，然后再步行下山。”“我们已经看过这些旧油画。”“谁会在11月，树上一片叶子都没有的时候，还在森林里面转悠呢？”“要是非得搞一次全家活动日，那就让我们大家一起去看电影吧……”“或者我们在艾伯哈特家里聚会，点燃客厅里的壁炉，大家舒舒服服地围坐在一起……”

“不在那里！”我说。“不准找借口。孩子们准会高兴的。”这样，我们全体出动，穿着雨衣和胶鞋，起初是下着蒙蒙细雨，从终点站德鲁塞尔峡谷走进哈比希特森林，这片森林即使是光秃秃的，也有它的美丽之处。上山下山，我们走了两个小时。我们甚至从远处看见几只狍子，它们东张西望，然后一蹦一跳地跑开了。我给孩子们讲解了各种树：“这是一棵山毛榉。这是一棵橡树。那上面是针叶林，树梢已经朽了。这都是因为工业，因为有很多汽车，太多太多的汽车。是排放的废气造成的，你们懂吗？”

然后，我让孩子们看了橡树和山毛榉的果实，告诉他们，我们在战争年代曾经采集过橡树和山毛榉的果实。我们看见几只小松鼠沿着树干蹿上蹿下。真美啊！但是，我们逃也似的钻进了一家小饭店，因为雨开始下得更大了，我这个恶丈母娘同时也是好外婆掏钱请全家人喝咖啡吃蛋糕。为孩子们要了果汁汽水。当然也有烈酒。我逗我的那几位贤婿说：“今天甚至开汽车的人也可以喝酒呀。”我必须告诉孩子们，在战争年代，所有的东西都很匮乏，不仅仅是汽油，因此人们把山毛榉果实里面的东西掏出来，可以压榨出真正的食用油。

但是，请您不要问我后来的事情。您不了解我的几个女婿。绝对不是感激。他们嘟嘟囔囔地抱怨在这种鬼天气里呆头呆脑地瞎转一通。除此之外，还说我“多愁善感地美化贫困经济”，给孩子们做了一个错误的榜样。“我们不是生活在石器时代！”海因茨－迪特吼道。总是自称在任何不合时宜的时候都很宽容的艾伯哈特，和我的大女儿古德龙大吵了一场，以至于他最后把自己的铺盖卷搬出了卧室。您猜猜这个可怜的家伙睡到哪儿去了？完全正确，车库。而且就是他的那辆老式奥佩尔里面，他一个星期日又一个星期日擦来擦去的就是这辆车。

1974

1974年

叙述者：曾经是勃兰特总理私人秘书的民主德国间谍克劳默
叙述事件：世界杯足球赛[1]期间联邦德国与民主德国之间的比赛
叙述时间：大约在1980年至1981年

这是怎样的一种感觉，在电视机前体验一下双重身份？经过在两条轨道上奔跑训练的人，当他在特殊的时机，部分地遇到他的这个“我”的时候，实际上是不应该被搞糊涂的。只不过稍微有一些意外罢了。不仅在艰苦的训练期间，而且通过实践，学会了如何同自己这个两种不同类型的我打交道。后来，在莱茵巴赫监狱已经关押了四年，在漫长的审判之后，根据地方司法部门的决定，才获准使用自己的那台电视机。那时，人们早就已经知道他的这种长期以来相互矛盾的存在，但是，在1974年，作为拘留待审的人犯，关在科隆－奥森多夫拘留所的时候，希望牢房里有一台电视机的愿望在世界杯足球赛期间毫无麻烦地就得到了满足。然而，在荧光屏上发生的事情却在许多方面把我撕成了碎片。

不是当波兰人在滂沱大雨中踢了一场绝妙足球的时候，也不是由于对阵澳大利亚的胜利和与智利的平局，而是在德国与德国比赛的时候。向着哪一个呢？我或者我，向着哪一个？为哪一边欢呼叫好？哪一个德国赢呢？当施巴瓦泽踢进那个球的时候，我立刻想到的是什么？我的心里有哪些内心冲突？哪一些力场在拉扯着我？

向着我们？不向着我们？因为每天上午都要用车把我拉到巴特戈德斯贝格去审讯，联邦刑事调查局早就应该知道，这种类似的拉力试验，对我来说一点儿也不陌生。其实这并不是拉力试验，确切地说，是一种附加于两个德国的行为方式，遵循这种行为方式则是一种双重的义务。在我作为总理最信任的秘书[2]，同时也作为寂寞时的谈话伙伴，以双重的方式经受考验的期间，我挺住了这种内心的紧张，体验到的不是内心矛盾，不仅总理对我的成绩非常满意，而且柏林总部也通过联络人同样对我表示满意，我的工作受到了最高当局的表扬，就是米萨同志[3]。他把自己视为“和平的总理”，我则作为“和平的暗探”履行我的使命，在他和我之间以富有成效的方式保持一致，这是肯定的。这是一段美好的时光，总理的生平数据和他的秘书的时间表，在和平这件事上保持和谐。各自都在勤奋地尽职尽责。

但是，当民主德国和联邦德国的这场比赛6月22日在汉堡人民公园体育场里的六万多名观众面前鸣笛开始的时候，我感到自己的心被扯过来拉过去。上半场虽然都没有进球，但是，当矮小灵活的米勒在第四十分钟射中门柱，差一点就使联邦德国比分领先的时候,我也差一点高喊“进了！进了！进了！”进入极度兴奋的状态，差一点在我的牢房里为西边这个分离的国家领先而欢呼，当劳克干净利落地晃过奥维拉特，在后来的比赛中甚至甩掉了耐策尔，差一点射进联邦德国的球门时，我也情不自禁地想为另一方欢呼叫好。

这是怎样一种冷热水交替浴啊。甚至对乌拉圭裁判的裁决，也带有偏袒的评论，一会儿是偏向这个德国，一会儿又偏向那个德国。我感到自己没有原则，也就是说，分成了两个部分。然而，每天上午，当刑事警官费德劳审讯我的时候，我则毫无例外地能够坚持预先确定的供词。是有关我在特别左的社民党黑森州南方支部的工作，在那里人们对我的评价是一个工作勤奋但思想保守的同志。我愿意承认自己属于社会民主党人中间更具有实用主义倾向的右翼。我看见在我的面前放着我的那些被没收的照相器材。降低在这种案子上的兴奋，说明早年作为职业摄影师的工作经历，指点去参见那些度假时拍的照片，这种保留下来的业余爱好。然而，接着又出示了我的那架功能齐全的超八毫米窄软片摄影机和两卷反差极大和感光度极强的电影胶片，据说，适合于“专门的间谍活动”。说实在的，这并不是证据，充其量只是一种间接证据。因为我成功地坚持了供词，所以总是安安心心地回到牢房，高兴地期待着比赛。

这边和那边，谁都不会想到我是一个足球迷。在此之前，我压根儿就不知道于尔根·施巴瓦泽在家里为马格德堡踢球非常成功。这时，我经历着他，看见他在第七十八分钟，接到哈曼的传球，用头把球停下，然后带球晃过福格茨这个顽强的小伙子，又摆脱了赫特格斯，用力一脚将球射进了球门，迈耶尔扑救不及。

德国1∶0领先。哪一个德国？我的这一个德国还是我的那一个德国？是啊，我虽然在牢房里大叫“进了！进了！进了！”但是同时也为另一个德国比分落后而揪心。当贝肯鲍尔试图重新组织进攻的时候，我又为联邦德国的十一名队员鼓励加油。对于这场比赛的结局，我在一张明信片上向我的总理表示了我的遗憾，使他下台的当然不是我们这些人，大概是诺瑙④，站在最前面的是维纳⑤和根舍⑥，以后逢年过节和 12 月 18 日他的生日，我总是给他寄明信片。但是他从来没有回过。可以肯定，他也是以混合的感情经历了施巴瓦泽进的这个球。

注释：

① 即 1974 年 6 月至 7 月在联邦德国举行的第十届世界杯足球赛。

② 君特・克劳默（1927–1995），民主德国间谍，1973 年至 1974 年任勃兰特总理的私人秘书，1974 年被发现，次年被判处十三年徒刑，1981 年被交换给民主德国，1974 年 5 月 7 日，勃兰特被迫辞去总理职务。

③ 米萨同志，即马尔库斯・沃尔夫（1923– ），自 1958 年起任民主德国国家安全部调查局局长。

④ 君特・诺瑙（1911– ），联邦德国政治家，当时任联邦宪法保卫局局长。

⑤ 赫伯特・维纳（1906–1990），联邦德国政治家，当时任社会民主党议会党团主席。

⑥ 汉斯－迪特里希・根舍（1927– ），联邦德国政治家，德国自由民主党领袖，曾任联邦内政部长和外交部长。

1975年

叙述者：作者本人

叙述事件：东柏林的作家聚会

这也是普普通通的一年吗？或许时间像铅一样沉重，我们已经在自己的叫喊声中失去了听觉？我的记忆模模糊糊，充其量只能想起几次没有目的的骚动，因为当时在我住的房子里，不管是在弗里德瑙还是在施多尔河畔的维威斯弗莱特[1]，家里总是不太和睦，因为安娜，因为我，因为薇罗妮卡，因此孩子们也受到了伤害或者离家出走，我则逃进了手稿——还能逃到哪儿去呢？——潜入《比目鱼》[2]的海绵组织里，向后倒退几个世纪，和九个或者更多的女厨师待上一会儿，她们控制着我，有时严格，有时宽容，而在我逃跑的足迹旁边，现实生活在宣泄着自己的感情，不管是在施塔姆海姆监狱大楼[3]里面，还是围绕着布洛克多夫的核电站施工工地[4]，暴力都使自己的方式方法更加优雅，但是除此之外，自从勃兰特下台施密特作为总理[5]使我们大家变得更加务实以来，没有发生多少事情；荧光屏上仍然还是十分拥挤。

我坚持认为：这一年并没有什么特别之处，或者说，特别的只是因为我们四、五个西边的公民在边界接受检查，然后在东柏林会见了五、六个东边的公民，他们同样也是怀揣手稿来的，莱纳·基尔施[6]和海因茨·切朔夫斯基[7]甚至来自哈勒。我们先是在舍德利希[8]的家里，然后在萨拉·基尔施[9]或者西比勒·亨茨克[10]的家里，无论是在他家还是在她家，都是为了在喝过咖啡吃完蛋糕（还有通常的东西方相互嘲弄取笑）之后，相互朗读押韵的诗和不押韵的诗、太长的章节和短小的故事，这些都是当时那堵墙的两边正在写着的东西，试图在细节上诠释这个世界。

难道这个仪式就是在这一年的年历上唯一留下来的事情吗？或多或少有些拖拖拉拉的边界检查，驱车前往会面地点（小红帽大街或者伦巴赫大街），时而滑稽有趣、时而忧虑重重的争辩，唱着全德的哀歌，另外还有写作入迷的作家们笔下流淌的墨水河，然后是针对朗读的东西进行的时而激烈、时而懒得动嘴的批评，这种对“四七社”[11]的减少到私人圈子的粗糙模仿，最后，

1975

在临近午夜的时候，匆匆出境，经过的是弗里德里希大街火车站边界检查站。

西贡出现在电视里[12]，既远又近。最后一批美国人急急慌慌地从他们大使馆的房顶上离开了越南。但是，这个终结可以不予考虑，它也不是我们在吃细沙糖黄油糕点和杏仁霜蛋糕时的话题。红色旅的恐怖活动也是如此，这种恐怖不仅正在斯德哥尔摩（绑架人质）进行[13]，而且也成为施塔姆海姆犯人们的日常生活的一部分，直到在下一年里乌尔里克·迈因霍夫在她的牢房里上吊自杀或者被别人吊死为止。然而即使是这个多年未解的疑问，也没有引起我们这些聚会的握笔杆子的人的特别关注。充其量只有干燥的夏天之后发生在吕纳堡草原的几场火灾[14]算是新闻，在火势大面积扩展的过程中，五名消防队员被火焰包围，最后不幸遇难。

这也不是东西对话的话题。也许，在尼科拉斯·伯尔恩[15]朗读他的《避开土地的一侧》之前，在萨拉用柏林方言吟诵她的边疆诗歌之前，在舍德利希用他的那些后来在西边以《尝试过的接近》作为书名出版的故事让我们心烦意乱之前，在我试读《比目鱼》中的一个片段之前，我们把那个5月曾经在该市的西部引起轰动的事件当作新闻提了出来：在克劳伊茨贝格区的格吕本河岸大街，靠近奥伯鲍姆桥的边界过道，有一个五岁的土耳其男孩（名字叫切廷）掉进了那条作为城市两个部分之间的边界的施普雷运河，因此，无论是西柏林的警察，还是站在巡逻艇上的人民军水兵，谁都不愿意或者不能够救这个孩子。因为西边的任何人都不敢跳进水里，而东边则必须等待一位高级军官的决定，时间在流逝，直到最后一切都对切廷为时已晚。当消防队终于获准打捞尸体的时候，土耳其的妇女们在运河西岸开始号啕大哭，持续了很长时间，据说在东边很远的地方都可以听见。

那一年和其他年份没有什么不同，一边喝咖啡一边吃蛋糕时还可能谈了什么呢？ 9月，当我们带着手稿再次会面的时候，埃塞俄比亚皇帝的去世——是谋杀还是前列腺癌？——可能为我提供了讲述一次童年经历的机会。在“福克斯每周新闻电影”里，我这个爱看电影的人看见了海尔·塞拉西[16]皇帝，他当时正乘坐一艘机动汽艇在细雨蒙蒙的天气里参观一个港口（是汉堡港吗）。个子矮小，留着胡子，头戴盔形凉帽，他站在由仆人撑着的一把遮阳伞下面。他看上去很悲伤，或者很苦恼。肯定是在1935年，此前不久，墨索里尼的士兵刚刚开进了阿比西尼亚，这是埃塞俄比亚当时的国名。我作为孩子很想和这个皇帝成为朋友，在他面对意大利的绝对优势不得不从一个国家逃到另一个国家的时候，我可以陪伴着他。

不，我不能肯定，在我们东西会面的时候是不是提到过埃塞俄比亚的皇帝，或者甚至是不是提到过门基斯图[17]这个最新的共产主义统治者。只有一点是确定无疑的，那就是午夜之前我们必须在被称作“泪水宫”的边界检查大厅出示我们的证件和入境证。同样可以肯定的是，当我总是带着我的未完成的《比目鱼》在西柏林和维威斯弗莱特寻找一个栖身之处的时候，家里一直不太和睦。

注释：

① 弗里德瑙是柏林的一个区，维威斯弗莱特位于德国北部的石勒苏益格－荷尔斯泰因。
② 《比目鱼》，作者自 1972 年开始创作的一部长篇小说，1977 年出版。作品通过一条学识渊博而又会说话的比目鱼和渔夫艾德克的故事，展现了一个光怪陆离、神奇虚幻的世界；作者声称是要再现长期以来被掩盖着的妇女在人类历史发展过程中的作用，探讨妇女解放的可能性。
③ 1974 年建成的防范措施严密的监狱，当时“红色旅”中的巴德－迈因霍夫小组的主要成员大部分都关押在这里。
④ 1973 年底，联邦德国的部分公民成立了抵制在布洛克多夫建造核电站的计划，自 1976 年起发生了多次大规模的游行示威，警方投入大量警力镇压。
⑤ 1974 年 5 月 7 日，勃兰特因“克劳默间谍案”辞去总理职务之后由赫尔穆特・施密特继任。
⑥ 莱纳・基尔施（1935-），民主德国作家。
⑦ 海因茨・切朔夫斯基（1935-），民主德国作家。
⑧ 汉斯・舍德利希（1935-），民主德国作家，1977 年移民联邦德国。
⑨ 萨拉・基尔施（1935-），民主德国女作家，1977 年移民联邦德国。
⑩ 西比勒・亨茨克，民主德国作家。
⑪ “四七社”，联邦德国战后的一个松散的文学团体，由汉斯・维尔纳・里希特在 1947 年发起成立，故得此名。
⑫ 1975 年 5 月底，最后一批美国士兵从美国驻南越大使馆的房顶上乘直升飞机离开越南。
⑬ 1975 年 4 月 24 日，“红色旅”的成员占领了联邦德国驻瑞典大使馆，要求释放关押在施塔姆海姆监狱大楼的“红色旅”的成员。
⑭ 吕纳堡草原的几场火灾，发生在 1975 年 8 月初至中旬。
⑮ 尼科拉斯・伯尔恩（1937-1979），联邦德国作家，《避开土地的一侧》（1976）是他的一部长篇小说。
⑯ 海尔・塞拉西（1892-1975），埃塞俄比亚皇帝，1974 年被军人政变推翻，1975 年 8 月 27 日去世。
⑰ 海尔・玛里亚姆・门基斯图（1937-），埃塞俄比亚军官，1974 年参与推翻塞拉西皇帝，1977 年至 1991 年任埃塞俄比亚国家元首。

1970

1976年

叙述者：作者本人

叙述事件：反核电站的示威游行

我们相信，无论我们在东柏林的什么地方会面，马上就会被窃听。我们推测到处都有精心安设的窃听器，在灰泥下面，在吸顶灯里，甚至在花盆里，因此我们总是以讽刺的口吻谈论无微不至的国家及其对安全的无法满足的需要。为了方便窃听记录，我们发音清楚语速缓慢地泄露秘密，而这些秘密暴露的是，诗歌的那种原则上具有破坏作用的特性，并且有目的性地使用虚拟式来铺垫阴谋意图。假如事实证明，我们知识分子的吹毛求疵和颓废的比喻，只能越过边界，也就是说，在全德的合作中才能够破译的话，我们建议这家公司——这是工农政权的国家安全机关对外的秘密称呼，向他们的西方竞争对手（普拉赫或者科隆）请求官方援助。我们傲慢地和国安机关做游戏，一半当真一半心血来潮，推测在我们这伙人中至少有一个密探，同时我们又友好地相互保证，“原则上”每一个人都在怀疑之列。

二十年之后，克劳斯·施莱辛格寄给我几份密探报告，他在那个使用“高克”这个名称的官方机构，过滤了所有涉及他的国安机关勤奋搜集的东西，这些密探报告都是有关我们的几次密谋会面的（七十年代中期）。但是里面可以读到的只是，谁和谁在弗里德里希大街火车站的书店前碰面，谁吻了谁表示问候，或者谁送了礼品，比如，几个用彩色纸包装的瓶子，这些人坐谁的特拉比（车牌号码）去了哪儿，所有这些被监视的人在什么时间消失在哪一栋房子里（街名,门牌号码）,什么时候——在六个多小时的目标监视之后——所有的人离开了这栋被称为目标的房子，走向不同的方向，西边的几个人去出境站，有几个人大声笑着，显然是喝了很多酒。

也就是说没有窃听器。在我们这伙人中间也没有密探。没有一句话是关于我们阅读练习的。也没有提到押韵诗和不押韵诗的炸药——多么令人失望啊！也没有暗示在喝咖啡吃蛋糕时起破坏作用的闲聊。因此也就无法了解，西边的几个人对不久前刚在选帝侯大街的一家电影院放映的故事片《大白鲨》引起的轰动说了些什么。当时正在雅典对军人政务委员会的几名上校军官进行审判，对此发表的评语也无人听见。我们——我熟悉当地的情况[①]——向朋友们报告了围绕布洛克多夫核电站的战役，警方第一次，同时也是非常很成功地，使用了在美国屡经考验的“化学棒”[②]，为的是紧接着用低空飞行的直升机把数万名示威的平民驱赶到维尔斯特沼泽区平坦的农田上去，而东边的国安当局显然是错过了对西边警察执行任务的效率进行了解的机会。

或许在我们这个圈子里压根儿就没有提到过一句关于布洛克多夫的事？有可能是我们为了照顾那些被隔离在墙那边的同行们，不愿伤害他们对西边的相当美好的概念，所以没有对他们讲使用化学棒的事，没有向他们描述那些打人的甚至把妇女儿童打倒在地的警察吗？我更愿意认为，伯尔恩或者布赫[③]或者我，强调地、客观地提到了在布洛克多夫投入使用的喷雾器里充填的这种很难说准确的气体（氯乙酰苯），并且联系到那种在第一次世界大战中就已经使用过的名叫“白十字毒气”的气体，萨拉或舍德利希，施莱辛格或莱纳·基尔施听了之后也赞同这种观点：人民警察目前还没有这么好的装备，但是，一旦拥有更多的外汇，这种情况将会有所改变，因为西边创造的东西原则上对东边也会是值得追求的。

毫无用处的推测。在施莱辛格的国安机关文件里一点儿也找不到。在那里找不到的东西，从来也没有存在过。但是，每一件记录在案的事，如注明时间、交代地点、简洁地描述当事人，都是事实，也有一定的分量，说的是实情。我在施莱辛格的礼物——是一些复印件——里面看到，在这些东柏林的每次都被一直监视到房门口的拜访中，有一次陪同我的是一位女士④，高挑的个子，金黄色的鬈发，边境检查站又补充了一些内容：她出生在波罗的海的小岛希登瑟，总是随身带着织毛衣的家什，但是，一直到那个时候在文学圈子里还没有人认识她。

乌特就是这样进入了档案。从此以后她就是事实。任何梦都不会把她从我这里抢走。因为，从此我不必再从这儿到那儿瞎摸乱找，当时无论在哪儿，家里总是不太和睦。更确切地说，我在她的避风港里把《比目鱼》一章一章地写在像石头一样的鱼皮上，只要我们聚在一起，我就继续给朋友们朗读，不管是关于“朔内恩鲱鱼”的哥特式的描写，还是一种巴洛克式的比喻：“关于邪恶时代的负担”。但是，舍德利希、伯尔恩、萨拉、莱纳·基尔施或者我，在经常变换的地点，真的读了些什么，并没有记录在施莱辛格的档案里，也就是说并不是真实的，既没有受到国安机关的宠幸，也没有得到高克当局的恩惠；充其量只能推测一下，当乌特成为事实的时候，我读完了未完待续的童话“另一种真实”，舍德利希当时已经或者在下一年里才给我们朗读了他的《塔尔霍韦尔》的开头部分，讲的是那个永生不死的密探的故事。

注释：

① 当时作者住在离布洛克多夫不远的维威斯弗莱特。
② 一种可以喷射催泪液体的警具，1976 年首次在布洛克多夫投入使用。
③ 汉斯·克里斯多夫·布赫（1944-），联邦德国作家。
④ 即乌特·格鲁纳特，与作者结婚后改名为乌特·格拉斯。

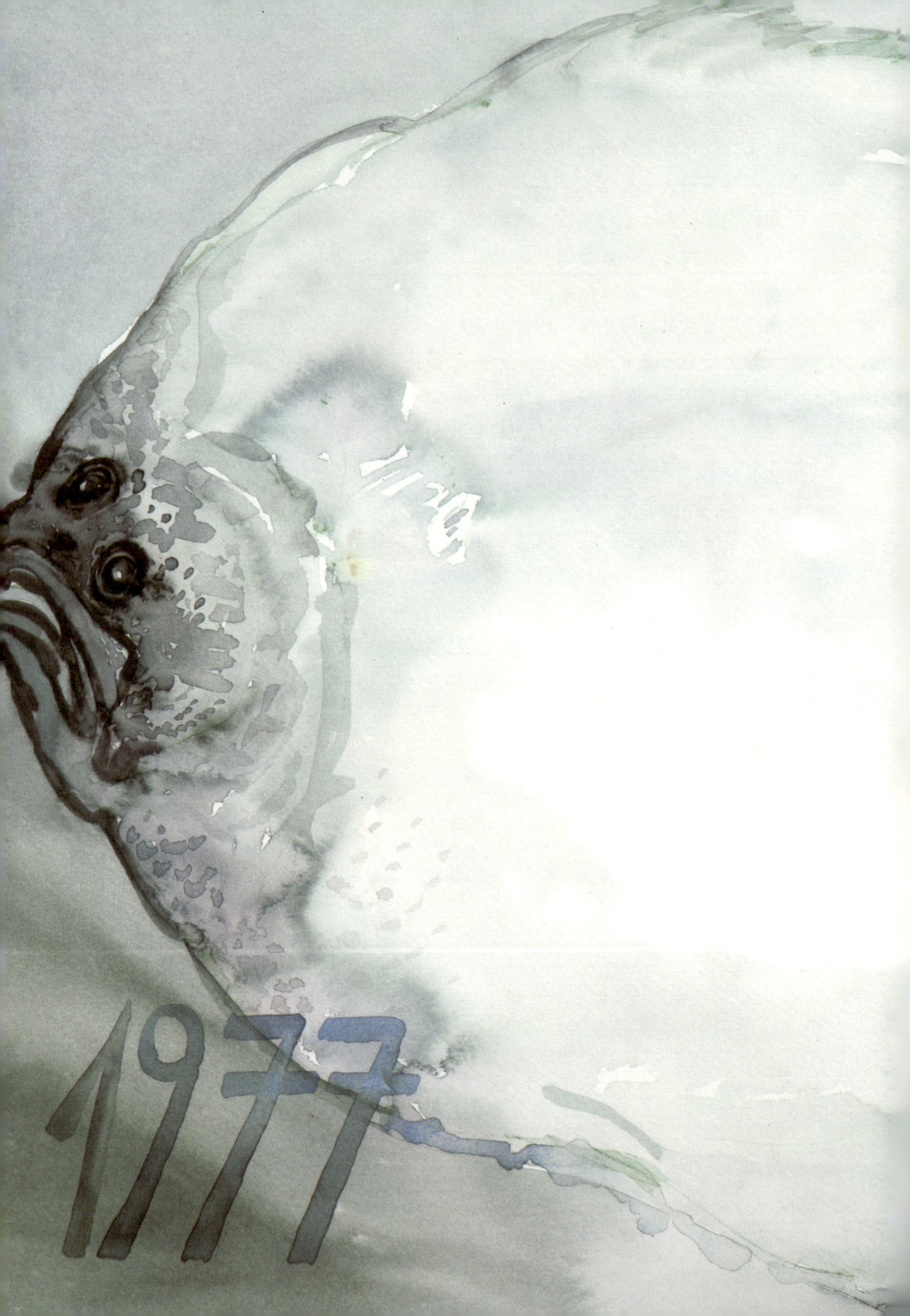
1977

1977年

叙述者：作者本人

叙述事件：多名“红色旅”成员在狱中自杀

这产生了一些后果。但是什么没有后果呢？恐怖为自己创造了反恐怖。问题始终没有得到回答。至今我一直不明白，两支装了子弹的左轮手枪是如何进入那栋非常安全的大楼，据说巴德和拉斯泊在斯塔姆海姆就是用这两把枪自杀的[①]，古德龙·恩斯林又怎么会用一根扩音器的电线上吊自缢的。

这产生了一些后果。但是什么没有后果呢？大约在前一年，歌手沃尔夫·比尔曼[②]被取消了国籍，他从此失去了这个有着铜墙铁壁的工农国家，当他开始在西边的舞台上唱歌的时候，也失去了共鸣的基础。直到今天我仍然记得他在弗里德瑙区的尼德大街时的情景，在国家批准的巡回演出期间，他首先坐在我们家的餐桌旁边，风趣地谈论自己，谈论真正的共产主义，再次谈论自己，然后在我的工作室，在少数观众的面前——乌特、几个孩子和他们的朋友——用吉他排练了他将在科隆获得恩准的盛大演出时的节目，就像我们翌日在电视里看到演出的“实况转播”那样，他对一切都进行了练习，每一声反对执政党独断专行的吼声，每一声由全民所有的间谍机关诱使发出的嘲讽的笑声，每一声对那个遭到背叛而且是遭到领导同志背叛的共产主义发出的抽泣，每一个节奏强烈的和弦和每一个产生疼痛的嘶哑叫喊，直到口干舌燥嗓子沙哑，甚至对那个一时冲动许下的诺言全文，每一次睫毛的动作，每一个滑稽的神态和痛苦的表情，要我说吧，都是经过了几个月、几年的练习，都是在严格禁止在他的洞穴之外（面对“常设代表处”[③]）登台演出的禁令使他沉默期间练习的，他为这次重要的登台演出练熟了一个节目又一个节目；因为，所有在科隆震撼了大量听众和观众的东西，已经在前一天在少数观众面前获得了成功。他拥有如此之多的排练熟悉的意图。如此恰当地考虑到它们的用处。他的勇气就是这样在考验之后上了舞台。

他刚被取消国籍的时候，我们大家都希望，这种勇气将在西边经受考验，这样一种勇气也会产生后果。但是，并没有产生多少。后来，过了很久，当那堵墙倒了的时候，他感到受到了伤害，因为他对这件事没有做出任何贡献。前不久，他被授予了国家奖④。

在比尔曼被取消国籍之后，我们最后一次在城市的东部见了面。在库纳特的养了许多只猫的房子里，我们先是互相朗读作品（就像是背熟了似的），然后又陆续来了一些人，他们公开抗议，反对取消比尔曼的国籍，现在试图考虑如何应对他们的抗议产生的后果。其中的一个后果是，许多人（不是所有的人）被迫提出申请离开他们的国家。库纳特一家带着他们的那些猫离去。萨拉·基尔施和约亨·舍德利希则带着他们的孩子、书籍和家用器具。

这也产生了一些后果。但是什么没有后果呢。后来，尼科拉斯·伯尔恩去世，离开了我们大家。再后来，过了很久，我们的友谊也分崩离析：统一的损失。然而，我们的那些朗读过一遍又一遍的手稿进入了市场。那条比目鱼也自由自在地游来游去。对了，1977年年底，查理·卓别林去世。他摇摇晃晃地朝地平线走去⑤，就这么简简单单地走了，没有找到接班的人。

注释：

① 扬·卡尔·拉斯泊也是“红色旅”中的巴德－迈因霍夫小组的成员，1977年4月28日，巴德、拉斯泊和恩斯林被判处无期徒刑，1977年9月，“红色旅”绑架了德国雇主协会主席施莱耶尔，10月又劫持了一架汉萨航空公司的客机，在他们要求释放巴德等人的企图失败之后，10月13日，监狱管理人员发现巴德、拉斯泊和恩斯林死在各自的牢房里，官方称是自杀，但外界有各种猜测。

② 沃尔夫·比尔曼（1936-），民主德国诗人和歌手，1953年移民民主德国，1965年，民主德国官方禁止他公开演唱，1976年11月17日，当他首次在联邦德国演唱时被取消了民主德国国籍，他留在了汉堡，后来移居巴黎。

③ 当时联邦德国在民主德国首都东柏林没有大使馆，而是设了一个“常设代表处”。

④ 1991年，比尔曼获得德国最高文学奖——毕希纳奖。

⑤ 美国电影演员查理·卓别林在1977年12月25日去世，他在许多影片的结尾都是扮演流浪者，摇摇晃晃走向地平线。

1978年

叙述者：两个孩子的母亲
叙述事件："朋克"运动
叙述时间：七十年代末

当然，阁下[1]，我早就应该来，早就应该倾诉我的烦恼。然而我一直坚信，那两个孩子，情况会渐渐好转的。我丈夫和我都准确无误地感到，他们什么也不缺，我们对他们俩都是倍加呵护。自从我们按照我公公的愿望住进了他的别墅，看上去他们似乎也感到很幸福或者至少是很满意。这是一栋宽敞的房子。很大的花园，古老的树木。虽然我们住在比较偏僻的地方，您也知道，阁下，但是离市中心并不算远。他们经常有同学来访。在花园里搞庆祝活动总是特别轻松快乐。甚至就连我公公，我们这两个孩子爱得不得了的老爷爷，也很喜欢这种快乐的活动。现在他们俩突然一下子变得人不像人鬼不像鬼。是马丁先开始的。但是莫妮卡认为，必须超过她哥哥。儿子突然剃成了光头，只在额头上剩下一绺头发。女儿把她漂亮的金发一部分染成了紫丁香色，一部分染成了亮得刺眼的绿色。这些或许还可以视而不见，我们也就是这么做的，但是，当他们俩穿上那些可怕的破衣烂衫出现的时候，我们真的感到非常震惊，我比我丈夫更受刺激。马丁在此之前在穿着方面更喜欢摆绅士派头，现在突然穿上了满是窟窿的牛仔裤，系着一根生锈的链条。据说还应该配上一件黑色的牛仔夹克，用一把奇形怪状的挂锁箍在胸前。我的莫妮卡穿着一件刮掉了皮的皮制服和一双系带的长筒靴。除此种种之外，从他们俩的房间传出的音乐，完全可以称为是具有攻击性的噪音。他们只要是从学校回来，轰隆轰隆的音乐就开始了。一点也不考虑我们的老爷爷，自从退休以来，他总是喜欢安静，我们也不知道该怎么办……

是啊，阁下。这种音乐真是折磨耳朵的东西，"性手枪乐队"[2]。他们似乎很精通这些。肯定如此。我们什么都试过了。好说好劝，严厉训斥。我丈夫甚至威胁说要停发零用钱，他平时总是很宽容。毫无用处。孩子们总是经常外出，混在坏人圈子里。他们的同学全是出生在规矩人家的，当然也不再来了。真是地狱啊，他们现在带回家来的都是这种类型的——朋克[3]。在任何地方，人们面对他们都不会有安全感。他们蹲在地毯上。在吸烟室里，他们甚至懒洋洋地靠在皮椅子上。再加上这种臭大粪似的语言。就是这样，阁下。永远都是这种没有未来的废话，直到有一天，我该怎么说呢，我们的老爷爷突然神经失常。而且就是在一夜之间。我丈夫和我不知所措，无可奈何。因为我的公公……

您认识他。这位举止高雅、保养良好的先生，具有老派绅士的魅力，谈吐总是风趣幽默，但又从不伤害他人，自从脱离所有的银行业务以来，他的生活中只有对古典音乐的热爱，几乎从不离开他的那几间房间，只是偶尔才坐在花园的平台上，心不在焉的样子，好像他完全彻底地把那个职位很高的财务专家抛在了脑后，您是知道的，阁下，他曾经属于德意志银行[4]领导层，他从来不谈自己和他从事多年的工作，是保守秘密的化身，绝对保守秘密，总穿黑色带道的西装，我在刚结婚不久的时候，曾经问过他在那些可怕的战争年代的职业工作，他轻轻地以幽默的口吻回答说："这是银行秘密。"这就是他的风格，就连自己也在银行做事的艾尔温，也对他童年时期住过的地方知之甚少，对他父亲的职业升迁知道得就更少了，我已经说过了，阁下，他突然在一夜之间变得像换了一个人似的……

请您想象一下：他在吃早饭的时候穿着这种可怕的行头让我们十分意外，不对，是深感震惊。他把自己漂亮的、在如此高龄仍然浓密的花白头发，剃得只剩下中间一条，像山一样立着，并且把这撮可怜的剩余头发染成了狐红色。他穿了一件显然是偷偷用黑白两色的零布头拼缀在一起的长外套，配上他过去曾经在参加银行董事会会议时穿过的那条旧的施特雷泽曼西装裤。他看上去就像是一个囚犯。所有的东西，一条条的布料，甚至裤子的开裆，都是用别针别在一起的。他还把两个特大号的别针穿在耳垂上，请您别问我，他是怎么穿的。他还想方设法弄到一副手铐，只要出门总带在身边。

但是，当然，阁下，谁也不可能阻止他。他总是经常外出，不仅仅是在拉特区这里让自己成为人们的笑柄，而且也在市中心，这是别人告诉我们的，甚至就在国王大街上。这样他很快就把一群这种朋克聚集在自己的周围，他和这些人一起把这一片地方，一直到上面的格雷斯海姆，搞得很不安全。不，阁下，即使艾尔温已经责备过他，他还是说："阿布斯先生现在外出。阿布斯先生必须接管波西米亚联合银行和维也纳信贷银行。除此之外，阿布斯先生必须马上将巴黎和阿姆斯特丹的一些有名的商号变成雅利安人的财产。有人曾经请求阿布斯先生，就像是在门德尔松银行时那样，秘密地采取行动。阿布斯先生是以保守秘密而著称，他希望不再有人向他求教……”

这些话，还有其他更多的话，我们都不得不听，一天又一天，阁下。是您说的：我们的老爷爷完完全全把自己同他从前的上司视为同一个人，他自称同此人显然不仅仅是在战后重建时期，而且也在战争年代最紧密地联系在一起，是的，就是同当时曾经荣幸地在重大财政问题上为总理提供咨询的赫尔曼·约瑟夫·阿布斯。不管是有关令人难堪的涉及染料工业利益联盟的赔偿问题，还是来自以色列的进一步要求，他总是认为自己必须充当阿登纳先生的谈判代表。他说：“阿布斯先生驳回了所有要求。阿布斯先生将保证我们一直有能力获得贷款……”他一出别墅，那些可怕的朋克们就冲着他大喊：“阿布斯老爹！”他微笑着向我们保证：“没有任何理由担心。阿布斯先生只是去出差。”

两个孩子呢？您不会相信的，阁下。他们在一夜之间完全变好了，我们的老爷爷让他们也感到非常震惊。莫妮卡把她的那件皮制服和那双难看的系带长筒靴塞进了垃圾桶。她现在正在准备中学毕业考试。马丁重新发现了他的丝绸领带。我从艾尔温那里听说，马丁想去伦敦上大学。实际上，如果撇开悲剧性的后果不计，我们真应该感谢这位老先生，是他重新使他的孙子孙女恢复了理智。

当然，阁下。我知道，做出这个艰难的决定，对我们来说也是极其困难的。我们和孩子们一起共同商讨了几个小时，寻找一个办法。是的，他目前在格拉芬贝格。是您说的，这个机构的名声很好。我们定期去看望他。当然，孩子们也去。他什么都不缺。可惜的是，他仍然一直自称是“阿布斯先生”，一位护理员告诉我们，他和其他被护理的人交往相当愉快。据说，我们的老爷爷最近同一个很合适地冒充了“阿登纳先生”的人交了朋友。人们允许他们俩一起高高兴兴地玩滚球游戏。

注释：

① 这里是对神职人员的称呼。

② “性手枪乐队”，一个英国的“朋克”乐队。

③ 朋克，是英文“小流氓”的音译，指七十年代首先出现在英国的一些生活在社会下层的青少年，他们大多失业，认为世界即将毁灭，人类没有前途，因此玩世不恭，在服饰和发型等方面别出心裁标新立异。联邦德国的第一批朋克出现在1977年至1978年，与英国不同的是，很大一部分朋克出身于条件较好的家庭。

④ 德意志银行，德国最大的银行，1870年创立。

197

1979年

叙述者：年轻妇女

叙述事件：两个民主德国家庭驾自制热气球逃往联邦德国

叙述时间：1990年

别再没完没了地问。这是什么意思，我最难忘的爱情？当然是你啦，我的实在令人心烦的克劳斯－施特凡，我对于你……好啦，别再追根究底啦。假如你指的是爱情，就是像心颤，手心出汗，说话结结巴巴，差一点就胡言乱语的事情。是的，有一次曾经有过火花，那还是在我十三岁的时候。你会感到惊奇的，当时我爱上了一个真正的驾驶热气球的人，爱得要死要活。准确地说，是爱上了一个驾驶热气球的人的儿子，更准确一点，是爱上了一个驾驶热气球的人的大儿子，因为当年有两个男人带着全家乘坐一个热气球，从图林根逃到了弗兰肯地区[1]，那是在什么时候？十二年前，9月中旬。说什么呢，不是游览观光！你什么都不懂，或者根本不想搞懂。他们是偷越边界。胆大包天地从铁丝网、地雷区、自动射击装置、死亡地带的上空飞过，直接来到我们这一边。你也许还记得，我是从奈拉来的，那是弗兰肯地区的一个小村。离当时还是在另一个德国的珀斯奈克不到五十公里，那两个家庭就是从那里逃过来的。我已经说过，是乘坐一个热气球，而且是自制的。奈拉因此而出了名，上了所有的报纸，甚至还上了电视，因为这些乘坐热气球的人，虽然不是直接到了我家门口，但也就是降落在镇外树林旁边的一片草地上：四个成年人，四个孩子。弗兰克是其中的一个，刚满十五岁，我爱上的就是他，而且是立刻就爱上了，当时我们许多孩子站在封锁线外面看着这两家人为了拍电视再次爬进吊篮，按照需要不停地招手。只有我的弗兰克没有招手。没有任何表情。他感到很难堪。对这种闹哄哄的场面厌烦极了。唉，全是新闻媒体在炒作。他想从吊篮里面出来，但是却又不允许这么做。我立刻就坠入了情网。我想去他那里或者从他这里离开。准确地说，和我们之间的关系完全不同，一切都是逐步逐步地发展，整个过程几乎没有任何一时冲动的成分。但是，和弗兰克，当时真是一见钟情。我当然和他说过话！也就是说，他刚一从吊篮里面出来，我马上就过去跟他聊了起来。他几乎什么话也没有说。相当拘谨。真是很可爱。我缠着他问来问去，什么都想知道，打听这件事的全过程。这两个家庭曾经试过一次，但是因为当时雾大，热气球潮湿了，在那边离边界不远的地方掉了下去，所有的人都不知道是在什么地方。他们很幸运，没有在那边被抓起来。弗兰克接着告诉我，这两个家庭并没有灰心丧气，而是又一米一米地采购防雨布料，在当时的民主德国全国各地，这肯定是很不容易的。夜里，两家的女人和男人用两台缝纫机，一块布一块布地拼出了这个新的热气球，因此在成功地逃过来之后，辛格公司[2]立即表示愿意送给他们两台崭新的电动缝纫机，因为人们猜测他们使用的是两台老式的辛格脚踏缝纫机……其实并不是这么回事……是东边的产品……甚至还是电动的……这样也就没有赐送这些高级礼品……当然，因为缺少广告效应……对没有的东西也就什么都没有……不管怎样，当我们偷偷地在热气球降落的那片树林旁边的草地约会的时候，弗兰克把这一切都慢慢地讲给我听了。其实他很腼腆，和西边的小伙子完全不一样。我们是不是亲过嘴？开始的时候没有，但是后来当然啦。这时已经出现了一些和我父亲的麻烦。因为他认为，驾驶热气球的两对父母这种不负责任的行为，给两个家庭带来了危险，这话也并非完全不对。我当然不愿意这么看。我对我父亲说，而且说得也没错：你是嫉妒，因为这两个男人敢于冒险去做的事情，恰恰是你胆小怕事绝对不敢去做的……就是这么说的！现在我最心爱的克劳斯－施特凡也扮演成吃醋的家伙，要对我进行责备，甚至可能再次和我一刀两断。仅仅是因为我在许多年以前……那好吧。我说的都是谎话。全是我瞎编出来的。我十三岁的时候还太害羞，不可能主动去跟那个小伙子聊。我只是看啊看啊。即使后来我在大街上见到了他，也只是看看他而已。他在离我们家很近的奈拉中学上学。就在阿尔宾·克吕韦尔大街，从那里到他们乘热气球降落的那片树林旁边的草地也不远。后来我们搬了家，去了埃尔朗根，我父亲开始在西门子公司产品广告部工作。但是，弗兰克……不，不仅仅是有一点儿爱上了他，而是狂热地真心实意地爱上了他，不管这合不合你的意。尽管我们之间没有发生任何事，我仍然一直喜欢他，即使弗兰克对此一无所知。

注释：

① 1979 年 9 月 15 日至 16 日夜里，施特策尔茨克一家四口和温策尔一家四口，乘坐一个自制的热气球从民主德国逃到联邦德国，最大的孩子是当时十五岁的弗兰克·施特策尔茨克。

② 美国的一家专门生产家用机器的公司，它生产的“辛格牌”缝纫机是国际名牌。

1980年

叙述者：联邦德国外交部官员
叙述事件：越南当局驱赶难民到公海
叙述时间：1980 年

"从波恩过来也就是一小段路。"他的夫人[①]在电话里对我说。您感觉不到，国务秘书[②]先生，这些人是多么的天真，同时也是多么的友好："您就安安心心地过来坐一坐吧，这样您就会知道我们这儿的情况，从早到晚，诸如此类……"因此我也认为自己作为主管部门的负责人有义务去亲眼看看，即使仅仅是为了在需要的时候向您汇报。实际上，从外交部过去也就仅仅是一小段路。

但是，并不是这么回事，中心设在一栋非常普通的联排式住宅楼里，或

者类似的房子。有人认为从那里可以果断地插手世界上发生的事情，如果需要的话，也可以对我们进行要挟。他的夫人向我保证，“整个组织工作”都是她做的，尽管她还要做家务和照管三个年幼的孩子。她做起来“毫不费劲”，经常与提到过的那艘在南中国海上的船保持联络，就像是顺带似的分发那些总是源源不断流入的捐款。她说，只有同我们，“同官僚机构”才有麻烦。另外，她也遵循她丈夫的座右铭：“保持理智，敢于去做不理智的事！”这是他在许多年以前，那是1968年，在巴黎偶然听到的，当时大学生们还有敢冒风险的勇气。按照这个座右铭，她也向我，也就是向外交部提出了一些建议，因为没有政治上敢冒风险的勇气，就会有越来越多的船民淹死或者在碧东岛[3]这个全是老鼠的小岛上饿死。无论如何，必须允许她丈夫使用绰绰有余的捐款、续租了几个月的那艘派往越南的船，可以毫无麻烦地接收其他船只上的难民，比如那些被丹麦梅尔斯克航线的一艘货轮打捞上船的那些可怜的人。这是她提出的要求。称之为是人道的需要，等等。

我当然提请这位好心的女人注意有关事项。反复重申，当然是按照指令

行事，国务秘书先生。毕竟1910年的海洋法公约是我们在这种棘手的情况中可以遵循的唯一准则。我已经多次向她保证，按照这个公约的条文，所有的船长都有义务接收海上难民，但是，只有直接从水里，而不是从别人的货船上，就像在“梅尔斯克芒果号”这个案子里发生的情况一样，这条悬挂廉价的新加坡国旗的船接收了别的船想摆脱的二十几个海上难民。而且是立刻。根据无线电讯，别的船上装载了容易变坏的热带水果，不允许偏离航向，等等。我也向她反复申明，“卡普·阿纳姆尔号”直接接收获救的船民是违反了国际海洋法。

她站在灶台旁边，一边把胡萝卜切成小块做成一锅烩，一边嘲笑我。她说，这种规定起源于“泰坦尼克号”的时代。如今的灾难具有完全不同的规模。现在必须考虑到三十万淹死的、渴死的乘坐小船的海上难民。即使“卡普·阿纳姆尔号”迄今为止已经成功地救起了数百人，也不能就此感到满足。对于我粗略估计的数字的相对性和其他异议，我听见的是：“说什么呢！至于难民中是不是有黑市商人、拉皮条的家伙、刑事犯罪分子或者亲美的越奸，我并不感兴趣。”对她来说，这关系到许多每天都有可能淹死的人，然而外交部，甚至所有的政治家，却死死抓住那些很久很久以前的准则。就在一年之前，当这场苦难开始的时候，还有几位州长在汉诺威和慕尼黑向电视台宣布接收了几百名“共产主义恐怖的牺牲者”，就是这么说的，但是现在突然一下子人们只提经济难民和无耻地滥用政治避难权……

不行，国务秘书先生，简直没法使这个好心的女人平静下来。也就是说，她并不是特别激动，更多的是热情和冷静，同时还总是在忙着别的，不管是在灶台上煮着一锅烩——她告诉我，是“羊肚子上的五花肉炖蔬菜”，或者是在打电话。除此之外，也不停地来客人，其中有些是愿意提供服务的医生。长时间地谈论排队等候的名单、热带适应问题、打预防针，等等。在这期间总是不断出现那三个孩子。已经说过，我站在厨房里。想走却又没走。没有一张椅子空着。当她在隔壁的起居室里打电话的时候，她多次请我用一支木勺搅和一锅烩。当我最后在一只洗衣筐上坐下的时候，我坐在了一个塑料鸭子的上面，这是孩子们的玩具，它发出了令人同情的尖锐刺耳的声音，引起了所有人的哄堂大笑。不，没有一点儿嘲弄或者讥笑的意思。这些人，国务秘书先生，就喜欢混乱。我听说，这使他们富有独创性。我们在这件事上是在和理想主义者打交道，他们根本就不管什么现行的规定、准则以及诸如此类的东西。就像这个住在联排式住宅楼里的好心的女人，她们坚定不移地确信可以感动世界。真是值得钦佩，即使我不可能喜欢这种事，我觉得，我在外交部充当的职能就是作为一个不通情理的人站在那里，这个人必须经常说不行。当然，没有任何事情比不得不拒绝给予帮助，更加使人恼火。

孩子中的一个，是个女孩，在告别的时候，以令人感动但是也有些让人难为情的方式，把那个发出尖锐刺耳声音的塑料鸭子送给了我。我听说，它会游泳。

注释:

① 他的夫人，即克里斯特尔·瑙伊德克，她是鲁佩尔特·瑙伊德克的妻子。1975 年，美军撤出越南之后，许多越南人逃出越南，越南当局也驱逐华人，1979 年和 1980 年是难民逃亡最高峰，仅 1979 年 5 月至 6 月就有十万越南难民，难民总数达到两百多万，大部分人乘小船在公海上漂泊，被称为“船民”。鲁佩尔特·瑙伊德克发起救援海上越南难民的行动，1979 年成立了德国救援委员会“一条为了越南的船”，并且用募捐的钱租用了“卡普·阿纳姆尔号”轮船开赴南中国海救援海上难民。

② 国务秘书，联邦德国各部在部长之下设有若干国务秘书，职位相当于副部长。

③ 碧东岛，当时在这个小岛上每平方公里有三万五千名越南难民。

1981

1981年

叙述者：柏林的年轻人
叙述事件：纳粹德国海军元帅邓尼茨的葬礼
叙述时间：柏林的年轻人写给女友的信

你会相信我吗，罗茜，这次旅行使我感到很难堪。以前还从来没有见过这么多骑士十字勋章[1]，只是在照片上看见过一次，那是我的康拉德伯伯挂在脖子上的。但是这次却看见了这么多，在公墓，站在我旁边的奶奶大声向我解释说，有的还配有橡树叶，因为她有些重听。电报也是她发的：“立刻乘火车赴汉堡。转城际轻轨至终点站奥米勒。我们的海军上将[2]在那里安息……”

当然，我不得不去。你不了解我奶奶。要是她说“立刻”，那么就必须立刻。虽然我平时绝不会听别人的吩咐，你也知道，我在克劳伊茨贝格也是占领空房的这帮人中的一员[③]，我们每天都必须料到这个鲁默尔会派警察来对付我们：赫尔姆斯多夫大街腾房指挥部。不管怎样，向我们集体宿舍的人出示这份电报，让我感到很难堪。他们当然不会诽谤海军上将。不管怎样，我站在我奶奶的旁边，周围全是老爷爷们，他们把梅赛德斯停在公墓前面，这会儿几乎每两个人就有一个下巴下面戴着一枚骑士十字勋章，但是都穿着便装，从小教堂一直到墓穴“夹道列队”，这是我奶奶的说法。我冷得发抖。地上还有积雪，尽管有太阳，天也冷得要命，几乎所有的老爷爷都没有穿大衣，站在那里。他们都戴着有帽檐的海军帽。

扶棺的全是潜艇水手，就像一个个小矮人，海军上将躺在里面，外面覆盖着黑红金三色旗[④]，他们缓缓地从我们面前走过，我父亲的两个哥哥也曾经是潜艇水手，而我父亲最后只是进了国民突击队[⑤]。他们俩一个在北冰洋，另一个在大西洋，像我奶奶一直说的那样，“找到了那个凉爽的水手之墓”。一个是“海军上尉”，就跟艇长差不多，另一个，我的卡尔伯伯，只是海军上士。

你不会相信这些的，罗茜。据说总共约有三万人和大约五百艘舰艇沉没。所有的人都是遵照这位海军上将的命令，他实际上是一个战争罪犯。至少我父亲是这么说的。他说，绝大多数的人，也包括他的两个哥哥，都是自愿地走进了“这些漂浮的棺材”。每到圣诞节，我奶奶总要纪念一番她的那两个“死去的英雄儿子”，这使我父亲和我都感到很难堪，因此我父亲老是和她吵架。只有我还时不时地去艾克恩菲德看望她，她在那里有一栋小房子，她一直就崇拜这位海军上将，战后也仍然如此。但是，除此之外，她完全正常。其实我和她比和我父亲还要合得来，我们占领空房的做法当然不合我父亲的意。因此，我奶奶只给我发了电报，而没有给我父亲发，是的，发到赫尔姆斯多夫大街四号，几个月以来，我们把这里已经布置得确实很舒服，依靠许多同情者的帮助，他们是医生，左翼教师，律师，等等。我前不久写信告诉过你，赫尔比和罗比是我最要好的朋友，当我把电报拿给他们看的时候，他们确实一点儿也不兴奋。“你大概有点不正常，”在我收拾衣服时，赫尔比说，“又少了一个老纳粹分子！”但是我却说：“你们不了解我奶奶。如果她说‘立刻’，那就没有任何借口。”

实际上，你会相信我吗，罗茜，我很高兴看了公墓的这场闹剧。几乎所有潜艇战的幸存者都来了。很滑稽，也有一点儿令人毛骨悚然，但是当所有的人在墓穴旁边唱起歌来的时候，也使人感到难堪，绝大多数人看上去就好像始终还在敌人控制的海区航行，正在地平线上搜索着敌舰冒出的一缕烟雾。我奶奶也跟着一起唱，当然是声音洪亮。首先是《在全世界高于一切》，然后是《我曾经有一个战友》。真的是很悲壮。还有几个右翼的击鼓流氓，列队走来，在寒冷的天气穿着长及膝盖的袜子。墓前有人讲话，所有可能说的都说到了，特别是说了许多关于忠诚的话。那口棺材实在是令人失望。看上去普普通通。我暗暗地问自己，难道不能够做成微型舰艇的样式吗？当然是用木头，但是要漆成军舰那种灰色。难道不能够让海军上将在棺材里更舒服一些吗？

然后，我们离开了公墓，那些骑士十字勋章的获得者也都开着他们的梅赛德斯离去，我奶奶请我在汉堡中心火车站吃比萨饼，还塞给了我一些钱，数目要超过旅费，我问她："奶奶，你真的认为，康拉德伯伯和卡尔伯伯的这段水手之墓的历史是值得的吗？"我这么直截了当地问她，事后我感到有些难堪。她至少有好几分钟什么也没有说，但是接着说道："唉，我的孩子，肯定是有某种意义的……"

好啦，正像你已经知道的那样，我刚一回来，鲁默尔的警察就把我们统统赶了出去。差不多全是靠使用警棍。现在我们又在克劳伊茨贝格抢占了几栋空房子。我奶奶认为，让这么多房子空关着是极其恶劣的。但要是你愿意，罗茜，如果我再次被赶出去的话，我们就可以搬到我奶奶的那栋小房子里去住。她说了，她会非常高兴的。

注释：

① 骑士十字勋章，纳粹德国在第二次世界大战期间颁发的勋章，又被称为铁十字勋章，挂在领口处，有些还同时颁发配在勋章旁边的橡树叶。

② 即卡尔·邓尼茨（1891–1980），纳粹德国海军元帅，曾任德国潜艇部队司令和德国海军总司令。1945年5月2日被希特勒任命为继承人并在德国北部设立了一个"看守政府"，5月底被英国军队抓获，1946年被纽伦堡军事法庭判处十年徒刑，1980年12月24日去世，1981年6月1日在汉堡近郊的奥米勒举行葬礼。

③ 克劳伊茨贝格是柏林的区名，八十年代初，联邦德国许多大城市住房紧张，但是也有许多房子空着，因此许多付不起租金的年轻人强占了一些空着的破旧的房子，简单维修以后住在里面，他们和前来驱赶他们的警察发生了很多冲突。

④ 黑红金三色旗，即德国国旗。

⑤ 国民突击队，二战后期由免除兵役的十六岁以下六十岁以上男子组成的保卫德国本土的武装。参见1946年。

1982年

叙述者：为阿根廷拥有的德国潜艇写鉴定报告的人

叙述事件：福克兰群岛的英阿之战

叙述时间：1990年下半年

除了那些误会之外，显然是由我的引文“阴险狡猾的英格兰”引起的，即使是从今天的角度来看，我对我为霍瓦尔德造船厂和通用电器公司设在魏德尔的海军技术分厂，所作的那份标题是《福克兰群岛之战的后果》的鉴定报告感到非常满意。假设，霍瓦尔德造船厂提供给阿根廷的，是两艘209型潜艇，它们的电子鱼雷发射系统被认为是尽善尽美的，第一次投入使用就大获成功，在对英国特遣舰队的作战中战绩显赫，比如击沉了“无敌号”航空

母舰和满载士兵的“伊丽莎白女王号”运输舰，这次双重胜利给联邦德国政府带来了一系列灾难性的后果，尽管联邦德国政府对北约的双重决议表示了积极态度，而且当时已经完成了早就应该进行的总理更迭。准会有人说：“德国的武器系统在针对北约盟国的实战中经受了考验。”我写了“无法想象”这四个字，同时指出，即使是阿根廷的法国制造的飞机击沉了“谢菲尔德号”驱逐舰和“加拉哈德爵士号”登陆舰，也不会减弱由德国生产的潜艇获得一次意外成功所产生的影响。在英国好不容易才掩饰住的反德情绪，当然就会公开暴露出来。有人会再一次把我们称作“匈奴人”。

幸好在福克兰群岛战争爆发的时候[①]，霍瓦尔德造船厂的“萨尔塔号”潜艇因机械故障停在港内，另一艘“圣·路易丝号”虽然投入了作战，但是，据说有事实可以证明，训练不足的水兵们没有能力操纵通用电器公司复杂的电子鱼雷控制系统。我在鉴定报告中写道：“这样，英国海军和我们国家都只是受到了一场虚惊。”特别是因为，对于英国人和对于我们来说，1914 年 12 月 8 日的第一次福克兰群岛战役，一直是作为光荣业绩，记忆犹新，当时，由传奇的海军中将封·施佩伯爵[②]指挥的、在那之前一直战功卓著的德国远东舰队遭到了占优势的英国海军的毁灭性打击。

但是，为了对我的鉴定报告超出纯武器技术方面的从历史角度进行阐述的考虑寻找依据，我在八年以前对我这份在其他方面就事论事的分析报告，附上了一幅油画的翻拍照片，当时正是施密特不得不下台、科尔的转折开始的时候。这幅油画是出自著名海军画家汉斯·波尔德之手的《海上景致》，是以在上面提到过的那次战役中的一艘装甲巡洋舰沉没为主题。画面的背景是一艘船尾已经沉入水中的军舰，前景是一个紧紧抓住一块船舱板的德国水兵，他的右手仍然以令人铭记在心的姿势高举着一面旗帜，显然是正在沉没的装甲巡洋舰上的德国军旗。

您已经看见，这是一面特殊的旗帜。因此，亲爱的朋友和战友，我才在给您写信时追述了很久以前的事。我们在这幅戏剧性的画面上认出了那面德国军旗，它最近在莱比锡的星期一示威游行[③]中再次把我们带入正在发生的事情。可惜的是，出现了一些丑恶的打架斗殴的场面。我为此感到惋惜。因为正像我按照要求通过一份对统一进程所作的鉴定报告提出建议那样，根据我的意见，那个毫无意义的口号“我们是人民！”就应该被这个——正如人们所见——使政策获得成功的呼吁“我们是一个民族!”以完全和平的、文明的方式取而代之。另一方面，我们也可以感到高兴，那些剃成光头、什么都敢干的小伙子——众所周知的光头暴徒④——以突然袭击的方式，成功地通过他们想方设法搞来的大量德国军旗，在莱比锡的星期一示威游行中占据了优势，并且突出了那种——应该承认是非常大声的——要求德国统一的呼声。

由此可见，历史是有可能走弯路的。当然，有的时候也必须给它助以一臂之力。当时机成熟，我回忆起当年的福克兰群岛之战的鉴定报告和那幅前面提到的《海上景致》,是多么美好啊。当时,通用电器公司的先生们显得——到处都是这种情况——毫无任何历史知识，因此没有理解我的这种大胆的时间跨越，然而，现在，对于德国军旗的更深一层的含义，他们大概已经恍然大悟。我们越来越经常地看见这种德国军旗。小伙子们，这些又可以被鼓起热情的人，带着它出现，把它高高举起。自从统一大业基本完成以来，我可以向您，我最好的朋友，承认，我的心里充满了自豪，因为我看出了历史的暗示，并且通过我的鉴定报告提供了帮助，这关系到，重拾民族价值，终于又能够在大庭广众之下公开展示德国军旗……

注释:

① 即1982年4月2日至7月12日英国和阿根廷为争夺福克兰群岛(又叫马尔维纳斯群岛)的战争。

② 马克西米连·封·施佩伯爵(1861-1914),德国海军将军，曾任德国远东舰队司令。

③ 1989年9月至1990年3月，民主德国莱比锡的反政府势力每个星期一举行示威游行，最初提出的口号是“我们是人民”，要求更多的民主权利，后来提出“我们是一个民族”的口号，要求两个德国的统一。两个口号的德文是:“Wir sind das Volk”和“Wir sind ein Volk”，后一句将“人民”这个词前面的定冠词改为不定冠词，使意思有了很大的改变。

④ 光头暴徒，指一些有暴力行为的右翼年轻人，他们通常是短发或光头，穿系带的厚底皮靴和皮夹克。

1983年

叙述者：卡巴莱演员
叙述事件：联邦德国向民主德国提供数十亿马克贷款
叙述时间：1989年11月9日以后

这样一个家伙我们再也得不到了！他没有听见最后一次打猎结束的喊声[①]——那是在什么地方？——是在森林里的一个狩猎聚会时，还有他的密友，那个肉类–奶酪–啤酒供应商[②]也走了，只剩下这个联盟的第三个人[③]，他及时地从那边过来了，以其高大的块头占据着他在特格恩湖畔的别墅，从此以后，对我们这些卡巴莱演员[④]也就缺少了素材，因为即使是那个执政的重量级[⑤]，也无法替代这辆三驾马车。此后就很无聊。只剩下甜木屑，淡咖啡[⑥]，拿眉毛开玩笑[⑦]，和其他一些咬文嚼字的文字游戏。再也没有什么好笑的东西。我们这些国家级的专业滑稽演员，因此不得不忧心忡忡地讨论商量。在巴伐利亚的一家旅馆里自说自话。那个穷乡僻壤名叫格罗斯霍茨劳特[⑧]，曾经有一些人带着他们沙沙作响的文稿在此聚会，多多少少还发了奖，那是很久以前的事。我们蹲在名人圈里，一筹莫展。甚至还严肃地作了一个专题报告，“论德国卡巴莱在伟大的弗兰茨·约瑟夫逝世之后的形势，特别考虑到在他去世之后不久实现的统一大业”，但是这也没有带来多少乐趣。充其量，就是我们这些过分严肃被在此聚会的滑稽演员变成了笑料。

啊，我们是多么缺少他呀！弗兰茨·约瑟夫·施特劳斯，他真是那些可以退休的滑稽演员们的神圣的雇主和关键词的提供者。你的那些歪门邪道的事，是我们每天的面包。不管是涉及那些被涂了润滑油的装甲运输车[9]，破碎的镜子玻璃[10]，长期纠缠不清的阿米戈丑闻[11]，还是你和世界各地的独裁者们的调情私通，每次都会产生一个小小的杰作。每次涉及到解雇那个可怜的受到欺骗的反对党的时候，德国的卡巴莱总是乐于效劳。对于你这个没有脖子的男人，我们总是能够想出什么花样。如果急需拉辕的马，我们就给维纳那个老家伙[12]套上挽具，“放在你的旁边”。但是，他和他的烟斗都已经不再冒烟。

始终都是可以信赖的，是你，是我们。只有一次，那是 1983 年，当时

涉及到数十亿，不言而喻，是为了东边可怜的兄弟姐妹的慈善行为，当史无前例的三人会谈在罗森海姆的施珀克宾馆进行[13]的时候，我们一定是睡着了，不管怎样，没有充当秘密偷听的小老鼠。这边是矮壮结实的施特劳斯，那边是东边的信使沙尔克,肉类－奶酪－啤酒供应商梅尔茨作为世界之子在中间[14]。在最好的意图武装下，一辆由骗子和投机商组成的三驾马车在一出占用了整个晚上的蹩脚喜剧里登场。这笔来自西边钱箱的款项有九个零，不仅应该给外汇紧缺的东边国家带来好处，而且还要负责将整群整群曾经是全民所有的、目前已经达到屠宰标准的公牛，赶到这个身为巴伐利亚大进口商的房主和东道主的屠宰刀之下。

兄弟之间互相赞赏。什么在这里叫作“共产主义的暴食者[15]”和“资本主义的敌人[16]”，肉类－奶酪－啤酒的账单在偷偷地增长，名副其实的沙尔克[17]还可以根据第一手的材料，顺便向他那位当上国家元首的修屋顶的工人[18]提供关于科尔的最新笑话。不一定要互相拥抱，但是一次全德一致的眨眼，每一次都是应该的。就像在保密地点的重大活动时那样。每个人都必须提供东西：市场的优势，朴素的魅力，波恩的内脏，价廉物美的半爿猪肉，妥善保管的国家机密以及八十年代的其他臭气样品，含有的酸度足以使各自家里的秘密警察感到高兴。

这一定是一次眼睛、鼻子和耳朵的盛宴，是一次全德的欢乐。当然要吃喝一番:肉类，奶酪，啤酒。但是，没有邀请我们赴宴。他们不需要讽刺作品。我们的那位专业拟音演员[19]成功地模仿了施特劳斯的咕噜咕噜叫，迄今还没有第二个人能够胜任，必要的时候，他也可以模仿沙尔克的假嗓子，赶牛郎梅尔茨反正也只能被揣测为精通数字的手语大师。这样，没有我们这些卡巴莱演员,就达成了这笔数十亿的贷款。真是可惜啊,因为本来可以事后按照“一个托管公司洗干净另一个托管公司”的谚语[20]，把整个过程作为德国统一的序幕搬上我们的舞台，但是，施特劳斯和梅尔茨在墙倒之前就已经退场，我们大家的沙尔克则平平安安地坐在他在特格恩湖畔的别墅里，他的几家商务协调公司仍然一直在隐蔽地繁荣发展，因为他知道的东西，要比带给蓝白相间的巴伐利亚的好处更多，因此对他来说，沉默是金。

当我们这些老家伙傻乎乎地在乡村聚会的时候，有人说：完全可以忘掉德国的卡巴莱。然而，慕尼黑的机场以弗兰茨·约瑟夫命名，不仅仅是因为他除了狩猎证之外还有一张飞机驾驶执照，而且也是要让我们在每一次起飞和降落时都能够想起他。他集许多东西为一身：一方面是我们最重要的讽刺对象，另一方面是一种风险，当他在 1980 年想当总理的时候[21]，我们作为小心谨慎的选民和胆小怕事的卡巴莱演员并不愿意去冒这种风险。

注释：

① 即联邦德国政治家弗兰茨・约瑟夫・施特劳斯（1915-1988），德国基社盟主席，曾任联邦国防部长和巴伐利亚州州长，1988 年 10 月 3 日在一次打猎时突发心脏病去世。

② 即约瑟夫・梅尔茨（1925-？），基社盟成员，他的公司主要是和民主德国做生意。

③ 指亚历山大・沙尔克 - 戈洛德科夫斯基（1932-），民主德国经济官员，国家安全部上校，外贸部商务协调处处长，负责为民主德国筹集外汇。

④ 卡巴莱是一种十九世纪末起源于法国，然后流行于欧洲的舞台表演艺术，内容大多是讽刺政治人物和社会现状。

⑤ 那个执政的重量级，指身高体壮的德国总理科尔。

⑥ 甜木屑影射曾任青年、家庭、妇女部长和联邦议会主席的德国女政治家丽塔・聚斯慕特（1937-），淡咖啡影射曾任劳动部长的德国政治家诺贝特・布吕姆（1935-），他们的姓氏分别是这两个德文词的组成部分。

⑦ 指曾任财政部长的德国政治家特奥・魏格尔（1939-），因为他的眉毛很浓。

⑧ 格罗斯霍茨劳特，位于德国南部，1958 年"四七社"在此聚会时，作者朗读了当时尚未出版的长篇小说《铁皮鼓》的片断，获得了当年的"四七社奖"。

⑨ 1955 年至 1957 年，联邦德国国防部在没有样品的情况下订购了数千辆装甲运输车，事发之后被怀疑有受贿的可能，当时的国防部长是施特劳斯。

⑩ 破碎的镜子玻璃，指 1962 年 10 月底的"《明镜》周刊事件"，当时《明镜》周刊发表了一篇关于北约军事演习的报道，警察和检察机关搜查了编辑部，以叛国和贿赂官员的罪名逮捕了《明镜》周刊的发行人奥格施坦因等人，但是后来又没有证据只好放人，施特劳斯因为在这一事件中的表现被迫辞去国防部长的职务。

⑪ 阿米戈是西班牙文中"朋友"的意思，阿米戈丑闻专指德国基社盟上层人士借助朋友关系搞权钱交易的丑闻。

⑫ 即曾任社会民主党议会党团主席的赫伯特・维纳。参见 1974 年。

⑬ 1983 年 6 月 29 日，施特劳斯、梅尔茨、沙尔克秘密洽谈让民主德国得到一笔数十亿马克的由联邦德国政府担保的贷款。

⑭ 出自德国诗人歌德的自传《诗与真》，歌德叙述了 1774 年 7 月 19 日在科布伦茨的一次午餐，他当时坐在拉瓦特和巴瑟多夫之间，前者在向一个神职人员讲述上帝的启示，后者在向一位舞蹈演员证明，洗礼是一种过时的习俗，歌德则埋头享受美味佳肴："先知在左，先知在右，世界之子在中间。"

⑮ "共产主义的暴食者"，当时联邦德国对民主德国的谩骂。

⑯ "资本主义的敌人"，当时民主德国对联邦德国的谩骂。

⑰ 德文中"沙尔克"这个名字与"爱开玩笑的人"发音相同。

⑱ 指埃里希・昂纳克（1912-1994），民主德国政治家，1971 年起任德国统一社会党第一书记，曾经当过修屋顶的工人。

⑲ 我们的那位专业拟音演员，指托马斯・弗莱塔克。

⑳ 德国有一句谚语："一只手洗干净另一只手。"意思是"官官相护"，托管公司这个词由"忠诚"和"手"两部分组成。

㉑ 1980 年，施特劳斯曾经作为基民盟 - 基社盟的候选人参加总理竞选，结果败给了施密特。

1984

1984年

叙述者：守墓人

叙述事件：科尔和密特朗在凡尔登尸骨存放所前握手

叙述时间：事后不久

我知道，我知道！那种“纪念死者”的要求过于随意，毕竟需要预先在当地做大量的安排。因此，加倍热情地，为当年凡尔登战场上的许多漫游小路做了标记，尤其是受到那次象征性握手的鼓舞，这次握手是总统和总理[1]共同的决定，在那个值得纪念的1984年9月22日，在尸骨存放所前面，我们这些人尽力提供了两种语言的提示牌，比如漫游目标先写法文 Mort-Homme，同时再写上德文 Toter Mann（死去的男人），特别是在那片被血浸透了的乌鸦

森林（法文是 Bois des Corbeaux）附近，如今已经覆盖着绿色植被的荒凉洼地里，可能一直还有地雷和哑弹，因此在已经有法文“不准入内”的警告牌上面，增加了我们德文的“严禁入内”。还应该赶紧在一些特定的地点，比如在弗劳伊利小村的断壁残垣前面，那里现在有一座呼吁和解的小教堂，还有 304 高地上，1916 年 5 月至 8 月，这个高地曾经多次被攻占，在反击中又多次被夺回，设立一些不引人注目的提示牌提醒人们，就像在这片战场的许多漫游目标一样，在这里稍事停留，缅怀沉思。

这种提示并非没有紧迫性，因为，自从总理来过我们康森渥利德军公墓，紧接着又去了在多瑙蒙特堡那边的法军公墓，与共和国总统历史性地握了手之后，来公墓的游人与日俱增。都是乘坐载客众多的大巴士来的，有几个来访团组过于观光性质的举止引起了一些抱怨。尸骨存放所的圆顶上面的塔楼，外形看上去就像一颗炮弹，往往只能让人感到毛骨悚然，因此，在存放着十三万法军阵亡将士的很少一部分尸骨的玻璃橱窗前，时常会有人发出讪笑，并不是什么罕见的事，更恶劣的是，还可以听见一些下流猥亵的评论。有些话还被传了出去，这也证明，总理与总统以给人留下深刻印象的姿态努力推动的、我们两个民族之间伟大的和解行动还远远没有结束。人们对我们的人的反感并不是完全没有道理的，明摆着的事实也几乎不可能视而不见：为纪念法军阵亡将士竖立了一万五千个白色的十字架，上面的碑文是“为法国而死”，每个十字架的前面还种了一簇蔷薇，而我们的阵亡将士却只有黑色的十字架，数量也要少得多，而且没有碑文，也没有任何花饰。

这里要说一下，对于我们这些人来说，对这些抱怨给予回答也是很难的。如果涉及到有关战争牺牲者的人数，同样也常常令人一筹莫展。长期以来，都是说双方各阵亡三十五万将士。对于在三十五平方公里的面积上有一百万人阵亡的说法，我们认为是夸大其词。大概共有五十万人阵亡，在战役的中心地带，每平方米大约死了七、八个人，他们在争夺多瑙蒙特堡和佛克斯堡，在弗劳伊利附近，在 304 高地以及“寒冷的土地”（法文是 Froideterre）的激战中捐躯，这个词表现了整个凡尔登战场的那种贫瘠的粘质土壤的特性。在军界通常都使用“损耗战”这个概念。

然而，不管损失到底有多大，当我们的总理和法国的总统握着手，站在尸骨存放所（法文是 Ossuaire）前面的时候，他们发出了一个超过任何数字的信号。我们这些人也可以算是扩大了的代表团的成员，但却只能从背后看见这两位政治家，代表团里也有恩斯特·容格尔[2]这位年事已高的作家，他当年亲眼见证了这场毫无意义的牺牲。

后来，他们共同栽下了一棵槭树，因此事先就要明确，这一象征性的行动不能在可能还有地雷的区域进行。大多数人都喜欢这一部分活动。与此相反，在附近地区同时进行的德法联合军事演习却不太受欢迎。我们的坦克开在法国的公路上，我们的龙卷风战斗机低空飞过凡尔登：这些都是当地的人不愿意看见的。假如不搞军事演习，而是我们的总理来到一条做过标记的漫游小路，一直走到那个叫作“四根烟囱”（法文是 Abri de Quatre Cheminées）的地下掩蔽部的断壁残垣前面，肯定会更有意义，1916 年 6 月 23 日，为争夺这个地方，巴伐利亚军团和法国的阿尔卑斯猎手展开激战，双方均损失惨重。抛开所有象征性的意义，安排总理在这里稍事停留，缅怀沉思，而且尽可能地不要拘泥外交礼仪。

注释:

① 总统和总理，指法国总统弗朗索瓦·密特朗和联邦德国总理科尔。
② 恩斯特·容格尔，德国作家。参见 1914 年。

1985年

叙述者：家住比勒费尔德的老奶奶

叙述事件：贝克尔首次获温布尔登网球赛冠军，首次播放电视连续剧《菩提树大街》

叙述时间：九十年代

我亲爱的孩子，你想知道，我在八十年代的经历，因为这种个人的信息对你的题为《老年人的日常生活》的硕士论文很重要。我很愿意帮你。但是你现在又写信告诉我，应该涉及到“消费行为方面的赤字”。对此我只能提供很少的帮助，因为你的奶奶没有什么可以特别抱怨的。除了少了你爷爷这个最可爱的、无人可以替代的人之外，我什么都不缺。最初在我腿脚利落的时候，我在隔壁的快速洗衣店帮半天工，有时候还在教区做些事情。你问我在空闲时间做什么，老实说吧，我只能承认，整个八十年代，我一部分在电视机前面消磨时光，一部分是相当快活地度过的。但是自从腿脚不太听使唤以来，我几乎连家门都不出，对于各种各样的社交活动，我从来就不太喜欢，这一点你亲爱的父母亲可以作证。

平时也没有什么事。在你多次问到的政治方面，甚至什么也没有。只有那些司空见惯的许诺。在这一方面我和我的邻居舒尔茨太太始终意见一致。她在这些年里一直照管着我，真是令人感动，而且，我必须承认，甚至远远地超过了我自己的几个孩子，包括你的那位亲爱的父亲。只能信任舒尔茨太太。有的时候，她在邮局上早班，她就会在下午过来，而且带来一些她自己烤的点心。我们把一切都安排得舒舒服服的，常常看电视一直看到晚上，不管正在播放的是什么。我还清清楚楚地记得《达拉斯》和《黑森林诊所》。伊尔泽・舒尔茨很喜欢电视里的布林克曼教授，我不怎么喜欢他。但是，当后来从八十年代中期开始播放《菩提树大街》的时候，现在一直还在播放，我对她说：这可是完全不同的东西。就好像是从生活中信手拈来的。就跟正常生活里发生的一样。这种经常性的混乱，一会儿高兴，一会儿伤心，争吵和谅解，许多忧愁和苦恼，就像在我们这条居特曼大街上发生的一样，即使比勒菲尔德不是慕尼黑，在我们这里，街角的酒馆是一家饭店，已经有好几年不是由一个希腊人，而是由一个意大利家庭经营着，相当规矩。但是，我们这里负责管房子的那位女士也跟菩提树大街三号的埃尔泽・克林格一样爱吵架。老是在她丈夫身上找碴儿，也挺狡猾的。母亲拜默尔真是善良的化身。总是注意倾听别人的困难，就跟我的邻居舒尔茨太太差不多，她自己的几个孩子已经够她操心的了，她的女儿娅思敏也跟拜默尔家的玛丽昂很像，老实说吧，她和一个外国男人保持着一种颇成问题的关系。

不管怎样，这个连续剧，我们是从头看起的，我想，是在 12 月开始播放的。在播放圣诞节目的时候，就发生了亨利和弗兰茨为了那棵小得可怜的圣诞树的争吵。但是他们俩后来又言归于好。在拜默尔家里，圣诞夜很凄凉，因为玛丽昂一定要和她的瓦希利去希腊，但是汉斯・拜默尔却带回来两个失去父母的孩子。孤独的越南人巩先生也受到邀请，大家还是过了一个美好的节日。

在和舒尔茨太太一起看《菩提树大街》的时候，我会想起自己早期的婚姻生活，那时你爷爷和我在一家当时就已经有电视可以看的饭店里看了电视连续剧《逊勒曼一家》。当然只是黑白的。肯定是在五十年代中期。

你为了写硕士论文，想知道在八十年代还发生了什么有趣的事情。对了，就是在拜默尔太太的女儿玛丽昂脑袋上带着一个还在流血的大口子很晚才回到家的那一年，开始上演了鲍里斯和施戴菲的戏。我平时并不怎么喜欢网球，总是打过来打过去，但是当布吕尔的姑娘和莱门的小伙子，大家都这么叫他俩，越来越出名的时候，我们也开始看，经常一看就是几个钟头。舒尔茨太太很快就弄明白发球和回球是怎么回事儿。至于Tie-Break是什么意思，我怎么也不明白，所以不得不经常提问。温布尔登公开赛的时候，我们的鲍里斯战胜了南非的一个网球选手，第二年又打败了那个我们大家曾经认为是不可战胜的捷克人伦德尔，当时我可真是为我的鲍贝勒担心啊，他才刚满十七岁。我伸出两个大拇指祝愿他成功。后来，在1989年，当政治方面终于又出事的时候，他在温布尔登对瑞典人埃德伯格，经过三局苦战终于再次获得了胜利，我真诚地大声叫好，我的可爱的女邻居也是如此。

舒尔茨太太总是把施戴菲称为“正手小姐”，我从来就没有对她真正感过兴趣，对她的父亲，那个引起了许多肮脏的桃色事件、偷税漏税的家伙，我甚至根本就不感兴趣。但是，我的从来不肯让步的鲍贝勒，却可以放肆无礼，有的时候甚至到处插嘴管闲事。只是对他不愿意交税，所以移民到摩纳哥去的行为，我们俩都不满意。“非要这么做吗？”我问舒尔茨太太。后来，当他和施戴菲都开始走下坡路的时候，他甚至开始为努特拉巧克力酱做广告。当他在电视里把餐刀舔干净，调皮地微笑的时候，看上去挺可爱的，但是，这肯定不是必需的，毕竟他挣的钱要比花出去的多得多。

但是，这都是九十年代的事，亲爱的孩子，你想知道我在八十年代的经历。不管怎样，早在六十年代，我就和努特拉巧克力酱打过交道，当时我的几个孩子都喜欢把这种在我看来就像是皮鞋油似的玩意儿涂在面包上。问问你的父亲，他是不是还记得，这玩意儿每天给他和他的几个弟弟带来了多少不愉快。我们家里真的是大吵大闹，甚至有人甩门什么的。就跟《菩提树大街》里面差不多，这个电视连续剧现在还一直在播放着……

1986

1986年

叙述者：喜欢采蘑菇的老人

叙述事件：切尔诺贝利核泄漏，反对瓦克斯多夫的回收利用装置

叙述时间：九十年代

我们上普法尔茨人很少发牢骚，人们都这么说，但当时是太过分了。先是瓦克斯多夫，他们想在那儿回收利用这种鬼东西，然后切尔诺贝利就来到了我们的头上[①]。一直到5月，这块云罩着整个巴伐利亚。也包括弗兰肯地区和其他地方，只有北部少一些。但是，据说它在向西到边界的地方停住了，

至少法国人是这么说的。

唉，谁相信呢！总是有这种站在圣弗洛里安[2]一边的人。在我们阿姆贝格，地方法院的那个法官[3]始终反对 WAA，它的全称是回收利用装置。因此，他在星期天为那些在回收利用装置外面的篱笆前露营的小伙子们送去像模像样的饭菜，小伙子们用铁棒敲击篱笆，大吵大嚷，报纸上称之为“耶利哥的喇叭”，因此，地方法院的这个贝克斯坦因，极其粗俗地对他进行攻击，此人一直就是一个好斗的家伙，因此后来当上了内政部长，他还恶毒地说：“必须在存在上彻底消灭像威廉法官这样的人。”

一切都是由于瓦克斯多夫。我也去了。但已经是在切尔诺贝利的云飘到上普法尔茨和美丽的巴伐利亚森林上空的时候。我们全家都去了。有人说，在我的晚年，这种事实际上和我没有多少关系，但是，我们向来都是在秋天去采蘑菇，这是我们家的传统，所以现在就意味着：注意，再提高一个等级：发出警报！因为这种叫作铯的鬼东西，被雨水从树上冲了下来，极其恐怖地使森林的地面带上了放射性，不管是青苔、落叶还是松针，因此我也觉悟了，带着一把铁锯要去篱笆那里，即使我的几个孙子都冲着我喊道：“别这样，爷爷，这不是你干的事！”

这话可能是对的。因为，有一次当我混在年轻人中间一起高喊“钚的厨房，钚的厨房！”的时候，我被那些从雷根斯堡专门派来的高压喷水车冲倒在地上。水里加了一种所谓的刺激物，是一种很有害的有毒物质，即使没有从切尔诺贝利的云中滴落在我们的蘑菇上面并且一直留在了这里的铯这么恶劣。

因此，人们后来不得不对巴伐利亚森林和瓦克斯多夫周围森林里的所有蘑菇进行了放射性测量，不仅仅是对美味可口的高脚小伞菇和瓶状担子菇，因为野兽也吃一些我们不能吃的红菇，污染情况如此严重。尽管如此，我们还是想去采蘑菇，有人发了一些表格，告诉我们，那些在10月份长出来的而且特别好吃的栗子菇，绝大多数都吸收了浓缩的铯。洋口菇大概是受到污染最少的，因为它不是从森林的土壤里长出来的，而是一种生长在树墩上的寄生蕈。嫩的时候味道很好的墨水菇也没有受到污染。然而，受到严重污染的，要我说吧，还是山羊唇菇、红脚牛肝菇、血乳菇，这些蘑菇都喜欢生长在新长出来的针叶树的下面，甚至还有桦木菇，红帽菇受到的污染较少，但是可惜鸡油菇受到污染的程度很严重，有的地方又把它叫作鸡蛋菇或者胡椒菇。

先生菇也受到了严重污染，要是有人采到这种又被叫作石头菇的蘑菇，是一种真正的上帝赐予的运气。

这样，最后在瓦克斯多夫什么也没有建成，因为核工业界的那些先生们在法国可以更便宜地回收利用他们的那些鬼东西，而且在那里也不会像在上普法尔茨遇到这么多的麻烦。这里现在又平静下来了。甚至对切尔诺贝利和在我们头顶上的那块云，今天也不再有人谈论。但是，我们全家，所有的孙子孙女，再也不去采蘑菇了，这是可以理解的，我们家的这个传统从此消失。

我仍然去。孩子们把我撂在了一家老人院，在它的周围有许多森林。我找到什么就采什么：面包菇、棕帽菇，在夏天就已经有的先生菇，到了10月，还有栗子菇。在我那个很小的厨房里，我把它们煎一煎，给自己和老人院的其他几位腿脚不太利落的老人吃。我们所有的人都已经早就超过了七十岁。我们自己问自己：反正我们的日子已经不多了，铯这个玩意儿还能对我们有什么损害。

注释：

① 1986年4月26日，乌克兰的切尔诺贝利核电站发生爆炸和火灾，毁坏了一组核发电机组，大量放射性的铯泄漏出来进入了大气层。雨水将放射性的铯传播到欧洲的大部分地区。

② 圣弗洛里安，相传在公元304年因救被捕的基督教徒被人溺死的烈士。德国南部民间在救火时喜欢高喊：亲爱的圣弗洛里安，饶了我家的房子吧，去点燃邻居家的房子。

③ 地方法院的那个法官，即赫尔穆特·威廉（1946-），阿姆贝格地方法院法官，作为绿党党员出任该市议员，是当时德国四个积极反对回收利用装置的法官之一。

198

1987年

叙述者：作者本人

叙述事件：在加尔各答做的关于冯塔纳的梦

我们在加尔各答寻找什么[1]？是什么吸引我到那里去的？把《母老鼠》和对德国屠宰牲畜节日的厌烦抛在身后[2]，我画垃圾山、露宿街头的人、从阴户伸出舌头的女神卡丽，我看见乌鸦站在成堆的椰子壳上面，大不列颠帝国的余晖掩映在绿草丛生的废墟里，一切都是闻所未闻的，我一时说不出任何话来。我开始做梦……

但是，在我开始做梦并引起许多后果之前，应该首先承认那种折磨人的嫉妒，因为过去和现在总是在看各种各样书的乌特，在忍受加尔各答的生活期间，越变越瘦，而且一本接着一本地读冯塔纳的书；为了调剂在印度的日常生活，我们在行李中带了很多书。但是，她为什么只读这个信仰胡格诺教的普鲁士人的书呢？为什么在开着的电风扇下，唯独对这个勃兰登堡地区的编年史作家的漫谈闲聊如此痴迷？为什么要在孟加拉的天空之下，偏偏又是特奥多尔·冯塔纳[3]？我在中午开始做梦……

但是，在我叙述这个梦之前，必须说明，我一点儿也不反对作家冯塔纳和他的小说，绝对不反对。他的几部作品，我是很迟才读到的，我还记得很清楚：艾菲打秋千，在哈维尔河上划船，和杰妮·特莱贝尔女士在哈伦湖畔散步，在哈尔茨山中避暑……乌特什么都知道，每一位牧师的警句格言，每一次火灾的原因，唐格明德是在大火中化为灰烬的，在小说《不可挽回的》里，一次阴燃造成了很多后果。甚至在持续性的停电期间，在沉默下来的电风扇下，当加尔各答陷入了黑暗，她仍然在烛光下又看了一遍《童年》[4]，不顾几个西孟加拉人的阻拦，逃到了波兰的斯维纳明德码头，要不然就是从我这儿逃走，回到了后波莫瑞的波罗的海的海滩。

我在中午开始做梦，躺在蚊帐里，梦见了凉爽的北方。从我家阁楼画室的窗户望出去，可以看见下面掩映在果树之中的维威斯弗莱特的花园。虽然我已经多次在不同的听众面前略有变化地叙述过这个梦，但是有时却忘记提一句，维威斯弗莱特这个村子位于石勒苏益格-荷尔斯泰因，就在施多尔河旁边，这是易北河的一条支流。我就是这样在梦中看见了我们在荷尔斯泰因的花园，看见了花园里的果实累累的梨树，乌特面对着一个男人坐在树荫下的一张圆桌旁边。

我知道，叙述梦境总是很糟糕的，尤其是这种在蚊帐里浑身是汗时做的梦：一切都讲得太理智。但是，这个梦并没有被任何次要情节搞乱，第二个画面或者第三个画面都没有像梦一样地闪烁，它更多的是呈直线性向前运动，而且引起了许多后果，因为我觉得那个和乌特坐在梨树下聊天的男人很面熟：一位白发苍苍的绅士，她和他聊啊聊啊，与此同时越变越漂亮。

人们测出加尔各答在季风季节的空气湿度为百分之九十八。因此，在蚊帐里，电风扇，如果有电的话，吹得它微微飘动，我梦见了凉爽的北方，这也就毫不奇怪了。但是，这位微笑着和乌特坐在梨树下亲切聊天、阳光在他的白发上嬉戏的老先生，一定很像特奥多尔·冯塔纳吗？

就是他。乌特在跟他谈恋爱。她曾经跟我的一个很有名的同事有过一点事儿，此人到了晚年才写出了一部又一部的长篇小说；在他的几部小说里写的都是有关通奸的事。迄今为止，我一直没有在这个梦中的故事里面出现，或者仅仅是作为身在远方的旁观者。他们俩自己有足够的事要做。因此，我这时嫉妒地梦见了我自己。也就是说，明智或者狡猾在梦中命令我，把正在出现的嫉妒隐藏起来，明智地或者狡猾地采取行动，因此我抓起一把在梦中离得很近的椅子，带着它冲下楼梯，在花园里那棵梨树的凉爽的树荫下面，坐到这对梦中情侣，即乌特和冯塔纳的旁边。

从此以后，我在叙述这个梦的时候，总是这么说，我们开始了一种三人的婚姻。这两个人再也摆脱不了我。乌特甚至很喜欢这种解决办法，我也越来越熟悉冯塔纳，是的，甚至还是在加尔各答的时候，我就开始读他的一切可以得到的东西，比如他写给一个名叫莫里斯的英国人的信件，他在信里显示了对世界政治的了解。我们有一次同乘一辆人力车，去市中心的作家大厦，我问他怎么看待英国殖民统治的影响和孟加拉分裂成为孟加拉国和西孟加拉。我和他的观点一致：这种分裂可能很难同目前德国的分裂相比，而且也几乎不可能设想会出现一次孟加拉的重新统一。当我们后来绕道返回施多尔河畔的维威斯弗莱特的时候，我很乐意地带着他，也就是说，我慢慢地习惯把他作为一个很有趣的、有时很幽默的家庭常客，从这时起，我也自认为是冯塔纳迷，直到历史在柏林和其他地方证明自己是反刍动物的时候，我才摆脱了他，我在获得乌特的友好同意之后，要求他信守聊天时的诺言，我把他这个失意潦倒的人写进了我们这个正在走向结束的世纪。从此以后，他被抓进了长篇小说《辽阔的田野》，为了他的永生而活着，他再也不可能使我在梦中心情沉重，因为他作为冯蒂在故事快要结束的时候，在一个年轻姑娘的引诱下，隐匿到塞文山里去了，和那里的最后一批幸存下来的胡格诺派教徒生活在一起……

注释：

① 1986年8月至1987年1月，作者和夫人乌特住在印度的加尔各答，作者在这里产生要将冯塔纳写进小说的念头。

② 《母老鼠》是作者在1986年出版的长篇小说，通过第一人称叙述者与一只母老鼠在梦中的对话，展现了从上帝创造世界直到世界末日的人类历史，反映了作家对于处在核时代的人类社会的思考与忧虑，出版之后遭到德国文学评论界的激烈批评。

③ 特奥多尔·冯塔纳（1819–1898），德国作家，当过药剂师、记者，写过诗歌和戏剧评论，晚年才写出几部重要的长篇小说，如《风暴之前》（1878）、《迷途和混乱》（1888）、《不可挽回的》（1892）、《杰妮·特莱贝尔女士》（1893）、《艾菲·布里斯特》（1895）。

④ 《童年》，冯塔纳的自传。

1988年

叙述者：作者本人

叙述事件：哈尔茨山中的枯树朽木

……在那堵墙垮掉的前一年，在处处欢欣鼓舞之前，在人们彼此感到陌生之前，我就开始画这些轻易可见的东西：断裂的松树，连根拔起的山毛榉，枯木。几年以来，“森林死亡”已经变成次要的话题。鉴定报告引来了意见相反的鉴定报告。要求限制时速为一百公里，因为汽车废气对森林有害，再次毫无结果。我学到了几个新词：酸雨、恐惧本能、细微的菌类引起的植物腐烂症、针叶白喉……政府每年出版一份森林受害报告，后来为了减少人们的担心，改名为森林状况报告。

我只相信可以画的东西，所以就从格廷根驱车去了上哈尔茨山，在一家专门接待避暑和滑雪客人、现在几乎没有人住的旅馆里住了下来，用西伯利亚的炭笔——一种木头制品——画那些倒伏在山坡和山脊上的东西。在那些林业部门已经消除了损害、把倒伏的树木运走了的地方，到处都只剩下树墩，一个紧接着一个，它们按照宽松的公墓规章占据了很大的面积。我一直来到边界警告标志的前面，我看见，森林死亡在这里越过国境继续蔓延，越过了沿着山脉和峡谷蜿蜒起伏的铁丝网，越过了布满地雷的死亡区，越过了那道不仅将哈尔茨山脉，而且也将整个德国乃至欧洲分开的“铁幕”，无声无息地，也没有响一下枪声。光秃秃的山峦使得投向边界那边的视野非常开阔。

我没有遇到任何人，既没有遇到那些神话传说中的女妖，也没有遇到一个踽踽独行的烧炭工人。什么也没有发生。一切都已经发生过了。我没有带任何歌德和海涅的读物[①]，为这次哈尔茨山之行做准备。唯一带的东西就是粗糙的绘图纸、满满一小盒弯弯的炭笔和两罐使绘画不掉色的固着剂，上面的使用说明宣称，不含任何有害的助喷气体，当然也就不会对环境有害。

稍后，但是一直还在射击命令的有效时间之内，我和乌特也是带着这些装备去了德累斯顿，从那里发出的一份书面邀请帮助我们获得了入境签证。我们的东道主是一位严肃的男画家和一位开朗的女舞蹈家，他们给了我们一把钥匙，可以打开埃尔茨山中一个适合居住的茅屋。在紧靠捷克边界的地方，我立刻——好像我还没有看够似的——开始画这片也正在逐渐死亡的森林。树木还像倒下来时那样横七竖八地躺在山坡上。风吹断了山脊上有一人多高的枯死的树干。这里也没有发生任何事，只有老鼠在德累斯顿这位姓格舍尔的画家的茅屋里不断增多。但是，一切都已经发生过了。从两个全民所有的工业区排放出来的废气和堆放在这里的残渣废物，已经越过边界做完了全部的工作。当我在一张接着一张画画的时候，乌特在看书，这时已经不再是看冯塔纳的书。

一年之后，在莱比锡等地示威游行的公民们高举的标语牌和横幅上面，可以看见“锯断官僚，保护树木”的文字。但是，时候还没有到。这个国家还在艰难地把它的公民们团结在一起[②]。越过边界的损害看起来还要持续很久。

其实我很喜欢这一带。埃尔茨山里的村庄，房顶用的都是木瓦。这里长期以来一直很穷。这些村庄叫作侯爵屯、忠神村和障碍庄。通往布拉格的过境公路从附近的边境小镇齐恩瓦尔德经过。二十年之前，在8月的一天，国家人民军的摩托化部队按照命令就是从这条不仅仅是供游客通行的公路开过的；五十年之前，在1938年10月的一天，德国国防军的部队朝着同样的目标起程,以至于捷克人不得不一次又一次地回忆往事。再次犯罪。双份的暴力。历史喜欢这种重复，即使当时情况完全不同；例如，当时的森林还是处于……

注释:

① 歌德曾经在1777年11月29日至12月19日独自骑马漫游哈尔茨山，留下了诗篇《冬天的哈尔茨山之行》。诗人海涅(1797-1856)曾在1824年9月徒步漫游哈尔茨山,1826年出版了《哈尔茨山游记》。

② 这个国家还在艰难地把它的公民们团结在一起，指民主德国。

198

1989年

叙述者：作者本人

叙述事件：柏林墙倒塌

我们从柏林返回的途中，车开到劳恩堡的时候，这个消息有一些迟到地通过汽车上的收音机传进了我们的耳朵，因为我们总是定时听第三套节目[①]，当时我也像其他成千上万的人一样，或许高喊“不可思议！”，或许由于高兴和惊吓高喊“真是不可思议！”，然后就像正在开车的乌特一样陷入了前思后想的思绪之中。我的一位熟人，他的住所和工作都在墙的另一边，以前和现在都在艺术科学院的文献馆负责照管遗作，他也同样是较晚才得知了这个虔诚的故事，可以说它是带着延缓定时器被送上门来的。

根据他的说法，他当时满头大汗地刚从弗里德里希树林慢跑锻炼回来。不是什么不同寻常的玩意儿，因为对东柏林人来说，这种起源于美国的自我苦行当时也已经很流行了。在凯特·尼德基尔希街和伯措夫街的十字路口，他遇到了一个熟人，也是跑得气喘吁吁、汗流浃背的。他们一边在原地踏步，一边约好晚上一块儿喝啤酒，到这个熟人宽敞的客厅坐一坐，他的工作，就像人们说的那样，在“物质生产方面”很稳，因此，我的熟人对在他的熟人的客厅里见到的新铺的镶木地板，并没有感到惊讶。这种东西对于他这个只是在文献馆搬搬文件、最多负责写几条脚注的人来说，是根本买不起的。

喝一杯比尔森啤酒，又喝了一杯。后来端上桌来的是诺尔德豪森的烧酒。谈到从前的事，谈到正在长大的孩子们，以及在家长会上的意识形态方面的隔阂。我的这个熟人出生在埃尔茨山区，去年我在那里的山脊上画过枯木，他告诉他的熟人，他想在即将到来的冬天和他的夫人去那里滑雪，但是他的瓦尔特堡轿车[②]有问题，前后轮胎已经磨得几乎没有凸起花纹了。他现在希望通过他的熟人弄到新的冬季轮胎：谁要是在实际存在的社会主义制度下，能够在自己家里铺上镶木地板，他也会知道如何弄到那种印有“M + S”标记的特种轮胎，“M + S”的意思是“泥泞与雪”。

当我们心中怀着令人喜悦的消息渐渐接近贝伦多夫[③]的时候，在我的熟人的熟人那间所谓的“柏林房间”里，电视机的音量几乎调到了最低。这两个人一边喝着烧酒和啤酒，一边谈着轮胎的事情，镶木地板的主人认为，原则上来说，只有用“真正的钱”④才能弄到新轮胎，他也表示愿意想办法再弄几个瓦尔特堡轿车的汽化器喷嘴，但是除此之外没有其他任何希望，这时我的熟人迅速地朝无声的荧光屏瞥了一眼，电视里看来正在放一部电影，情节是许多年轻人爬上了那堵墙，两腿分开坐在墙头上，边防警察对这种娱乐行为袖手旁观。注意到这种藐视防护墙的行为之后，我的熟人的熟人说道：“典型的西方！”然后两人对这种正在进行的庸俗无聊的行为加以评论：“肯定是一部冷战电影。”接着立刻重又回到饱受磨难的夏季轮胎和尚且缺少的冬季轮胎。关于文献馆以及保存在那里的重要或不怎么重要的作家遗作，一句也没有提及。

我们已经开始意识到生活在一个即将到来的没有那堵墙的时代，刚一回到家，就立刻打开了电视机，在墙的那一边，又过了一会儿，我的熟人的熟人终于在新铺的镶木地板上走了几步，把电视机的音量调大。顿时，不再有人提一句冬季轮胎。这个问题将由新的纪元和“真正的钱”来解决。将剩下的烧酒一饮而尽，然后赶紧冲上伤残人大街⑤，那里已经挤满了汽车，特拉班特轿车比瓦尔特堡轿车更多，因为所有的人都想去那个敞开了的过境通道⑥。谁要是注意听，他就准会听见，每一个人，几乎每一个人，无论是步行的还是开着特拉比要去西边的，都在高喊或者低语一个词：“不可思议！”我在快到贝伦多夫时，也是大喊一声“不可思议！”，然后就听凭思想肆意奔腾。

我忘记问我的那个熟人，最后是怎样弄到冬季轮胎的，是在什么时候，用什么钱。我也很想知道，他和他妻子是不是在埃尔茨山中度过了 1989 年到 1990 年的新年，他妻子在民主德国时期曾经是一位很有成就的速度滑冰运动员。不管以什么方式，生活都要继续。

注释：

① 作者喜欢收听北德广播电台和西德广播电台的文艺节目，这些节目被称为第三套节目，因为这种节目不是定点报新闻，所以“有一些迟到地”收听到柏林正在发生的事。
② 瓦尔特堡轿车，民主德国当时生产的一种中档轿车。
③ 贝伦多夫，位于德国北部，作者现在住在这里。
④ “真正的钱”，指西方的硬通货。
⑤ 伤残人大街，柏林的街道名称，这里设有东西柏林边界检查站。
⑥ 1989 年 11 月 9 日，民主德国政府宣布开放边界，东柏林的市民纷纷涌向东西柏林过境通道。

N90

1990年

叙述者：作者本人

叙述事件：民主德国的第一次人民议院自由选举

我们在莱比锡碰面，不仅仅是为了在统计选票时在场。雅各布·苏尔和莱奥诺蕾·苏尔[①]从葡萄牙赶来，住在火车站附近的梅库尔旅馆。乌特和我从施特拉尔松德过来，住宿在郊区维德里茨的一个药剂师的家里[②]，我是在莱比锡的圆桌会议[③]时认识他的。整个下午，我们都在追寻雅各布的足迹。他是在一个从前叫奥茨现在叫马克雷贝格的工人区长大的。他的父亲亚伯拉罕·苏尔在犹太人文理中学当老师，教德语和依地语，他先是带着雅各布的几个弟弟移居到美国。1938年，十五岁的雅各布也跟去了。只有母亲留在了奥茨，由于破裂的婚姻，后来她不得不逃到了波兰、立陶宛、拉脱维亚，1941年夏末，她在拉脱维亚被德国国防军抓住，后来有人说，她在逃跑时，被一支看守小分队开枪打死。她丈夫和她的几个儿子在纽约，没有能够筹到足够的钱，为她搞到一张进入美利坚合众国的入境签证，这是妻子的也是母亲的最后一线希望。雅各布几次断断续续地讲述了这次白费力气的努力。

尽管腿脚不太利落，雅各布还是不知疲倦地带着我们看了那栋出租的房子、晾着衣服的后院、他的母校以及在一条侧街上的健身房。在后院里又见到了那个拍打地毯上尘土的拍子。雅各布兴奋地反复说明这是他青年时代的遗物。他歪着脑袋，闭上眼睛，仿佛在倾听有规则地拍打地毯的声音，就好像这个后院始终还是那么热闹。在一个蓝色的搪瓷牌子下面，他要莱奥诺蕾给他照一张相，牌子上面可以看见官方的表彰："马克雷贝格区模范居民集体。"日期是1982年5月1日。他同样也站到健身房的那扇蓝色的可惜是锁着的大门前面，在大门上方一块凹进去的墙壁上，有一尊体操之父雅恩[④]的半身塑像，这位青年德意志体操运动的创始人神情严肃地望着远方。"不，"雅各布说，"我们和市中心的那些穿着毛皮大衣的犹太人没有任何关系。这里的所有人，不管是不是犹太人，甚至那些纳粹分子，都是小职员和工人。"然后，他想离开这里，他看够了。

在一位年轻建筑工程师的陪同下，我们在伯恩哈德·戈林大街找到了“民主之家”，我们在这里经历了那场选举的灾难[5]。最近一段时间以来，公民权利运动在这里办公。我们首先去了绿党[6]，然后又去了联盟90。到处都是年轻人，或站或坐或蹲在电视机前面。莱奥诺蕾在这里也拍了一些照片，公布选举结果的第一次初步统计时的沉默和惊愕，迄今一直呈现在这些照片上面。一位年轻的妇女捂住了她的脸。所有的人都看见，基民盟即将获得一次选票高得惊人的胜利。“那好吧，”雅各布说，“现在都是在民主制度之下进行的。”

第二天，我们在前一年秋天星期一示威游行的出发地点尼古莱教堂侧门入口前面的一堵波纹白铁皮施工围栏上，看见了一张不干胶小条，它用蓝色的边和蓝色的字组成了一个街名牌。我们看见上面写的是：“受骗者广场”[7]。下面用小一些的字体写着：“十月的孩子致以敬礼。是的，我们还在这里。”

当我们同我们的那位药剂师告别之前，他以一个在社会主义制度下也很勤奋的萨克逊人充满感情的自豪，领我们看了他的这栋带游泳池和花园的房子，他投的是基民盟的票：“喏，为了可爱的金钱。我现在就已经后悔……”在一个很小的池塘旁边，我们看见一座高一米五的青铜雕塑的歌德头像，这是我们的东道主在诗人这个巨大的头被回炉熔化之前，用很大一批铜丝换来的。我们惊奇地观看花园里的一座枝型烛台，假如不是我们的这位药剂师喜欢上它，掸掉了这件标本上面的灰尘，或者像他自己说的那样，“抢救出来”，它肯定已经和其他枝型烛台一起被卖到荷兰挣外汇去了。同样如此，他还从一个即将被铲平的公墓抢救出来两个玄武岩石柱和一个斑岩水池，放在了他的花园里。到处都有石雕的或者铸铁的座椅，但是他从来就坐不下来，因此几乎没有使用过。

然后，我们这位在社会主义制度下仍然一直独立经营的药剂师，领着我们去看上面有顶篷的游泳池，据说从4月份起就可以通过太阳能发电机把水加热。然而，比这个借助易货贸易获得的西边产品更让我们感到意外的，是几个比真人还要大的砂岩雕像，它们塑造的是耶稣基督和六个门徒，在他们的中间有那四个福音传教士[8]。药剂师向我们保证，他是在最后一分钟才成功地救出了这些雕塑，而且就是在马尔库斯教堂，也像莱比锡的其他教堂一样，被那些——按照他的说法——“共产主义的野蛮人”毁坏之前。现在，按照十九世纪后期的感觉塑造的基督和他的几个门徒，呈半圆形地站在泛着蓝绿色的游泳池的周围，为两个正在勤勤恳恳地清洗瓷砖墙的机器人（日本制造）祝福，也为专程来到莱比锡为了在3月18日通过第一次人民议院自由选举使自己头脑清醒的我们祝福，大概也为即将来到的统一祝福，基督站在顶篷下面祝福，顶篷的结构是由几根细长的，正如这个药剂师所知，“多立克式的立柱”支撑着的。“在这里，”他说道，“古希腊的和基督教的东西同萨克森的务实思想交叉在一起。”

在回家的途中，沿着翁斯特鲁特河，经过许多依山傍水的葡萄园，穿过米尔豪森，向边界方向行驶，雅各布·苏尔睡着了，返回莱比锡－奥茨的旅行让他筋疲力尽。他总算看够了。

注释：

① 雅各布·苏尔和莱奥诺蕾·苏尔，作者夫妇的朋友，雅各布·苏尔在1998年去世。作者在本书的扉页写道：“纪念雅各布·苏尔”。

② 住宿在郊区维德里茨的一个药剂师的家里，即阿尔闵·弗里德里希·福伊格特。

③ 1989年至1990年，民主德国的反政府势力和德国统一社会党的领导人举行了多次圆桌会议，讨论各种问题。

④ 弗里德里希·路德维希·雅恩（1778–1852），德国教育家，倡导全民性的体操运动。

⑤ 1990年3月18日，民主德国举行第一次人民议院自由选举，保守政党基民盟获得了百分之四十的选票，左翼的社会民主党和民主社会党仅获得百分之二十一和百分之十六的选票。

⑥ 绿党，七十年代成立的联邦德国政党，主张保护环境，反对核能源，1983年进入联邦议会，1993年与由前民主德国公民权利运动的几个组织联合而成的联盟90合并为联盟90/绿党，一般仍然称为绿党，1998年成为德国联合执政的两个政党之一。

⑦ 作者在1990年写了一篇题为《从受骗者的广场的几个展望》的文章，发表在1990年5月11日的《时代》周报上。

⑧ 那四个福音传教士，即马太、马可、路加、约翰。

1991

1991年

叙述者："68年大学生运动"的参加者

叙述事件：海湾战争，德国的反战游行示威

叙述时间："68年大学生运动"的参加者在1991年的对话

"没有看见死人。只有摇摆不定的坐标和命中目标，据说都非常准确。整个经过就像是儿童游戏……"

"当然，因为CNN[①]拥有这场战争[②]的电视转播权，而且拥有下一场的和下下一场的……"

"可以看见燃烧的油田……"

"因为就是为了石油，仅仅是为了石油……"

"这一点甚至就连任何地方大街上的小孩都知道。整个学校都空了[④]，倾巢出动，绝大多数没有老师，在汉堡、柏林、汉诺威……"

"甚至还有施未林和罗斯托克。而且高举蜡烛，因为两年前在我们这里到处……"

"……我们这里始终还在喋喋不休地谈论1968年，我们当时坚定不移地反对越南战争，反对凝固油汽弹，等等……"

"但是今天却不愿意挪挪屁股，相反，孩子们却都在外面……"

"不能相比。我们当初至少有对未来的设想，就是类似革命的纲领，而他们只不过就是举着蜡烛……"

"但是，可以把萨达姆和希特勒相比，对不对？把他们俩放在一起，每一个人都会知道，什么是善，什么是恶。"

“那好吧，这大概更多的是隐喻的含义，但是，不得不谈判，谈判了很长时间，而且像对南非一样，通过经济制裁施加压力，因为通过战争……”

“究竟是什么样的战争？做秀，CNN 和五角大楼惊心筹划，普通消费者可以在荧光屏上参与，看上去就像是放焰火，专门为起居室安排的。真是棒极了，没有一个死人。就像是看科幻影片，一边还吃着盐条。”

“但是，还看见了燃烧的油田，导弹还落到了以色列，以至于人们戴上防毒面具躲进了地下室……”

“是谁这么多年向萨达姆提供武器装备和伊朗打仗？说得对。美国佬和法国人……”

“……还有德国的许多公司。这儿有一份长长的名单，谁提供了什么：大量高精尖的东西，导弹配件，全套生产毒气的实验室还加上配方……”

“因此，就连这个比尔曼也赞成战争④，我一直认为他是一个和平主义者。他甚至说……”

“他什么也没有说，但是他告发了所有和他不在一条线上的人……”

“……他把高举蜡烛要求和平的孩子们称为是爱哭的孩子……”

“因为这些孩子没有社会目标，没有对未来的设想和理由，而我们当初……”

“……‘不用鲜血换石油！’总还是说出了一些东西吧……”

“但是还不够。当我们反对越南战争的时候……”

“……好啦，‘胡……胡……胡志明！’也并不见得就是一个了不起的理由……”

“不管怎样，现在孩子们出现在大街和广场上。现在也出现在慕尼黑、斯图加特。超过五千。甚至连幼儿园的也参加了。他们沉默示威游行，中间有几分钟的狂喊乱叫。他们高喊：‘我害怕！我害怕！’这还从来没有过，在德国有人公开承认……我的观点是……”

“观点是狗屎！你们仔细瞧瞧这些孩子。下面是阿迪达斯，上面是阿尔玛尼。娇生惯养的小孩，现在突然感到害怕，担心起他们时髦的衣服，而我们在 1968 年及其以后，当建造西起飞跑道，或者再后来反对在穆特朗根等地部署潘兴 -II 式导弹的时候……当年可真是艰难啊。如今这些孩子们就这么举着蜡烛慢慢地走过来……”

“那又怎么样？在莱比锡不也是这么开始的吗？每个星期一安安静静地从尼古莱教堂出发的时候，我也在场。我说的是，每个星期一，一直到上面的那些人发起抖来……”

“不能和今天相比。”

“但是，希特勒和萨达姆。一张邮票上的两个人[⑤]。这就可以，是吗？”

“不管怎样，油田在燃烧……”

“在巴格达，有一个全是平民的防空洞被……”

“但是，CNN播放的完全是另外一部片子……”

“终于明白啦。这是未来。早在战争之前，电视转播权就卖给了出价最高的……”

“今天这种东西甚至可以预先制作，因为下一场战争肯定会打起来的。在其他地方或者还是在海湾地区。”

“肯定不会是在巴尔干，不会去打塞尔维亚人或者克罗地亚人……”

“只会在有石油的地方……”

“还是不会出现死人……”

“害怕，孩子们真的只有害怕……”

注释：

① CNN，美国有线新闻网（Cable News Network）的缩写。

② 1990年8月2日，伊拉克入侵科威特，在联合国做出决议敦促伊拉克撤军无效之后，美国、欧洲和阿拉伯部分国家参加的部队在1991年1月17日向伊拉克开战，使用先进的空中武器摧毁了伊拉克几乎全部军事基地和许多民用设施，迫使伊拉克撤出科威特，这场战争在2月28日结束。

③ 当时德国许多中小学生和大学生打着“不用鲜血换石油！”的标语牌举行和平的游行示威，要求停止战争。

④ 即德国诗人和歌手沃尔夫·比尔曼，他在1991年2月1日的《时代》周报上发表了题为《我支持这场战争》的文章。参见1977年。

⑤ 一张邮票上的两个人，指人们现在也可以把希特勒和萨达姆印在一张邮票上，就像把马克思和恩格斯、歌德和席勒印在一张邮票上那样。

1992年

叙述者：牧师

叙述事件：民主德国国家安全机构指使克鲁德·沃伦贝格监视他的妻子维拉

叙述时间：事后不久

有一些惊奇，因为我是应几位上了年纪的女士和先生的询问和请求，前往维滕贝格的，他们曾经为那个灭亡了的国家效过劳[①]。我作为牧师有一点儿像是在练习，要是再有一次这种事的话，从灵魂上探测自从最近一段时间以来在全国范围里出现的深渊。我也在墙倒之后立刻就表示赞成去了解以前的国家安全机关的勤奋，因此现在我感到负有双倍的责任。

这桩正待处理的案子[②]——“丈夫多年暗中监视自己的妻子”，我是从新闻里得知的，不仅仅是从大字标题上。然而，不是这对遭到不幸的，或者换一种更好的说法，受到国安政权的遗产侵袭的夫妇，请我去出主意，而是他们的父母，他们一方面寻找帮助，但是另一方面又在电话上向我再三申明，不要有任何宗教的联系；我也从我这一方面保证，愿意完全不带任何传教热情地踏上这次去柏林的旅行。

作为东道主的一对夫妇坐在沙发上，另外一对夫妇和我一样坐的是有扶手的靠背椅。“我们，”我听见他们说，“根本不愿意相信报纸上的那些东西。但是，当事者谁都不跟我们谈。”那个受到暗中监视的妻子的母亲说道：“受到伤害最大的当然是两个孩子，因为他们特别眷恋父亲。”这对不幸夫妇的父母公婆一致认为，儿子或者女婿对两个孩子来说始终都是一个有耐心的好爸爸。除此之外，他们也向我保证，女儿或者媳妇是一个比较强势的、起主导作用的人，但是对党的批评以及后来对国家的批评，毕竟是两个人一致表达出来的。一点儿也没有认识到，应该经常表示，多多少少必须感谢这个工农国家。假如不是有社会主义的培养，他们两人绝不可能作为受过良好教育的科学工作者[3]从事这些需要很高特殊技能的工作……

我最初仅限于听他们讲。别人在背后都说我在这方面很擅长。我得知，两位父亲，一个是制药行业颇有声望的学者，另一个，即那个受到暗中监视的女人的父亲，一直到最后都是在国家安全机关工作，而且是在干部培训部门。现在，这位从前的国安军官失了业，他根据对整个机构内部的了解，对他的女婿被牵连进来表示惋惜："他要是及时对我说一句就好了。我会劝他不要玩这种冒险的双重游戏。因为，他一方面出于对国家的忠诚，想做一个有用的情报员，另一方面对他来说这也关系到，在国家有可能采取对应措施之前，保护他的那位过于激烈、总是喜欢采取冲动行为的妻子。这就给他带来了困难。太软弱，无法承受这么多的压力。最后才明白我在谈什么。多次受到上级机关的指责，因为我女儿在潘科夫区的一个教堂里第一次进行蛊惑煽动之后，我拒绝放弃和她的所有联系，也就是人们说的，断绝父女关系。不，我一直到最后都在经济上给她支持，即使她总是鄙视地把我工作的地方称为'章鱼'。"

功勋学者也有类似的抱怨。他儿子从来没有向他请教过。他是一个屡经考验的反法西斯战士和多年的党员，自从流亡时期以来就熟悉各种形形色色的机会主义路线和相应的严厉制裁，曾经迫切地建议他的儿子做出二者居一的选择："但是他梦想有第三条道路。"

两位母亲说话很少，或者只是在有机会重申她们对两个孙子或者外孙子的担心和夸耀这个已婚的密探作为父亲的品质的时候，才说上几句。那个作为持不同政见者受到暗中监视的女人的母亲说："几个月以前，他们俩还和孩子们一起坐在这张沙发上。非常和谐……现在一切都垮了……"

作为训练有素的听者，我继续保持克制的态度。有咖啡和饼干，而且是西边的产品，巴尔森公司的那种。我听见，人们并不是毫无痛苦地经历了共和国的终结，即使几乎没有什么意外的事情发生。感到吃惊的只是，儿子或者女婿，尽管他的双重角色或者由于他的双重角色，一直到最后都认为，"我们的国家"是可以进行改革的，是可以改变的。女儿或者媳妇也是同样观点：在一定的时机，当那些领导同志感到心灰意冷的时候，她就会通过抗议活动去争取一个"民主的社会主义"。这一切都只能看成是双方头脑简单的证明。

“不对！”现在失了业的国安军官大声喊道，“我们不是因为我们的孩子们的反对而失败，而是因为我们自己。”片刻休息，再斟了一些咖啡之后，我又听见：“最迟是从1983年开始，当时我的女儿和我的女婿，看上去是一致地，参加了在哥塔建立所谓的‘来自下面的教会’，要是党和国家积极地评价这种批评性的冲动，把它转变成为‘来自下面的党’……”

接下来就是自我责备。尽管我们教会的领导有疑虑，我也同样加入了“来自下面的教会”，我竭力克制对这么迟的、真是太迟了的认识的喜悦。但是，药物学家接着指责那位培训干部的国安军官，他们过于勤奋地积累起来的档案遗产，实际上把国家本来就已经受到削弱的国民，引渡给了西方及其当局。国安密探的岳父承认国家安全机关的这一失职。人们疏忽了及时销毁书面报告和人员档案，从而保护这些轻信而忠心的情报员，他们中间也有家庭成员。谨慎的义务本来应该具有这种预防措施。“您怎么认为，牧师先生？”

我避而不答地说道：“当然，当然。但是，西边肯定也已经认识到，怎样的一颗定时炸弹正在诺尔玛内恩大街滴滴答答地走。人们应该把这个存放所有这些乱七八糟玩意儿的中心长期封存起来。至少二十年封存期。但是，对西边来说，在物质上获得胜利，大概是不够的……从基督教的观点出发，人们也会……就像你们家的这桩案子一样，为了保护孙子们……”

然后给我看了一本影集。在几张小照片上，我看见了这位近年很有名的持不同政见的女士和她的现在也同样出了名的丈夫，他留着胡子，神情忧郁。两个孩子在他们俩之间。在这个家庭坐在上面合影的那张沙发上，现在坐着这位女士的父母，也就是这两个可怜的孩子的外公外婆。直到这时候我才得知，这对夫妻正面临离婚。双方的父母都赞成这种打算。这一对父母说：“都会好的。”另外一对父母说：“没有别的办法。”然后，他们感谢我的耐心倾听。

注释：

① 那个灭亡了的国家，即民主德国。

② 这桩正待处理的案子，即克鲁德·沃伦贝格（1952-）监视他的妻子维拉·沃伦贝格（1952-）一案，维拉是民主德国著名人权运动领袖，与克鲁德在1981年结婚，克鲁德也是民主德国民主运动的积极分子之一，1991年12月，人们从公开了的前民主德国国家安全机关的档案中得知，克鲁德曾经在国家安全机构的指使下对他的妻子监视了十年之久。

③ 维拉是哲学家，克鲁德是数学家。

1793

1993年

叙述者：罗斯托克的警察

叙述事件：罗斯托克纵火焚烧越南难民住房，索林根纵火焚烧土耳其人住房

叙述时间：1993 年 6 月

作为小警察，我对此是无能为力的。并不是在原则上，因为前几年的时候，通往西边管得还很紧，我们的国家机构①也遵守自己的诺言，也就是说，维护正常和秩序，这种事情根本不会有，五六百名光头暴徒，全是极右分子，手持棒球棒，要是看见一个黑人的影子，马上就扑过去举棒乱打一气。过去

最多就是对过来旅行的波兰人发发怨言，说他们慢慢渗透到这里，把能弄到的一切都买走了。但是，真正的纳粹分子，严密组织起来的，打着德国军旗的，一直到最后才在这里出现，当时反正也没有秩序了，我们的领导同志吓得屁滚尿流。西边早就有这些人，而且是很正常的。但是，当我们这里也开始闹事的时候，先是在豪伊斯维达②，然后在这里的罗斯托克－利希滕哈根③，因为政治避难申请者处理中心，简称为 ZASt，以及旁边的越南人宿舍④，妨碍了附近的居民，我们当警察的也无可奈何，因为人数太少，而且也没有处事果断的领导。立刻就有人说："典型的东边！"还说："警察干脆就视而不见……"是啊，这些话都可以听到。硬说我们偷偷地和公开地同情那些打人的家伙。去年在那边的默尔恩⑤有人放火烧死了三个人，前不久又在索林根⑥发生了一起死人的纵火案，这一次是五口，从此以后，到处，可以说是在整个德国，恐怖大行其道，慢慢地变成了正常现象，这时再也没有人说"这只是东边才有的"，我们罗斯托克这些从前曾经全体就业的劳动人民，现在都被处理了，换句话来说，就是失业，原则上他们从来没有反对过外国人，现在却普遍感到满意，因为自从骚乱以来，政治避难申请者收容所被清空了，黑人，也包括越南人，全都走了，不，不是离开，而是躲到别的地方去了，再也不那么引人注目。

对，这是太不像话，而且并没有使我们警察轻松一些，在这里的利希滕哈根，就像以前在豪伊斯维达，人们都挤在窗口，就那么瞧着，当光头暴徒举着棒球棒追赶殴打那些可怜家伙的时候，其中也有一些人是来自巴尔干的，甚至有些人还鼓掌叫好，就这么乱打一气，可以说，这儿真是乱得一塌糊涂。我们费了很大劲儿，为了使那几个越南人避免遇到最坏的情况。我们这里没有死人，但是，刚才已经说了，西边死了人，就是在默尔恩和索林根。死的是土耳其人。这里根本就没有土耳其人。但是，可能也会改变，西边有人认为，可以把他们的土耳其人以及所有其他从巴尔干来的，比如波斯尼亚人、阿尔巴尼亚人，其中有真正狂热的穆斯林，都撂在我们这里，就这么简简单单地撂在这里，因为这里据说还有足够的地方。要是发生这种事，一旦这些喜欢打架斗殴的家伙过来，你这个小警察可就真的无能为力了，他们肯定会做出一些在正常情况下只有政策才能办到的事，也就是说，在不算太迟的时候关闭边界，整顿秩序。但是，上面的那些先生们只会说大话，然后把这些脏活儿交给我们去做。

您指的是什么？烛光人链[7]？数十万人手持蜡烛示威游行反对仇视外国人？我对此怎么看？现在我倒想问问：这到底有什么结果呢？再说这种事过去我们这里也有过。大量的蜡烛。就在几年前还有过。在莱比锡，甚至也在罗斯托克。那又怎么样？结果是什么呢？又妙又好：那堵墙倒了。但是还有什么呢？这儿突然一下子冒出来这么多极右分子。每天还在增多。烛光人链！据说他们是帮了倒忙！我也没有什么可高兴的。您问问这些从前都在造船厂或者在别的地方工作的人，他们对烛光人链是怎么看的，什么是真正的事实，也就是说，什么叫作一夜之间被处理了。或者您问问我的同事们，不，不是那些从汉堡来的，他们刚到这里不久，在这里出了事儿之后，马上就又撤走了，而是我们的那些在人民警察时期有过工作经验的警官，问问他们对这种烛光魔术和类似的和平聚会是怎么看的。您说什么？这样会向我们的欧洲邻国明显地暴露出我们的耻辱，因为在德国又一次出现褐色的暴民……

我作为一个小警察只想非常谦虚地问一问：在法国发生的事难道有什么不同吗？或者，比如在伦敦呢？难道他们是戴着柔软的羊皮手套对待他们的阿尔及利亚人或者巴基斯坦人吗？美国人又是怎么对待他们的黑人呢？你瞧，是这样吧。现在我要明确地告诉您：在利希滕哈根这儿发生的以及后来在默尔恩和索林根发展到极端的事情，虽然是很令人遗憾的，但是原则上也可以看作是完全正常的事情。我们作为德国人，我现在跟您讲的是整个德国，也是一个普普通通的民族，就像法国人、英国人和美国人一样。您说什么？那好吧。就我来说，正常得要命……

注释：

① 我们的国家机构，指民主德国。

② 豪伊斯维达：位于属于前民主德国的东部，1991 年 9 月 17 日，右翼分子纵火焚烧设在这里的难民营，十七人死亡。这是德国统一后第一起右翼分子袭击外国难民营的事件。

③ 罗斯托克－利希滕哈根，位于属于前民主德国的东部，1992 年 8 月 22 日，右翼分子纵火焚烧越南人居住的一栋宿舍楼，许多德国人拍手叫好，警方很迟才控制了局势。

④ 民主德国曾经招收了数万名越南劳工，他们都集中住在专门的宿舍楼，与当地居民很少接触，德国统一前后，许多越南人拒绝返回越南，申请政治避难。

⑤ 默尔恩，位于德国西部，1992 年 11 月 23 日，两个分别为十九岁和二十岁的右翼青年纵火焚烧一栋土耳其人居住的房子。

⑥ 索林根，位于德国西部，1993 年 5 月 29 日，一个十六岁的右翼青年和其他人一起纵火焚烧一栋土耳其人居住的房子。

⑦ 烛光人链，当时在德国许多大城市，数十万人手持点燃的蜡烛游行示威，反对仇视外国人，组成了长达数公里的烛光人链。

1994年

叙述者：托管公司总裁布劳埃尔
叙述事件：托管公司解散
叙述时间：九十年代末

我很强硬，别人都这么说。这又怎么样！难道我应该示弱，仅仅就因为我是一个女人吗？这个在这里把我写下来的人认为，应该给我发一张证书："社会行为不及格！"他在把我的从整体来看始终是卓有成效的工作都写成是失败之前，应该认识到，一切我都挺住了，也包括健健康康地经受了所有调查委员会的调查，也就是说完好无损，当2000年世博会开始的时候，我也将会应付得了所有狭隘小气、拘泥死板的平民百姓。假如我摔了下来，因为这些社会浪漫主义者突然掌握了决定权[①]，我也会软软地摔下来，撤回到我们家那个可以望见易北河的宅第，那是我爸爸，最后几个大的私人银行家之一，在被迫宣布破产的时候留给我的。然后，我就会一边说着"这又怎么样！"一边注视着过往的船只，尤其是运输集装箱的船只：它们逆流而上驶向汉堡或者从那里出发，吃水很深，因为运载着沉重的货物，朝易北河河口方向驶入大海，开始远涉重洋的航程。如果在太阳落山的时候，情绪上来了，易北河展现了各种色彩，我也会做出让步，沉醉于这些转瞬即逝的情景，剩下的只有感觉，完全柔和的……

但是，的确如此！我热爱诗歌，然而也热爱这种金钱的冒险，同样也热爱无法核算的东西，比如以前的那个"托管公司"[②]，它在我的监督下，最终只是在我的监督下，调动数十亿的资产，在创纪录的时间里处理了几千个企业的废墟，为新的企业创造了空间，因此这位先生显然准备把我因为取得的成绩而获得的高额薪水与不可避免的因为整顿而造成的损失进行结算，他还计划写一本大部头的长篇小说[3]，就跟已经有过的那些一样，在书里他想把我同作家冯塔纳笔下的一个人物进行对比，仅仅就因为某一位“杰妮·特莱贝尔女士”和我一样很会把商业上的事与诗歌联系在一起……

为什么不呢？我从此以后不仅仅是强硬的“托管女士”，也有叫我“铁夫人”的，而且还将进入文学史。这是对我们这些挣钱多的人的社会嫉妒和仇恨！好像我是给自己挑选了另外一个工作似的。每一次都是义务在呼唤。每一次我都接受委任，不管是去汉诺威担任经济部长，还是后来进了威廉大街的那栋大楼[4]，当时我的前任[5]就这么简简单单地被人开枪打死了——还会是被谁呢？——此后托管公司一直缺人。2000年世博会也是如此。这是别人硬要我干的，而且就因为我不怕冒险，不怕任何人，就因为我在必要的时候顺应市场，能够把损失藏到别的地方去，就因为我敢欠值得欠的债，就因为我强硬地顶住了每一件事，不管什么代价……

必须承认：是有人失业，而且永远都会有。这位把我写下来的先生想把好几十万个失业者算在我的头上。我对自己说，这又怎么样。他们一直还有那张社会福利的吊床，而我则不得不一筹莫展地面对新的任务，1994年，当托管公司完成它的无可比拟的事业，将共产主义计划经济的断垣残壁弄平之后，我又不得不立刻准备下一次的冒险，即世界博览会。什么叫准备？就是应该赶紧跨上这匹飞奔的又被称作世博会的骏马。一种尚且模糊不清的想法被赋予了生命。我更愿意懒洋洋地，花着国家的钱，躺在这样一张吊床上，从某种程度上来说也是失了业，当然是优先选择在我们家那个可以望见易北河的宅第的平台上，但是可惜啊，我很少有机会享受这些，而且几乎从未在太阳落山之前，因为托管公司总还压在我的心上，因为我又受到一个调查委员会的威胁，因为这位想把我记在1994年名下的先生，现在计划给我开出这张很大的账单：据说是我，而不是西德钾盐工业，要对毕朔菲罗德的几千名钾盐工[6]失业负责；据说是我，而不是克虏伯公司，让人在奥拉宁堡平掉了钢铁厂；据说是我，而不是施魏因富特的菲舍尔轴承公司，把从灰色的民主德国时期留下来的所有轴承工厂推向了毁灭[7]；硬说是我，想出了这个花招，用国家支援东部的钱帮助发展疲惫不堪的西部企业，比如不来梅火神造船厂；据说还出现了一些图画，说是有一笔数十亿的诈骗是由我，托管夫人，也被称为杰妮·特莱贝尔，一手经办的，受到损害的是一些无依无靠活蹦乱跳的小人物……

不。谁也没有赠送给我什么。一切我都必须为自己索取。不是社会福利方面的乌七八糟的东西，而是宏伟的任务，才能够向我挑战。我爱冒险，冒险也爱我。但是，如果有一天，关于所谓太高的失业率以及那些无影无踪地，我强调的是，无影无踪地消失了的钱的废话全都过去了，如果2000年之后，由于政府补贴门票，不再有人对世博会感兴趣，不再有人愿意谈论类似的胡闹，那么人们就会认识到，托管公司通过强硬的清理措施争取到了何等巨大的空间，人们可以放心大胆地把世界博览会可能带来的损失记在未来的账上，这是我们共同的未来。我终于可以从我们家那个可以望见易北河的宅第，欣赏一条繁忙的河流汇成的诗，免费享受落日余晖；除非又让我面对新任务的冒险。比如说，对我可能会有吸引力的是，从重要的岗位对即将到来的用坚挺的马克兑换欧元钞票和硬币的工作进行调控……

这又怎么样，我将会对自己说，坚定地采取行动，必要的时候，强硬地。没有人，您也不会的，这位要把我写下来的先生，会来保护这个不知道示弱的女人，使她免遭破产，这种破产规模巨大，仅此已经预示着成功……

注释：

① 指有可能执政的由社会民主党和绿党组成的红绿联盟。

② 1990年3月作为“全民财产托管机构”在东柏林成立，负责在民主德国和联邦德国统一的过程中将民主德国的全民企业逐步私有化。1994年12月31日，托管公司宣布结束全部工作并解散。

③ 即作者的长篇小说《辽阔的田野》。

④ 位于柏林东区，纳粹时期是德国空军部，民主德国时期许多部委设在这里，因此被称为“部委之家”，1949年民主德国成立时的庆典活动就是在这里举行的。参见1949年。

⑤ 我的前任，即德特勒夫·卡斯滕·罗维德（1932-1991），曾任联邦德国经济部国务秘书，1990年出任托管公司总裁，1991年被“红色旅”谋杀。

⑥ 毕朔菲罗德的钾盐矿被西德钾盐工业买下，工人绝食抗议，但仍被关闭。

⑦ 施魏因富特的菲舍尔轴承公司是德国最大的轴承生产商，从托管公司买下了前民主德国几家重要的轴承工厂，然后违反协议规定将工厂关闭。

1995年

叙述者：电台记者

叙述事件：柏林的“爱的游行”

叙述时间：1995年7月9日

……现在，亲爱的听众，正像柏林人说的那样，熊开始启动了。您只要听听就知道，可能有二三十万人，他们使整条经历了许多命运时刻的选帝侯大街，从纪念教堂[1]一直到上面的哈伦湖，沸腾了起来，不对，是沸腾得溢了出来。这种事只有在这座城市才有可能。只能在这儿，在柏林，前不久，一次独一无二的活动成为一次吸引了数十万人的事件，国际上备受赞扬的艺术家克里斯托[2]以无可比拟、富有魔力的方式蒙住了国会大厦，在这儿，只能在这儿，几年前，年轻人在那堵墙上跳舞，为自由献上了一个狂欢放纵的节日，使“不可思议”这句话升格为当年的时髦用语，唯独在这儿，我说，“爱的游行”[3]才有可能反复多次地进行，这一次人数众多，有人渴望生活，有人兴奋发狂，即使市政府最初曾经犹豫不决，甚至由于可以预料到的像山一样的垃圾考虑加以禁止，但是最终，当然，亲爱的听众，我们尊重您的疑虑，这些所谓的Raver，它的含义也许就是狂热的人，幻想的人，兴奋发狂的人，获准作为疯狂入迷的电声技术舞蹈家，聚集在一次得到主管内务的市政委员批准的游行上，以“世界最大的聚会”给整个柏林，这座神奇的、永远向所有新潮敞开大门的城市，带来喜悦，有些人这么说，另一些人则感到震惊，因为几个小时以来在这儿发生的，您只要听听就知道，在音量方面，在生活的乐趣方面，也在充满喜悦的有意识地追求共同生活方面，是不可能再有所超越的，这次在施普雷河畔庆祝的“里约热内卢的狂欢节”的口号是“地球上的和平”。是啊，亲爱的听众，这些打扮得如此稀奇古怪的年轻人来自世界各地，有的甚至来自澳大利亚，他们确确实实而且最优先要求的是：地球上的和平！但是，他们同时也想向全世界表明：瞧，还有我们。我们人数众多。我们完全不同。我们要求乐趣。只还剩下乐趣。他们毫无顾忌地给自己带来乐趣，因为他们，就像已经说过的那样，完全不同，不是那些左翼的或者右翼的打手类型的人，不是晚生的总是反对什么而从来没有真正赞成过什么的“六八分子”，但也不是我们曾经见到过的那种想用恐怖的叫喊或者烛光人链驱逐战争的好人。不，这些九十年代的年轻人完全是按照另一种样子编织起来的，就像他们的音乐，亲爱的听众，您也许会觉得这种音乐只是让耳膜受到损害的噪音，因为我自己也必须承认，即使并不情愿，这种由电声乐器发出的震撼了选帝侯大街的轰隆声，这种毫不留情的“梆梆梆——锵锵锵”，简而言之，这种电声音乐，并不符合每个人的口味，但是，这些年轻人现在则自我陶醉，沉迷在这种混乱之中，他们声称是要让自己完全充满这种轰隆声，在心醉神迷之中体验自我。他们一直跳到筋疲力尽，让自己浑身冒气，浑身是汗，一直到了极限，甚至超过了极限，他们现在正在几乎停滞不前的装饰得非常滑稽的卡车、牵引车以及租来的大巴里面和上面，让选帝侯大街——您只要听听就知道——让整个柏林都沸腾得溢了出来，以至于让手持麦克风大胆地闯进这些蹦跳跺脚的人群中的我，也开始惊讶得说不出话来，因此我就向几个狂热入迷的跳舞的人，又被叫作 Raver 的，提问：你为什么被吸引到柏林这个城市来的呢？“因为这种体验太棒了，这么多人在这儿……”您怎么认为，这位穿桃红色衣裙的小姐？“因为我在这里的爱的游行中，终于可以展示真实的我……”您怎么认为，小伙子？“当然是因为我拥护和平，我对和平的想象，就像这儿发生的事情一样……”你怎么认为，这位穿透明塑料袋的美人？是什么把你带到这里来的呢？“是我的肚脐和我，我们都愿意让别人看……”你们两位穿闪光漆皮短裙的怎么认为？“这儿真是棒极了……”“特棒……”“人人都情绪高涨……”“只有在这儿,我的全套行头才会受到欢迎……”您听听,亲爱的听众,男男女女,老老少少。这个关键词叫作:全套行头!因为这些得意忘形的年轻人,这些 Raver,只是在跳舞,就好像他们得了舞蹈病,他们愿意让别人看,愿意引人注目,愿意受到欢迎,愿意表现自我。他们穿在身上的东西,必须紧绷在身上,经常是只有贴身的内衣。毫不奇怪,现在已经有一些著名的时装设计师从爱的游行得到了灵感。如果烟草工业,首先是骆驼牌烟草公司,现在就已经从这些电声技术跳舞者里面发现了广告载体,谁也不会感到惊奇的。这儿没有任何人会反感广告这种事情,因为这一代人已经毫无拘谨地同资本主义言归于好。他们,这些九十年代的人,是资本主义的孩子。资本主义对他们也特别合适。他们是资本主义市场的产品。他们总是想当最新的,也总是想要最新的。这使得一些人采用迷幻药这种最新的毒品来帮助产生最新的欢欣。刚才有一个小伙子情绪极好地对我说:“这个世界反正已经不可救药了,那么就让我们举办一次聚会吧……”这次聚会,亲爱的听众,就在今天举行。任何革命的口号都不受欢迎,只有和平这两个字才是现实的、未来的,即使在巴尔干的什么地方,在土兹拉,在斯雷布雷尼察,除此之外还在其他地方,正在开枪,正在谋杀。因此,请允许我现在通过对未来的展望来结束选帝侯大街的气氛报道:现在,未来已经来到了这儿,来到了柏林,在这儿,劳伊特这位具有传奇色彩的市长曾经向世界各国人民高声呼喊:“请你们关注这个城市!”在这儿,美国总统约翰·F·肯尼迪曾经公开承认:“我也是一个柏林人!”在这儿,在这个曾经分裂的、现在正在共同发展的城市,在这个没完没了的大工地,《柏林共和国报》从现在开始——赶在2000年的前面——以这里作为它的起点,在这儿,年年都允许心醉神迷的一代载歌载舞,每年一次,甚至在动物园,未来现在就已经是属于他们的,而我们这些老家伙,请允许我在最后结束的时候开一个玩笑,可以关心的就是垃圾,像山一样的垃圾,这就是这次爱的游行和这次大型电声技术聚会留给我们的,就像前一年和今后一样。

注释:

① 纪念教堂,全称是“威廉皇帝纪念教堂”,位于柏林市中心,二战后期被炸毁,1961年将废墟整修,作为一座追思往事告诫后人的纪念碑矗立在那里,成为柏林的象征之一。

② 克里斯托(1935-),保加利亚出生的美国艺术家,1995年6月,他和妻子珍妮·克劳德用十万平方米约六十顿重的聚丙烯材料将整个国会大厦蒙了起来。

③ “爱的游行”,自1994年起,每年夏天在柏林举行的一次狂欢活动,参加者大多数是年轻人。1995年的“爱的游行”于7月9日举行。

1996年

叙述者：作者本人

叙述事件：复活节偕三个女儿游意大利

其实冯德布吕格教授本来是想给我写一点儿这一年在基因分析方面的事，较长时间以来，我一直以外行的问题纠缠着他，有关孪生克隆羊梅甘和默拉克的数据，苏格兰的那头羊——多丽是在一年之后才由一只借腹怀胎的母羊生下来的，然而，教授以有急事要去海德堡出差为由表示抱歉。他作为到处都受到关注的专家，必须去那里参加国际基因研究者代表大会，讨论的问题不仅仅是克隆羊，而且首先要从生命伦理学的观点讨论我们现在已经可以看出的父亲越来越少的未来。

因此我来讲讲我自己，或者换个更好的说法，讲讲我的三个女儿和我——她们的这个有据可查的父亲，我们在复活节前不久一起出门旅行，这次旅行不乏意想不到的经历，而且整个行程也完全符合我们的意愿和情绪。劳拉、海伦娜和内勒分别是三个母亲送给我的，这三个母亲在内心深处和从外表来看——以充满爱的目光——不可能有更大的差别，要是她们进行一次谈话，也不可能会有更多的矛盾；她们的女儿很快就和邀请她们的父亲对旅行目的地达成了一致意见：去意大利！我希望去佛罗伦萨和乌姆布林，我承认，这是出于多愁善感的原因，因为在几十年之前，准确地说是在1951年的夏天，一次搭车旅行曾经把我带到了那里。当时，我的旅行背包分量很轻，里面只有睡袋、一件换洗的衬衫、速写本和水彩盒，每一片橄榄树林，每一颗挂在树上正在成熟的柠檬，对我来说都颇有欣赏价值。这次我和三个女儿同行，她们和我同行，没有她们的母亲。（乌特没有女儿，只有两个儿子，她用怀疑的目光同我暂时告别。）劳拉只是试验性地充当了一下三个孩子的微笑的母亲，她为我们预订了旅馆和一辆从佛罗伦萨开始租借的汽车。海伦娜还在急不可耐地上着一个演员学校，她已经掌握了在井台前、在大理石台阶上或者在古希腊罗马的圆柱旁，保持符合角色的绝大多数是喜剧性的姿势。内勒大概预感到这次旅行提供了最后一次像小孩子似的搀着父亲的手漫步的机会。这样她才可能对即将来临的纷乱满不在乎，听任劳拉以姐妹情谊改变了她的看法，全然不顾无聊乏味的学校，照样参加高中毕业考试。她们三个在佩鲁吉亚陡峭的台阶上，在阿西希和奥尔维托，朝坡上走的时候，都为她们的父亲担心，他的两条腿每迈出一步都使这个吸烟者想到在几十年里被吹散的浓烟。我必须歇一歇，注意观察四周，毕竟还有一些具有欣赏价值的东西可以看：这儿有一座门洞，那儿有一堵色彩特别艳丽、墙皮正在脱落的外墙，有时只有一个橱窗，里面放满了鞋子。

对于艺术方面的说教，我表现得比对于烟叶更节约，先是在乌菲齐博物馆，然后在奥尔维托大教堂的前面或者在阿西希的在1996年仍然完好无损的下教堂和上教堂，艺术到处都在邀请发表评论；其实，我的三个女儿对我来说是最生动逼真的教材，因为只要是她们站在一幅波提切利和弗拉·安格利科的作品前面，或者站在湿壁画和油画的前面，在这些作品上面，意大利的艺术大师们，从正面、背面、侧面展示了妩媚动人的女人，常常是三人编成一组，排成梯队，站成一列，我就会看见，劳拉、海伦娜、内勒与画上的少女、天使、比喻为春天的姑娘相比，就像是镜中人似的，一会儿像罗马神话中的那三位妩媚女神，一会儿在默默地朝拜，然后又以动人的姿势站在绘画作品的前面，步履轻盈地飘来飘去，神情庄重地从左向右移动或者相互走向对方，就好像她们出自波提切利、吉尔朗道、弗拉·安格利科或者（在阿西希）吉奥托之手。

这位保持距离的观察者觉得自己作为父亲受到了赞美。然而，还没有回到我们下榻的佩鲁吉亚，在我和三个女儿沿着伊特拉斯坎的城墙上坡下坡的时候，我就觉得，好像有人正在从这堵墙缝很密的城墙的裂缝中观察我这个刚才还很自负的父亲，好像有一道严厉的目光落在我的身上，好像这三位如此不同的母亲正在留神注意，而且——涉及到我——一致担心的是，一切是否按照正常情况进行，我是否偏爱这三个女儿中的一个，我是否始终在努力弥补早年错过的东西，而且我是否能够胜任我做父亲的义务。在以后的几天里，我回避这堵严格按照伊特拉斯坎式样建造的有缝隙的墙。紧接着就是复活节，不时地响起钟声。我们在披着盛装的街道上跑上跑下，就好像刚刚去教堂做完了弥撒：劳拉和我手挽着手，我用另一只手拉着内勒，海伦娜在我们前面手舞足蹈。然后，我们驱车闯入绿色。我这个做父亲的预先已经有所准备，在一片适合野餐的橄榄树林中的一些有裂缝的、形成洞穴和巢窠的树干里，不是藏了复活节蛋，而是藏了一些挑选出来的让人感到意外的东西，比如杏仁饼干、满满几袋晒干的牛肝菇、浓缩成糊状的罗勒、几小瓶橄榄油、醋腌花菜、鳀鱼罐头以及其他意大利可以向美食家提供的东西。当我在橄榄树之间忙碌的时候，三个女儿必须原地不动地观望风景。

在此之后仍然还是孩子气的事，似乎在弥补过去。三个女儿寻找父亲藏起来的东西，看起来很幸福，尽管海伦娜声称，在树根之间可能会有蛇正躺在它们的窝里，肯定是毒蛇，恰恰就在她找到一小袋熏衣草的地方，谢天谢地，它们嗖地一下都溜走了。

三个藏在伊特拉斯坎城墙里的母亲，作为聚集在一起的母系氏族，立刻又重新闯入我的脑海。然而，后来在回家的路上，从一些竞选的招贴画旁边经过，上面是为一条媒体鲨鱼或者它的法西斯主义的结盟者，同时也是为一个以橄榄作标志的中间派与左派的联盟做广告，我们先是从远处然后从很近的地方看见一群羊，母羊们带着它们的复活节将被宰杀的羔羊，跟在那只领头的公羊后面，从旁边经过，它们做出一幅无忧无虑的样子，就好像从来没有过名叫梅甘和默拉克的这种克隆羊的东西，就好像不可能预料到此后还会有那只没有父亲的羊——多丽，就好像父亲在未来仍然应该是有用处的……

1997年

叙述者：基因研究专家冯德布吕格教授

叙述事件：克隆羊“多丽”的诞生，奥得河发大水

叙述时间：冯德布吕格教授的信

尊敬的先生：

直到现在，刚从爱丁堡的代表大会回来，我在那里有机会同那位到处受到赞扬和敬畏的胚胎学家维尔穆特博士[①]进行了专业上的交谈，在我后天就要飞往波士顿与同行们交流经验之前，总算才有一点儿时间来消除您的那些

当然不是毫无根据的，然而也是达到了惊人地步的担忧。您喜欢以轻松愉快的方式让您的想象力不受障碍地自由驰骋，因此在这一方面更应该，为了所有人的健康，展现客观事实。

我们是从甚至外行也可以理解的东西开始的，虽然对于这个外行来说，这种本身很简单的积木式系统方法就像是在变魔术。多丽把它的存在归功于三个母亲：基因母亲，从它的乳房部位取出一些细胞，然后将这些细胞的遗传物质放到合适的位置，从而调控一只全新的羊的构造；卵细胞母亲，从它的身上取出一些卵细胞，然后从一个单一细胞里面抽掉遗传物质，采用电脉冲方法将乳房细胞和这个现在已经去掉遗传物质的卵细胞结合在一起，因此只有基因母亲的遗传特征可以向卵细胞发布进行裂变的命令；然后就可以将正在发育成长的胚胎植入借腹怀胎的母亲——第三只羊的子宫，在常规的妊

娠期之后，我们的那只和它的母亲一模一样的多丽就出世了，没有向雄性动物要求任何一点儿配料，因此也就成为轰动一时的新闻。

这就是全部经过。然而，这种放弃雄性共同参与的做法，如果我正确地理解了您的意思，显然是一直让您感到不安的原因。您担心的是，迟早都会有可能，这种在羊的身上，接着在猪的身上，最后在猴子的身上，带来收获的完全没有父亲的基因操纵，也可能会在人的身上，严格地讲，是在女人的身上获得成功。确实不能排除这种可能。人们普遍都对这种积木式系统方法的不仅仅是可以想象的扩展怀有希望和担忧。维尔穆特博士，这位在某种程度上可以说是克隆羊多丽的"精神之父"，告诉我，有一些激情很高的妇女现在就已经自愿去做基因母亲、卵细胞母亲、借腹怀胎母亲。

不，尊敬的先生，所有这一切暂时还停留在空想的范围之内，尽管詹姆斯·沃森[2]这位诺贝尔奖获得者和在遗传物质方面功勋卓著的研究者，在七十年代初就已经不仅仅是预言过而且是明确地要求进行人的克隆，目的是为了制造杰出样本的复制品，比如爱因斯坦、卡拉斯[3]或者毕加索这样的天才。您不是也在一部长篇小说里把克隆的老鼠人带进了虚构的游戏[4]，并且以轻松的嘲弄口吻把这些挖空心思想出来的、不受妨碍的由基因操纵的产物称作"沃森－克里克的后代"吗？可惜这本书我只看过部分章节，在出版时想必曾经有过激烈的争论。

说正经的吧。我们所缺少的东西，尊敬的先生，是一种以科学为基础的生命伦理学，它要比陈旧的道德观更加有效，所以它一方面使这种广泛流行的恐惧感保持在一定的限度之内，另一方面也被授权，为正在到来的克隆人草拟一种新的社会规章制度，在不太遥远的一天，克隆人将与长期服役的传统人类共同成长，因为这种并存将几乎不可能完全没有矛盾冲突地向前发展。调整并且在实践中降低世界人口的增长，也将是生命伦理学家的任务。我们现在正站在十字路口。正因为如此，人们必须问自己，人的哪一部分遗传物质应该甚至必须在生命伦理学的意义上加以促进，哪一部分则应该甚至必须予以消除。这一切都要求加以解决和从长计议。请不要制定任何立刻执行的计划，虽然科学，正如人们所知，是不会止步不前的。

我们正在一片辽阔的，即使不是过于辽阔的田野上，耕种这片田野需要使用尚需不断发展的农具。越快越好。时间紧迫！

至于您的对于一个，正如您所说的那样，“没有父亲的社会”的忧虑，我在收到您的前一封信之后得到了一种印象：您的惊慌及其过程，不是归结于单纯的天性，就是因为那种始终还在蔓延的男性疯狂。我们感到高兴的是，那种传统的以矛盾冲突为中心的生殖活动越来越丧失其重要性。如果男人自身终于被减轻了负担，被解脱了责任的约束，被消除了一切性交能力的忧虑，这也是值得高兴的理由。是的，我们也可以欢呼，因为这种正在到来的，“获得解放的男人”——这是我的说法——将是自由的。自由的，可以去追求闲情逸致。自由的，可以去消遣娱乐。自由的，可以去做各种开心的事。在某种程度上可以说，这是正在到来的社会将可以给予的一种奢侈产物。恰恰是您，我尊敬的先生，应该感到很轻松，可以利用这些马上就将开放的自由空间，不仅让多丽和它的伙伴们在这里逐渐增多，而且也让您的那些脑袋里诞生的人在几乎无边无际的草地上自由活动。

顺便提一下：您对奥得河发大水⑤怎么看？我们的联邦国防军经受住了考验，绝对值得赞扬。但是，假如面临一场在全世界发生作用的气候变化，对此已经有许多数据可以说明，那么我们将会遭受更大规模的洪水。在这方面，我有许多担忧，即使我在其他方面总是持一种乐观的基本态度。

希望减少了一些您对未来的忧虑，问候您的尊敬的夫人，我很高兴不久前在吕贝克的一家葡萄酒专卖商那里遇到了她。

您的胡伯图斯·冯德布吕格

注释：

① 维尔穆特博士，即伊恩·维尔穆特。

② 詹姆斯·沃森（1923–1977），美国生物化学家，1953年和美国生物化学家弗朗西斯·哈里·克里克（1916–）采用“沃森－克里克方法”共同发现脱氧核糖核酸分子结构，1962年，他们俩和英国生物物理学家莫里斯·休·弗雷德里克·威尔金斯（1916–）共同获得诺贝尔医学奖。

③ 玛丽亚·卡拉斯（1923–1977），美国女高音歌唱家。

④ 指作者的长篇小说《母老鼠》。

⑤ 1997年6月至8月，德国东部与波兰接壤的奥得河发大水，新闻界将其称为“世纪洪水”。

1998年

叙述者：作者本人

叙述事件：德国大选，“红绿联盟”获胜

我们已经决定选择寄信投票选举，但是后来又在9月27日[1]的选举前夜从希登瑟回到了贝伦多夫，我们试图在这里以忙碌来压住我们带回来的不稳定情绪。乌特预先为大选的这天晚上烧了一锅扁豆汤，不管结果如何，它都可以使人平静下来。儿子中的一个——布鲁诺和他的朋友，吕姆科夫两口子[2]，要来吃晚饭。我在下午早一些的时候偷偷地溜进了附近的树林，为的是——已经做过自我吹嘘——采一些蘑菇。

贝伦多夫的森林越过冰川形成的冰碛丘陵一直延伸到海边，它是吕贝克森林的一部分，在秋天看上去是一片大有希望的混交林。然而在阔叶树和针叶树的下面，既没有栗子菇也没有牛肝菇。我在这个月的中旬曾经找到过足够饱餐一顿的番红花高脚小伞菇的地方，什么也没有。树林边缘的紫色骑士菇已经长老了，变得发黄。我采蘑菇的行动看来收效甚微。就连那条狗也不愿意陪着我。

您大概也会表示怀疑：我像许多晚期的启蒙主义者一样迷信，只有我的这种残存的迷信促使我仍然继续寻找，并且把盲目希望找

到蘑菇与同样期盼着的大选结果相互对比。然而，刀始终还没有用过，篮子仍然是空的。我已经想放弃了，想为剩下的几个小时练会一种宿命论的态度，我已经看见在与数次失败打交道的过程中训练有素的我[3]坐在失败者的长椅上，我已经想试着通过实用主义的降低目标使得一个大联合的政府普遍会得到的负担减少几克，我已经在诋毁我的迷信，这时，在腐烂的枝杈之间有一些白色的东西在闪烁，在长有苔藓的树墩上，零零星星地，一组一组地，发出明亮的、不会认错的信号：以蘑菇的形状显示的无辜。

您认识瓶状担子菇吗？您曾经遇到过瓶状担子菇吗？它没有菌褶，也没有菌管。既不是长在细细的可能是木质的梗茎上面，也不是长在大腹便便的已经被虫蛀过的躯干上面。没有宽宽的、卷起来的、有一些凹陷的圆顶帽愿意给它遮阴。光秃秃的头，它站在那里，只是很容易和新长出来的普通担子菇搞混淆，后者虽然也可以吃，但是味道不怎么好，样子也不怎么好看。在缓缓上升却明显变细的菇颈上面，瓶状担子菇长着一个圆圆的秃头，上面似乎经常是撒上了一层白色的颗粒。直接从树林的地面割断，它很嫩，割起来也很有韧性，露出白色的菇肉作为鲜嫩的证明，但是只能保持几天，因为圆头和菇颈很快就会变老，菇肉会脱去水分，慢慢变成淡绿色，开始腐烂，原先褐色的外皮立刻变得干巴巴的，最后完全枯死。您应该知道，瓶状担子菇美味可口，不会让人做噩梦。

我找啊找啊。它喜欢腐烂的木头。找到一个就会找到许多。它们总是长在一起。可以几个几个一起采下来。但是每一个都愿意被小心翼翼地加以对待。它们彼此相似，却具有各自独特的形状。我开始数每一个被我用刀割了头的担子菇。在摊开的报纸上，这是一张《法兰克福评论报》，上面可以读到过时的报道、评论和选举预测，很快就已经有整整二十个大大小小完全成熟了的担子菇，最后割下来的几个，菇肉长得非常厚实。我的残存的迷信悄然降临。它在做数字游戏。它开始用已经采到的瓶状担子菇和一次即将公布的或者大有希望的选举结果的百分比进行结算。它已经凭空想出了一个有利的选举结果的初步统计。在采了三十五个担子菇之后，这几个发现地点就已经被采光了。我开始为“红绿联盟”担心。到处都没有担子菇了或者充其量只有一些红菇。但是，后来我在一片洼地里获得了大丰收，这里靠近那条实际上是一条溢河渠、并且把贝伦多夫湖与易北－特拉维运河连接起来的小溪。

您已经知道，这种瓶状担子菇是多么好看，您也可能会预感到，一道用它做出来的菜，在黄油里稍微煎一煎，对采蘑菇的人和他的客人们将会是多么美味可口，为了不让您期待得更久，现在可以告诉您，剔除那些已经变老的、里面开始发绿的，总共有四十七个瓶状担子菇铺在那张旧报纸上，我把它们带回了家，带进了厨房。

客人们很快都到了：布鲁诺和他的朋友马丁，爱娃·吕姆科夫和彼得·吕姆科夫。在有利的发展趋势报道之后和公布第一次选举结果的初步统计之前，我把蘑菇这道菜作为餐前小吃端了上来，所有的人都吃了，这是对我的信赖，甚至包括彼得·吕姆科夫，在吃东西方面，他被认为是很难伺候的。因为我把担子菇切成了薄片，所以也就没有了它的总数，我的烹饪魔法是保密的，而且屡屡奏效。客人们都很惊奇。就连乌特也放弃了最后的怀疑，她过去总是预先就知道一切，崇尚一种以独特方式形成的迷信。当那个对于“红绿联盟”选票足够的选举结果逐渐稳定下来之后，甚至可以料到还会获得几个延伸议会席位，我觉得我的迷信得到了证实：瓶状担子菇不允许再少了，但是再多也不行。

这时乌特的飘着茉乔栾那香味的扁豆汤上了桌，正好适合于抑制正在上升的傲慢自大的情绪。我们在显得太小的荧光屏上看见那位被选掉的总理真的哭了④。胜利者对于拥有这么多令人感到尚不易使用的权力感到惊奇，这使他们看上去要比他们的实际年龄更加年轻⑤。他们很快就会由于不同的倾向而互相争吵。我们甚至会为此感到高兴。预期完全达到；但是，一直到10月，我都没有再采到过瓶状担子菇。

注释：

① 1998年9月27日，德国举行大选，格哈德·施罗德（1944－）为候选人的社会民主党获得了4.9%的选票，联盟90/绿党获得了6.7%的选票，按照有关部门规定，由这两党组成的“红绿联盟”将取代原执政党，组成新的联邦政府。

② 吕姆科夫两口子，即德国作家彼得·吕姆科夫（1929－）和夫人爱娃·吕姆科夫。

③ 作者过去曾多次为社会民主党竞选在全国各地演说。参见1965年。

④ 即落选的科尔。

⑤ 指施罗德和当时的社会民主党主席奥斯卡·拉封丹，两人一直有矛盾，“红绿联盟”执政后，拉封丹出任财政部长，几个月后突然宣布辞去党内外一切职务，彻底退出政坛。

1999年

叙述者：作者的母亲

叙述事件：格拉斯的母亲诞生一百零三周年

叙述时间：1999 年初

他没有强迫我，而是说服了我，这个小家伙。他总是能够达到目的，最后我也只好答应。这样一来，我现在就还活着[①]，一百多岁，身体健康，因为他希望这样。在这一方面，他从一开始起，甚至还只有三个圆形奶酪那么高的时候，就很在行。撒起谎来连草稿都不打，还会漫天许愿："等我长大了，发了财，我们就去旅行，随便你想去哪儿，妈妈，甚至去那不勒斯。"但是接着就爆发了战争，然后我们遭到驱逐[②]，先是到了苏联占领区，后来又逃到了西边，那些莱茵地区的农民安排我们住在一个冰冷的饲料仓库里，而且还刁难我们："你们倒是从哪儿来还回到哪儿去啊！"他们也和我一样信奉天主教。

早在 1952 年就已经确诊，我得的是癌症，那时我丈夫[③]和我早已有了自己的住房。我又坚持了两年，直到我们的女儿[④]结束了在办公室当秘书的学徒，她把自己所有的梦想统统抛在脑后，可怜的丫头，在此期间，这小子在杜塞尔多夫上大学，学的是连面包也挣不来的艺术，真不知道他靠什么生活。我连五十八岁都没有活到。现在却要来庆贺我的一百零几岁的生日，因为他无论如何也想要把我，他的可怜的妈妈，错过的一切全给补上。

我甚至挺喜欢他偷偷想出来的主意。我总是很宽容，即使他像我丈夫说的那样撒下了弥天大谎。这个可以望到湖水的老人院，甚至还是一家比较高级的，名字叫"奥古斯蒂努姆"，我现在就在这里接受照料，因为他希望这样，没有什么可以抱怨的。我有一间半房间，再加上浴室、小灶台和阳台。他还为我安装了彩色电视和一套专门播放那种银光闪闪的新式唱片的设备，有歌剧咏叹调和轻歌剧，我一直就喜欢听这些，刚刚还听了一段《沙皇之子》里的咏叹调："有一个士兵站在伏尔加河边……"他还带我作了几次长途和短途的旅行，前不久去了哥本哈根，要是我身体健康，明年总算可以去南方了，一直到那不勒斯……

现在我应该来讲讲以前和以前的以前发生的事情。要我说吧，就是战争，经常是战争，其间也有一些停歇。我父亲在兵工厂当钳工，仗一打起来就在塔内恩贝格[5]阵亡了。接着是两个兄弟在法国阵亡。一个画过画，另一个写的几首诗甚至上了报纸。我儿子肯定是从他们俩这里继承了这一切，我的第三个兄弟只是饭店的服务员，虽然躲得远远的，但还是在什么地方得病死了。一定是被传染的。据说是一种性病，我也说不清楚是哪一种。我母亲纯粹是由于伤心，在和平之前，就跟在她的几个儿子后面走了，把我和我的小妹妹贝蒂，这个被宠坏了的小家伙，孤零零地留在了这个世界上。是不错，我在“皇帝咖啡店”当了售货员，还学了一点儿怎么做账的本事。这样，在我和威利结婚之后，我们也能够开了一家商店，专卖殖民地的商品，那会儿通货膨胀刚刚结束，在我们但泽发行了古尔登[6]。刚开始的时候，生意很好。1927 年，我当时已经超过三十岁，生了这个男孩，三年以后又添了个小丫头……

我们除了商店只有两个房间，因此这个小男孩只好把他的那些书、颜料盒以及塑像用的代用黏土放在窗台下面的一个角落里。他也觉得足够了。他把一切都想好了。现在他又强迫我重新再活一次，对我百依百顺，整天“妈妈长妈妈短”，带着他的孙子孙女来到老人院，他们肯定就应该是我的曾孙子曾孙女。个个都很可爱，只是有的时候也有一些讨人嫌，因此，当这几个调皮鬼——其中还有一对双胞胎，机灵的小家伙，喜欢多嘴多舌——在下面的公园林荫大道上穿着他们的那些玩意儿来回飞奔的时候，我也会感到高兴，可以舒上一口气，那些玩意儿就像不需要冰的滑冰鞋，它的叫法写起来就和斯卡特差不多[7]，所以小伙子们都称它为“玩斯卡特的人”。我可以从阳台上看见，这一个总想比另一个滑得更快……

斯卡特！我一辈子都喜欢玩斯卡特。大多数是跟我丈夫和弗兰茨一起玩，他是我的堂兄弟，也是卡舒布族，在波兰邮局做事，当战争又打起来的时候[8]，他一开始就被打死了。很糟糕。不仅仅是对于我。但这也是时代造成的。维利入了党[9]，我也参加了妇女组织[10]，因为在那里可以免费锻炼身体，这个男孩也在少年团里穿上了时髦的制服……后来再玩斯卡特，只好让我的公公充当第三个人。他总是过于激动，这位木工师傅先生，常常忘记垫牌，我立刻就给他加倍。我一直喜欢玩斯卡特，甚至现在不得不重新再活一回时，仍然喜欢玩，而且是和我的儿子一起玩，他常带着和我同名的女儿海伦娜来看望我。这个小女孩玩得相当精明，比她父亲好多了，虽然我在他十岁或者十一岁时就教会他玩斯卡特，可是他叫起牌来总像个初学者。他只要有一张单色10，就会独自打他最喜欢的红心……

我们玩呀玩呀，我儿子一直把牌叫得过高，这时在下面的“奥古斯蒂努姆”公园里，我的曾孙子曾孙女们正站在他们的“玩斯卡特的人”上面嗖嗖地奔来奔去，以至于别人都会感到担心。不过到处都有软垫。膝盖、肘关节，两只手都有，他们甚至还戴着真正的防护头盔，为了保证不出任何事情。真是价格昂贵的东西！我想起我的那几个在第一次世界大战中阵亡或者以其他方式丧了命的兄弟，他们小的时候，那还是在皇帝的年代，从郎克福尔股份酿酒厂搞到一只用坏了的啤酒桶，把箍桶板拆下来，抹上肥皂，再把它们绑在系带的鞋子上，然后在耶施肯山谷的森林里当了一回真正的滑雪者，他们经常在埃尔伯山滑上滑下。没花一分钱，但是很管用的……

我只要想一想，置办那种用扳手旋紧固定的真正的滑雪鞋，对我这个开小店的女人来说意味着什么，而且是为两个孩子……在三十年代，商店经营情况只是一般而已……顾客赊账的太多，竞争也太大……接着又是古尔登贬值……虽然人们哼着小曲“5月使一切更新，一个古尔登变成了两个……”，但是什么都变得短缺起来。我们在但泽用的货币是古尔登，因为我们当时是共和国，直到后来又爆发了一场战争，元首让他的那个姓福斯特的省党部主席[12]，把我们领“回家，重归帝国”。从那时起，柜台上卖任何东西都只能用帝国马克。但是却越来越少。不得不在打烊之后把食品券分类贴在旧报纸上。有的时候，这个男孩也帮帮忙，直到他们也把他拉去穿上了军装[13]。在苏联人占了我们那儿之后，接着波兰人又把最后一块拿了过去，我们遭到驱逐，苦难接连不断，这时他终于完好无缺地重新回到我的身边。在这期间满了十九岁，自以为已经长成大人了。我又经历了货币改革。每个人得到四十马克的新钱。对于我们这些从东部过来的难民，这是一个艰难的开始……我们除此之外什么也没有……照相簿……还有他的集邮簿，我还算是救了出来……后来我就死了……

因为我儿子希望这样，现在又要我一起经历发行欧元。在此之前，他无论如何还要庆贺我的生日[14]，准确地说是一百零三岁。唉，他要这么做，我随便。这个小家伙现在也已经年过七十了，而且早就出了名。可是仍然不能停止写他的那些故事。有一些我也挺喜欢。有一些我差点儿就给他涂掉某几个段落。但是，家庭节日，既有争吵又有和解，我一直就很喜欢，因为我们卡舒布人搞庆祝活动总是有哭也有笑。起初，我女儿不愿意一块儿庆祝，她现在也快七十啦，因为她觉得他兄弟让我在他的故事里复活的这个主意有些太令人毛骨悚然。“算了吧，达道，”我对她说，“否则他还会想出其他更糟糕的事。”事情就是这样。他想出了这些最最不可能的东西。总是一定要夸张。如果人们读了，可能根本不会相信……

2月底，我的女儿也来了。我已经高兴地期待着我的所有那些曾孙子曾孙女，他们又会在下面的公园里站在他们的“玩斯卡特的人”上面来回飞奔，我就在阳台上朝下看。我也高兴地期待着2000年。看一看来到的会是什么……但愿不再只是战争……先是在下面，然后是世界各地……

注释:

① 我现在就还活着，即格拉斯的母亲海伦娜・格拉斯（1896–1954）。
② 二战结束后，许多住在前纳粹德国东部地区的德国人被苏军驱赶。作者的父母也是在此期间从但泽逃到德国西部的。
③ 我丈夫，即作者的父亲威廉・格拉斯（1899–1979），威利是威廉的昵称。
④ 我们的女儿，即作者的妹妹瓦尔特劳特，1930年出生。
⑤ 1914年8月23日至31日，德国第八军和俄罗斯第二军在此激战。
⑥ 古尔登从“金子”这个词演变而来，又可译为“盾”，是一种自1559年至1873年在德国流通的古代货币，此后德国的货币名称改为“马克”。但泽在历史上曾经归属波兰和德国，1920年11月15日被宣布为由国际联盟（1920–1946）管辖的自由国，发行自己的货币古尔登，隶属于波兰关税区，外交事务由波兰代理。
⑦ 斯卡特（Skat）是一种三个人玩的纸牌游戏，发音与英文的“滑冰鞋”（skate）相似，这里指的是近年流行的那种英文叫Inline–Skates的“旱冰鞋”，叙述者不懂英文，故将这个词当成是德文的“玩斯卡特的人”（Skäter）。
⑧ 当战争又打起来的时候，即第二次世界大战。
⑨ 威利入了党，即纳粹党。
⑩ 我也参加了妇女组织，即纳粹妇女组织“国家社会主义妇女联合会”。
⑪ 作者当时也加入了由十岁至十四岁男孩组成的德意志少年团。参见1949年。
⑫ 那个姓福斯特的省党部主席，即阿尔贝特・福斯特。
⑬ 作者在1944年9月被征入德国坦克部队，派往东线作战。
⑭ 格拉斯的母亲海伦娜的一百零三岁生日是1999年2月25日。